Kontaktadresse nach EU-Produktsicherheitsverordnung:
produktsicherheit@fischerverlage.de

Die *öffentlichen Gedichte* der Nachkriegszeit auf ihren Wirklichkeitsbezug durchsichtig zu machen, ist das Ziel dieser Anthologie. Unter der Mitwirkung der Autoren wurde versucht, die Anlässe des politischen und gesellschaftlichen Lebens herauszufinden, die die hier abgedruckten Gedichte ausgelöst haben, und sie gemäß der Chronologie ihrer Entstehung zu ordnen. Auf diese Weise werden die Texte so nahe an die Wirklichkeit herangerückt, daß sich aus der Gedichtabfolge die Kurve des geistigen und politischen Klimas der letzten fünfzig Jahre ablesen läßt. Sind die Lyriker der Realität gerecht geworden, haben sie den Erwartungen, den Forderungen, den Enttäuschungen dieses halben Jahrhunderts eine Stimme gegeben, die über die Zeitungsnotiz hinaus die Erfahrungen des Augenblicks akut und dringlich macht, so daß die res publica, die *öffentliche Sache*, zur Sache jedes einzelnen wird? Die *öffentliche Sache* ist hier, zumindest seit 1949, die der Bundesrepublik, deren politische Entwicklung die Anthologie nachzeichnet, und ab 1989 die von Gesamtdeutschland.

Hilde Domin studierte Jura, Philosophie und politische Wissenschaft, promovierte 1936 über Staatsgeschichte der Renaissance (Univ. Florenz). Danach Lehrerin in England, Universitätsdozentin in Santo Domingo. Mitarbeiterin ihres Mannes, Erwin Walter Palm, Übersetzerin, Photographin. Nach 22jährigem Exil kehrte sie nach Deutschland zurück und lebt seit 1961 in Heidelberg.
1951 schrieb sie die ersten Gedichte, veröffentlicht seit 1957 und wurde durch zahlreiche Literaturpreise geehrt. Ihre Gedichte wurden in 16 Sprachen übersetzt.

Clemens Greve, 1966 in Wittlich geboren, studierte Medizin, Geschichte und Germanistik, lebt in Frankfurt.

Nachkrieg
und Unfrieden

Gedichte als Index
1945–1995

Herausgegeben
von Hilde Domin
und Clemens Greve

Nachwort
von Hilde Domin

Fischer Taschenbuch Verlag

Die Nutzung unserer Werke für Text- und Data-Mining im Sinne von § 44b UrhG behalten wir uns explizit vor.

3. Auflage

Erweiterte Neuausgabe
© 2024 S. Fischer Verlag GmbH,
Hedderichstr. 114, 60596 Frankfurt am Main

Für die Erstausgabe
Copyright © by Hermann Luchterhand Verlag GmbH,
Neuwied und Berlin 1970
Für die erweiterte Neuausgabe
© Fischer Taschenbuch Verlag GmbH,
Frankfurt am Main 1995
Printed in Germany
ISBN 978-3-596-12526-5

1941–1945

Jedwedes blutgefügte Reich
Sinkt ein, dem Maulwurfshügel gleich.
Jedwedes lichtgeborne Wort
Wirkt durch das Dunkel fort und fort.

> *Oskar Loerke*
> *vor seinem Tode am 24. 2. 1941*

Ahnung

Wer am Tisch sitzt und ißt,
hört schon vor der Tür
die Schritte derer,
die ihn hinaustragen werden...

Der die Lampe andreht, weiß,
seine Hand wird kalt
wie die Klinke sein,
eh der Nächste die Lampe ausdreht...

Wer sich früh anzieht,
ahnt, daß er Ostern
mit diesem Anzug
unter der Wiese liegt...

Wer den Wein trinkt, weiß,
dieser Rausch wird
sein Hirn nicht mehr erreichen...
sondern auslaufen wie ein Ei...

Leicht ist der Schrei
der eiligen Schwalben.
Sie sind rasch, aber rascher
als sie ist das Ende...

    Günther Weisenborn
    1942 im Zuchthaus Moabit

Rückkehr

Die Vaterstadt, wie find ich sie doch?
Folgend den Bomberschwärmen
Komm ich nach Haus.
Wo denn liegt sie? Wo die ungeheuren
Gebirge von Rauch stehen.
Das in den Feuern dort
Ist sie.

Die Vaterstadt, wie empfängt sie mich wohl?
Vor mir kommen die Bomber. Tödliche Schwärme
Melden Euch meine Rückkehr. Feuersbrünste
Gehen dem Sohn voraus.

Bertolt Brecht
1943

Chor der Geretteten

Wir Geretteten,
Aus deren hohlem Gebein der Tod schon seine Flöten schnitt,
An deren Sehnen der Tod schon seinen Bogen strich –
Unsere Leiber klagen noch nach
Mit ihrer verstümmelten Musik.
Wir Geretteten,
Immer noch hängen die Schlingen für unsere Hälse gedreht
Vor uns in der blauen Luft –
Immer noch füllen sich die Stundenuhren mit unserem tropfenden
    Blut.

Wir Geretteten,
Immer noch essen an uns die Würmer der Angst.
Unser Gestirn ist vergraben im Staub.
Wir Geretteten
Bitten euch:
Zeigt uns langsam eure Sonne.
Führt uns von Stern zu Stern im Schritt.
Laßt uns das Leben leise wieder lernen.
Es könnte sonst eines Vogels Lied,
Das Füllen des Eimers am Brunnen
Unseren schlecht versiegelten Schmerz aufbrechen lassen
Und uns wegschäumen –
Wir bitten euch:
Zeigt uns noch nicht einen beißenden Hund –
Es könnte sein, es könnte sein
Daß wir zu Staub zerfallen –
Vor euren Augen zerfallen in Staub.
Was hält denn unsere Webe zusammen?
Wir odemlos gewordene,
Deren Seele zu Ihm floh aus der Mitternacht
Lange bevor man unseren Leib rettete
In die Arche des Augenblicks.
Wir Geretteten,

Wir drücken eure Hand,
Wir erkennen euer Auge –
Aber zusammen hält uns nur noch der Abschied,
Der Abschied im Staub
Hält uns mit euch zusammen.

Nelly Sachs
1945

1945–1970

Günter Eich
Inventur

Dies ist meine Mütze,
dies ist mein Mantel,
hier mein Rasierzeug
im Beutel aus Leinen.

Konservenbüchse:
Mein Teller, mein Becher,
ich hab in das Weißblech
den Namen geritzt.

Geritzt hier mit diesem
kostbaren Nagel,
den vor begehrlichen
Augen ich berge.

Im Brotbeutel sind
ein Paar wollene Socken
und einiges, was ich
niemand verrate,

so dient es als Kissen
nachts meinem Kopf.
Die Pappe hier liegt
zwischen mir und der Erde.

Die Bleistiftmine
lieb ich am meisten:
Tags schreibt sie mir Verse,
die nachts ich erdacht.

Dies ist mein Notizbuch,
dies meine Zeltbahn,
dies ist mein Handtuch,
dies ist mein Zwirn.

Günter Eich (1907–1972)
Geschrieben im April/Mai 1945 im Gefangenenlager bei Remagen (Angabe des Autors). Zuerst veröffentlicht in *Deine Söhne Europa. Gedichte deutscher Kriegsgefangener.* Hrsg. von Hans Werner Richter, München 1947. »Hinter dem Stacheldraht, der zum Symbol dieser Zeit geworden ist..., ist der Pulsschlag der Entwicklung früher spürbar als draußen in der Hast des Getriebes um das tägliche Brot. So kommen auch die ersten Zeichen einer neuen literarischen Entwicklung aus den stacheldrahtumfriedeten Dörfern und Städten dieses Krieges.« (Aus dem Vorwort von Hans Werner Richter. Der Titel ist einem Gedicht Walter Bauers entnommen.)

Paul Celan
Todesfuge

Schwarze Milch der Frühe wir trinken sie abends
wir trinken sie mittags und morgens wir trinken sie nachts
wir trinken und trinken
wir schaufeln ein Grab in den Lüften da liegt man nicht eng
Ein Mann wohnt im Haus der spielt mit den Schlangen der schreibt
der schreibt wenn es dunkelt nach Deutschland dein goldenes Haar Margarete
er schreibt es und tritt vor das Haus und es blitzen die Sterne er pfeift seine Rüden herbei
er pfeift seine Juden hervor läßt schaufeln ein Grab in der Erde
er befiehlt uns spielt nun zum Tanz

Schwarze Milch der Frühe wir trinken dich nachts
wir trinken dich morgens und mittags wir trinken dich abends
wir trinken und trinken
Ein Mann wohnt im Haus und spielt mit den Schlangen der schreibt
der schreibt wenn es dunkelt nach Deutschland dein goldenes Haar Margarete
Dein aschenes Haar Sulamith wir schaufeln ein Grab in den Lüften da liegt man nicht eng
Er ruft stecht tiefer ins Erdreich ihr einen ihr andern singet und spielt
er greift nach dem Eisen im Gurt er schwingts seine Augen sind blau
stecht tiefer die Spaten ihr einen ihr andern spielt weiter zum Tanz auf

Schwarze Milch der Frühe wir trinken dich nachts
wir trinken dich morgens und mittags wir trinken dich abends
wir trinken und trinken
ein Mann wohnt im Haus dein goldenes Haar Margarete
dein aschenes Haar Sulamith er spielt mit den Schlangen

Er ruft spielt süßer den Tod der Tod ist ein Meister aus
    Deutschland
er ruft streicht dunkler die Geigen dann steigt ihr als Rauch in
    die Luft
dann habt ihr ein Grab in den Wolken da liegt man nicht eng

Schwarze Milch der Frühe wir trinken dich nachts
wir trinken dich mittags der Tod ist ein Meister aus Deutschland
wir trinken dich abends und morgens wir trinken und trinken
der Tod ist ein Meister aus Deutschland sein Auge ist blau
er trifft dich mit bleierner Kugel er trifft dich genau
ein Mann wohnt im Haus dein goldenes Haar Margarete
er hetzt seine Rüden auf uns er schenkt uns ein Grab in der Luft
Er spielt mit den Schlangen und träumet der Tod ist ein Meister
    aus Deutschland
dein goldenes Haar Margarete
dein aschenes Haar Sulamith

Paul Celan (1920–1970)
Geschrieben 1945, laut Angabe von Klaus Wagenbach. Celan war 25 Jahre alt, hatte das Arbeitslager in Rumänien hinter sich, war Übersetzer und Verlagslektor in Bukarest.

18

Erich Fried
Spruch

Ich bin der Sieg
Mein Vater war der Krieg
Der Friede ist mein lieber Sohn
Der gleicht meinem Vater schon

Erich Fried (1921–1988) zu *Spruch*:
Geschrieben 1945. Veröffentlicht zuerst als selbstverschickte Neujahrskarte 1945/46, gedruckt erst in *Ein Soldat und ein Mädchen*, Hamburg 1960, Roman. »Anlässe: so viele Eindrücke aus der Welt unmittelbar nach dem Krieg, daß die Anführung von Einzelheiten unvollständig und mißverständlich wäre.«

Wolfgang Bächler
Die Erde bebt noch

Die Erde bebt noch unter den Stiefeltritten,
Die Wiesen grünen wieder, Jahr für Jahr.
Die Qualen bleiben, die wir einst erlitten,
ins Antlitz, in das Wesen eingeschnitten.
In unsren Träumen lebt noch oft, was war.

Das Blut versickerte, das wir vergossen.
Die Narben brennen noch und sind noch rot.
Die Tränen trockneten, die um uns flossen.
In Lust und Fluch und Lächeln eingeschlossen
begleitet uns, vertraut für immer, nun der Tod.

Die Städte bröckeln noch in den Gewitternächten.
Der Wind weht Asche in den Blütenstaub
und das Geröchel der Erstickten aus den Schächten.
Doch auf den Märkten stehen schon die Selbstgerechten
und schreien unsere und ihre Ohren taub.

Die Sonne leuchtet wieder wie in Kindertagen.
Die Schatten fallen tief in uns hinein.
Sie überdunkeln unser helles Fragen.
Und auf den Hügeln, wo die Kreuze ragen,
wächst säfteschwer ein herber neuer Wein.

Wolfgang Bächler (geb. 1925) zu *Die Erde bebt noch*:
Abgedruckt am 28. April 1947 in ›Die Neue Zeitung‹, München (der damaligen amerikanischen Zeitung für die deutsche Bevölkerung). Die Entstehung kann meiner Erinnerung nach nur wenige Wochen vorher gewesen sein, sagen wir, eben im Frühjahr 1947.
Ausgelöst wurde dieses Gedicht nicht von einem bestimmten Ereignis, Umstand oder Anlaß, sondern von vielen Eindrücken und der Grundstimmung jener Zeit: Das noch nicht überwundene Trauma des Krieges und der Nazizeit, Elend, Hunger, Flüchtlings- und Wohnungsnot wurden eher größer als geringer, mit ihnen Schwarzhandel, Stagnation und Resi-

gnation. Die Demokratisierung wurde von den Besatzungsmächten gebremst, der kalte Krieg begann, die Hoffnungen auf eine sozialistische Demokratie schwanden. Die bürgerlichen Politiker, die 1933 für Hitlers Ermächtigungsgesetz gestimmt hatten, spielten sich wieder in den Vordergrund, hielten selbstgerechte Reden, darin nur noch übertrumpft von den eindeutig nationalistischen Flüchtlingspolitikern und ihren Forderungen. Die Heimkehrer, die überfüllten Züge, die zerstörten Städte trugen noch das Gesicht des Krieges. Die Spruchkammern »entnazifizierten« zwar eifrig, aber wieviel Schuldige von Globke bis Oberländer gingen ungeschoren durch die Maschen und wieviel Mörder lebten noch unentdeckt unter uns?

Gewiß war 1945 ein mächtiges Gefühl der Befreiung und Erleichterung da, das sich bei mir zunächst indirekt in Natur- und Liebesgedichten äußerte. Politisch wurde zunächst weiterhin über uns verfügt. Die Weichen wurde von anderen gestellt, und ›Der Ruf‹, die Zeitschrift, in der wir unsere politischen Meinungen und Wünsche äußerten, wurde von den Amerikanern verboten, bzw. sie setzten andere Herausgeber und Redakteure ein. Aus den alten und ihren freien Mitarbeitern entstand dann die »Gruppe 47«.

Günter Eich
Betrachtet die Fingerspitzen

Betrachtet die Fingerspitzen, ob sie sich schon verfärben!

Eines Tages kommt sie wieder, die ausgerottete Pest.
Der Postbote wirft sie als Brief in den rasselnden Kasten,
als eine Zuteilung von Heringen liegt sie dir im Teller,
die Mutter reicht sie dem Kinde als Brust.

Was tun wir, da niemand mehr lebt von denen,
die mit ihr umzugehen wußten?
Wer mit dem Entsetzlichen gut Freund ist,
kann seinen Besuch in Ruhe erwarten.
Wir richten uns immer wieder auf das Glück ein,
aber es sitzt nicht gern auf unsern Sesseln.

Betrachtet die Fingerspitzen! Wenn sie sich schwarz färben,
    ist es zu spät.

Günter Eich (1907–1972)
Geschrieben 1948.

Hans Bender
Heimkehr

Im Rock des Feindes,
in zu großen Schuhen,
im Herbst,
auf blattgefleckten Wegen
gehst du heim.
Die Hähne krähen
deine Freude in den Wind,
und zögernd pocht
der Knöchel
an die stumme,
neue Tür.

Hans Bender (geb. 1919) zu *Heimkehr*:
Ich kam erst 1949 aus der russischen Gefangenschaft zurück. Mein kleiner Neffe Rainer zeigte mir ein Gedicht, das er zu meinem Empfang geschrieben hatte:
›Sie hängen eine Tafel auf
und Blumenkränze: Herzlich willkommen!‹
Ich bewunderte diesen kindlichen Zweizeiler. Rainer hatte einfach seine Beobachtung aufgeschrieben. Hatte ich die Tafel und die Kränze überhaupt wahrgenommen? Viele Tage später schrieb ich mein Gedicht. Enthielt es tatsächlich die erlebte Heimkehr? Oder die Heimkehr, über die ich in den Romanen und in den Gedichten anderer gelesen hatte? Oder war es jene Heimkehr, die ich mir in den Jahren der Gefangenschaft imaginiert hatte? Ich habe sie – wie jeder Gefangene – herbeigesehnt. Ich habe das Glück und die Ängste voraus erlebt. Das Glück, in eine unzerstörte, ländliche Welt zurückkehren zu können; die Ängste, diese Welt könne doch nicht mehr so sein, wie ich sie verlassen hatte – und auch ich war ein anderer geworden. Ja, ich glaube, ich habe dieses Gedicht schon vorher konzipiert. Die Heimkehr war nur der Anlaß, es aufzuschreiben. An diesem Gedicht – auch daran erinnere ich mich noch – mußte ich nicht arbeiten. Ich schrieb lediglich zwei Sätze einer langen Erfahrung auf.

Ingeborg Bachmann
Alle Tage

Der Krieg wird nicht mehr erklärt,
sondern fortgesetzt. Das Unerhörte
ist alltäglich geworden. Der Held
bleibt den Kämpfern fern. Der Schwache
ist in die Feuerzonen gerückt.
Die Uniform des Tages ist die Geduld,
die Auszeichnung der armselige Stern
der Hoffnung über dem Herzen.

Er wird verliehen,
wenn nichts mehr geschieht,
wenn das Trommelfeuer verstummt,
wenn der Feind unsichtbar geworden ist
und der Schatten ewiger Rüstung
den Himmel bedeckt.

Er wird verliehen
für die Flucht von den Fahnen,
für die Tapferkeit vor dem Freund,
für den Verrat unwürdiger Geheimnisse
und die Nichtachtung
jeglichen Befehls.

Ingeborg Bachmann (1926–1973) zu *Alle Tage*:
Geschrieben 1949 / 1951 in Österreich.

Günter Eich
Wacht auf, denn eure Träume sind schlecht

Wacht auf, denn eure Träume sind schlecht!
Bleibt wach, weil das Entsetzliche näher kommt.
Auch zu dir kommt es, der weit entfernt wohnt von den Stätten,
  wo Blut vergossen wird,
auch zu dir und deinem Nachmittagsschlaf,
worin du ungern gestört wirst.
Wenn es heute nicht kommt, kommt es morgen,
aber sei gewiß.

›Oh angenehmer Schlaf
auf den Kissen mit roten Blumen,
einem Weihnachtsgeschenk von Anita, woran sie drei Wochen
  gestickt hat,
oh angenehmer Schlaf,
wenn der Braten fett war und das Gemüse zart.
Man denkt im Einschlummern an die Wochenschau von gestern
  abend:
Osterlämmer, erwachende Natur, Eröffnung der Spielbank in
  Baden-Baden,
Cambridge siegte gegen Oxford mit zweieinhalb Längen, –
das genügt, das Gehirn zu beschäftigen.

Oh dieses weiche Kissen, Daunen aus erster Wahl!
Auf ihm vergißt man das Ärgerliche der Welt, jene Nachricht
  zum Beispiel:
Die wegen Abtreibung Angeklagte sagte zu ihrer Verteidigung:
Die Frau, Mutter von sieben Kindern, kam zu mir mit einem
  Säugling,
für den sie keine Windeln hatte, und der
in Zeitungspapier gewickelt war.
Nun, das sind Angelegenheiten des Gerichtes, nicht unsre.
Man kann dagegen nichts tun, wenn einer etwas härter liegt als
  der andere.
Und was kommen mag, unsere Enkel mögen es ausfechten.‹

›Ah, du schläfst schon? Wache gut auf, mein Freund!
Schon läuft der Strom in den Umzäunungen, und die Posten
sind aufgestellt.‹

Nein, schlaft nicht, während die Ordner der Welt geschäftig
sind!
Seid mißtrauisch gegen ihre Macht, die sie vorgeben für euch er-
werben zu müssen!
Wacht darüber, daß eure Herzen nicht leer sind, wenn mit der
Leere eurer Herzen gerechnet wird!
Tut das Unnütze, singt die Lieder, die man aus eurem Mund
nicht erwartet!
Seid unbequem, seid Sand, nicht das Öl im Getriebe der Welt!

Günter Eich (1907–1972)
Dies ist das vierte Gedicht des Hörspiels *Träume*. Günter Eich datierte die vier Gedichte, die zusammengehören, nach dem Datum des Koreakrieges und der Wasserstoffbombenexperimente auf Bikini.
(»Denke daran, daß nach den großen Zerstörungen / jedermann beweisen wird, daß er unschuldig war. / Denke daran: / Nirgendwo auf der Landkarte liegt Korea und Bikini, / aber in deinem Herzen. / Denke daran, daß du schuld bist an allem Entsetzlichen / das sich fern von dir abspielt –« schließt das zweite der Gedichte.)
Der Koreakrieg begann 1950, endete 1953 mit dem Waffenstillstand von Panmunjong. »Bikini war damals kein Badeanzug, es war eine Insel«, sagte Eich. Die Wasserstoffbombe wurde seit 1946 auf diesem Atoll der Marshall-Inselgruppe ausprobiert.
Träume wurde damals wieder und wieder gesendet und hatte ein großes Echo.

Kurt Leonhard
Was wirst du tun

Was wirst du tun
wenn dir die Haare zu Bohrwürmern werden
deinen Schädel zum Sieb
machen und jeden Gedanken
aus deinen Hirnfalten fressen
was wirst du tun
wenn die Welt eine Küchenfalle ist
und dir die Wahl bleibt zu verhungern
oder unter dem Zuschnappen des Bügels
den Röstbrösel zu ergattern
dessen Duft dir in die Nase sticht
was wirst du tun
wenn im Schrank dein Brot Kohle wird über Nacht
deine Kleider ein Häufchen weißen Pulvers
das Haus das dich noch schützte eine Glocke
die man plötzlich abhebt und woanders hinstellt
was wirst du tun
wenn dein Körper bei jedem Windstoß
klirrt klingt klingelt
Herz Lungen Därme Nieren
aus buntem Glas
die Haut Gehäuse aus farblosem Glas
dünn durchsichtig gleich zerscherbt
kaum daß ein Neugieriger anstößt
was wirst du tun
wenn du deine Stunde verschlafen hast
sich Wildnis um dich schließt
sich Staub in deinen Augenhöhlen sammelt
Lehm wird von deinen Tränen
Termitenbau der dich zudeckt
Berg der dich lebendig begräbt
Höhle deren Eingang in Vergessenheit geriet
was wirst du tun
wenn du der Hahn bist den du schlachtetest

das Gras das du gemäht hast
das Schneckenhaus das du zertratest
wenn du der Teller sein wirst der dir aus der Hand fiel
die angebrannte Suppe die du weggeschüttet hast
der Flecken am Tischtuch den du entfernen mußtest
um endlich von einem reinen Tisch zu essen

Kurt Leonhard (geb. 1910) zu *Was wirst du tun:*
Das Gedicht gehört zu einer größeren Gruppe 1950/51 entstandener Gedichte. Der innere Beweg-Grund war gewiß ein seit jeher vorhandenes Bewußtsein allgemeiner Preisgegebenheit, das durch den äußeren Anlaß einer notwendigen Veränderung der Lebensform virulent wurde. So ist diese damals mich selbst überraschende Produktivität vielleicht als eine Art Abwehrreflex ausgelöst worden. Die ersten Worte dürften wohl auch als Quasizitat eines damals bekannt gewordenen Negro Spirituals aufzufassen sein.

Wolfgang Bächler
Nächte des Jahres 1951

Schon die dritte Nacht
liege ich wach
und heute weiß ich,
auch die Toten
schlafen nicht.

Hört ihr die Motoren singen:
ran an den Feind?

Der Krieg zog hier
vor sechs Jahren vorbei.
Der Krieg geht drüben
seit einem Jahr weiter.

Ich gehe ans Fenster
und sehe den Mond
auf dem Totenschädel
der Stadt.

In den Augen des Schädels
nisten Laternen:
Corona-Bar
und das Café Blum.

An die Schädeldecke
schlägt das Gelächter,
schlägt die Musik,
schlägt der Gesang:

Hört ihr's in den Ohren klingen:
ran an den Feind?

Sie suchen die Nachthimmel ab,
sie suchen die Erdlöcher ab,

sie suchen die Meertiefen ab.
Aber den Feind
finden sie nie.

Jeder Schuß tötet,
auch wenn er nicht trifft.
Das Gewissen der Welt
trifft er immer.

Den Feind trifft keiner.
Ewig sitzt er
im toten Winkel,
zu nahe – bleibt er
unerkannt.

An die Schädeldecke
der fiebernden Städte
schlägt das Gelächter,
schlägt der Gesang.

Wolfgang Bächler (geb. 1925) zu *Nächte des Jahres 1951*:
Dies Gedicht ist mehr als meine anderen politischen oder zeitkritischen Gedichte durch den Vietnamkrieg leider immer noch aktuell. Es ist im Februar oder März 1951 als Reaktion auf den Koreakrieg entstanden und erschien einige Monate später zuerst in Peter Huchels ›Sinn und Form‹ und in den ›Frankfurter Heften‹. (Die kursiv gesetzten Zeilen sind ein Nazi-Kriegslied.)

Ingeborg Bachmann
Psalm

I

Schweigt mit mir, wie alle Glocken schweigen!

In der Nachgeburt der Schrecken
sucht das Geschmeiß nach neuer Nahrung.
Zur Ansicht hängt karfreitags eine Hand
am Firmament, zwei Finger fehlen ihr,
sie kann nicht schwören, daß alles,
alles nicht gewesen sei und nichts
sein wird. Sie taucht ins Wolkenrot,
entrückt die neuen Mörder
und geht frei.

Nachts auf dieser Erde
in Fenster greifen, die Linnen zurückschlagen,
daß der Kranken Heimlichkeit bloßliegt,
ein Geschwür voll Nahrung, unendliche Schmerzen
für jeden Geschmack.

Die Metzger halten, behandschuht,
den Atem der Entblößten an,
der Mond in der Tür fällt zu Boden,
laß die Scherben liegen, den Henkel...

Alles war gerichtet für die letzte Ölung.
(Das Sakrament kann nicht vollzogen werden.)

Ingeborg Bachmann (1926–1973)
Geschrieben im Frühsommer 1952, nach Ingeborg Bachmanns erstem
Deutschlandaufenthalt, ganz wie *Früher Mittag* (»Wo Deutschlands Himmel die Erde schwärzt / sucht sein enthaupteter Engel ein Grab für den
Haß / und reicht dir die Schale des Herzens.«) Später im gleichen Jahr las
Ingeborg Bachmann diese Gedichte auf der Tagung der »Gruppe 47«.

Wieland Schmied
Auf meinen Schultern

Auf meinen Schultern trage ich meinen Vater.
Er hängt über meinen Rücken.
Ich sehe mich um, wenn wieder ein Photoreporter kommt.
Was wollen sie nur von uns?

Ist es nicht die natürlichste Sache der Welt,
daß ich meinen Vater mit mir trage
durch die zerschossene Landschaft Koreas,
fort aus der Feuerzone,
fort in das Hinterland des Krieges,
wenn er hungrig und schwach ist zu Mittag
und seine Füße müde sind vom langen Umherirren,
von Tagen und Nächten zwischen den Fronten?

Ich spüre meinen Vater
auf meinen Schultern.
So hat schon Aeneas den alten Anchises
aus dem zerstörten Troja getragen.
So werden mich meine Söhne auf dem Rücken tragen
durch die Schrapnellgeschosse des nächsten Krieges,
durch das Zischen der Flammenwerfer,
die das Blitzlicht der Wochenschau sind.

Wieland Schmied (geb. 1929) zu *Auf meinen Schultern*:
1952/1953 entstanden, ganz genau weiß ich es nicht mehr. Der Ausgangspunkt war ein Foto, ich glaube in »Life«: Ein Koreaner trägt seinen Vater fort, trägt ihn auf dem Rücken aus der Feuerzone – oder irrt er nur herum? Ist der Vater schon tot? Das Eigenartige an diesem Foto war (ich besitze es nicht mehr, erinnere mich nur undeutlich): die Natürlichkeit dieser Szene, ein Mann trägt den Vater.

Walter Helmut Fritz
Bald ohne Namen

Grenzland, nicht erfunden,
das altert von Hof bis Travemünde.

Argwohn, unnachgiebig, erstickend,
zwischen Minenfeld, Wachturm und Drahtverhau.

Geleise im Gestrüpp, das die Schritte hemmt,
endend und rostend.
Leere, der nichts widerspricht.

Den Wald haben sie niedergebrannt,
weil das Schußfeld unübersichtlich war.

Tarnungen. Komplizin Nacht.
Die Häuser wenden sich ab, wenn man vorbeigeht.

Land der vergessenen Straßen, der Pendler,
Land, bald ohne Namen.

Walter Helmut Fritz (geb. 1929) zu *Bald ohne Namen*:
Geschrieben 1953, nach einer Reise, nach Aufenthalten in mehreren Orten des »Grenzlands«.

Dagmar Nick
Belsen 1954

Ihr Toten von Belsen,
ihr tausendmal Toten,
die ihr noch toter seid,
als die Toten der Kriege,
ohne Ruhm, ohne Siege,
ohne Vergangenheit,
ihr Toten von Belsen,
ihr tödlichen Toten
unsres Gewissens, ach,
an den Felsen
unsrer verhärteten Herzen
zerschellt,
ihr, aus den Schmerzen
der ganzen Welt
sinnlos Geborenen,
hundertfach
an den Haß
und die Hölle Verlorenen,
ihr, Tote von Belsen:
stündet ihr auf, jetzt,
in der Stunde unseres Sterbens,
aus der blutunterlaufenen
Erde von Belsen,
– die nun kein Gedenken
mehr ehrt –
stündet ihr auf, jetzt,
wie *ein* Mann und *ein* Schwert,
das bestimmt ist,
die Henker zu henken –
nicht *einer*
würde euch nennen,
nicht *einer*
euch wiedererkennen,
so entstellt,

wie ihr jetzt seid,
denn keiner
weiß heute noch, daß
das Blut der Erschlagenen
über uns ist
bis ans Ende der Zeit.

Und keiner weiß: Belsen.
Und daß hier noch immer
der Tod und noch immer
der Hunger und immer
noch unermessen
Entwürdigung wohnt
unterm nackten Neumond
der Angst. Denn das ist Belsen:
verleugnet, vergessen.
Selbst diese ungeheuren
Massengräber: vergessen.
Die schwärzlichen Säuren
des Todes zerfressen
das schüttere Gras
auf den Trümmern der Toten,
und aus Asche und Aas
wuchern Legionen von roten
Giftpilzen über die Hügel.
Kein Vogel ruft
in das steinerne Schweigen,
und unerhört fallen
die Nachtigallen
erschöpft von den Zweigen,
denn kein Flügel
erträgt die Schwermut der Luft
über dem Golgatha unsres Jahrhunderts.
Denn das ist Belsen.
Und dies: die schändlich
zerschundenen Wege,
vom ländlichen Winter
zerschürft und unkenntlich

gelassen, als läge
nichts, denn unendlich
viel Heide dahinter
und Wind, der erzittert
im Laub;
Welt ohne Zeugen,
Stätte aus Staub.
Denn unbegehbare Wege
verweigern das Tal
der Vernichtung. Schmal
ragt aus erloschener Qual
ein Holzkreuz und splittert
unter den Strähnen
des Regens. Einsam verwittert
das Mahnmal
über Dornen und Tränen.

Dagmar Nick (geb. 1926) zu *Belsen 1954:*
Entstand, wie aus dem Titel hervorgeht, zu einer Zeit, da dieser Schrekkensort noch weit davon entfernt war, eine würdige Gedenkstätte zu sein. Der Anblick der völlig verwahrlosten Massengräber des ehemaligen Konzentrationslagers, zu dem kein Schild hinwies, das von keiner befahrbaren Straße tangiert wurde und von dessen Existenz die nach dem Weg befragten Einwohner des Nachbarortes, Bergen, vorgaben, nichts zu wissen, war unfaßlich.

Heinz Piontek
Schlittenromanze

Auf schnelleren Schlitten
werden sie dich einholen,

für einen Wolf dich halten
in deinem Schafpelz

und mit dem Daumen dir
eine neue Richtung empfehlen:

Mit lärmenden Schellen
wirst du in die Verbannung reisen.

Heinz Piontek (geb. 1925) zu *Schlittenromanze*:
Entstanden am 14.2.1955. Anstoß: die Lektüre von Lebensläufen neuerer russischer Autoren.

Hans Magnus Enzensberger
bildzeitung

du wirst reich sein
markenstecher uhrenkleber:
wenn der mittelstürmer will
wird um eine mark geköpft
ein ganzes heer beschmutzter prinzen
turandots mitgift unfehlbarer tip
tischlein deck dich:
du wirst reich sein.

manitypistin stenoküre
du wirst schön sein:
wenn der produzent will
wird dich druckerschwärze salben
zwischen schenkeln grober raster
mißgewählter wechselbalg
eselin streck dich:
du wirst schön sein.

sozialvieh stimmenpartner
du wirst stark sein:
wenn der präsident will
boxhandschuh am innenlenker
blitzlicht auf das henkerlächeln
gib doch zunder gib doch gas
knüppel aus dem sack:
du wirst stark sein.

auch du auch du auch du
wirst langsam eingehn
an lohnstreifen und lügen
reich, stark erniedrigt
durch musterungen und malz-
kaffee, schön besudelt mit straf-
zetteln, schweiß,

atomarem dreck:
deine lungen ein gelbes riff
aus nikotin und verleumdung
möge die erde dir leicht sein
wie das leichentuch
aus rotation und betrug
das du dir täglich kaufst
in das du dich täglich wickelst.

Hans Magnus Enzensberger (geb. 1929) zu *bildzeitung*:
1955. Damals war Springer noch ein Fremdwort. Gealtert wie die Vokabel Wirtschaftswunder ist seither die Rekonstruktionsphase des deutschen Kapitalismus, und mit ihr die nicht sehr umfangreiche Literatur, die sie ausdrücklich reflektiert hat. Den Anlaß zu diesem Gedicht habe ich vergessen, aber es drückt, wie das ganze Buch von der *Verteidigung der Wölfe*, vor allem eine Erfahrung der Ohnmacht aus. Organisiertes politisches Handeln schien damals ausgeschlossen: Die mittelbaren materiellen Bedürfnisse des »Wiederaufbaus« setzten sich gleichsam naturwüchsig gegen die »Vernunft« durch. Das Gedicht hat natürlich recht behalten. Um so schlimmer für das Gedicht. Der isolierte Franctireur von damals, der unverdrossen gegen den Wind geredet, hat inzwischen ausgelitten. Als wir zwölf Jahre später auf die Straße gingen, waren wir immer noch schwach, aber keine einzelnen mehr, und wir hatten keine Gedichtbände in der Hand, sondern Analysen und Steine. Das Gedicht ist überflüssig geworden. Um so besser für das Gedicht.

Wolfgang Weyrauch
Wartend

Wartend auf

die Aufnahmen der Männer, die fortgeflogen sind, die Inhalte des Himmels zu photographieren,

die Märsche der Kinder, die, weil sie sich schämen, Eltern wie uns zu haben, die Betten Alaskas und Schulen Zyperns verlassen, um den Bewohnern der Erde eine Verfassung zu geben,

die Rückverwandlung der Zeichnungen, die an die Mauern Hiroshimas geworfen wurden, in Lastträger, Spaziergänger und Taxichauffeure,

die Summe der Selbstgespräche auf den Straßen der großen Städte,

die Geburtsanzeigen, in denen gedruckt ist, tief trauernd teilen wir mit, daß wir ein Kind gezeugt haben,

die Versteinerung der Liebespaare von den Fußsohlen bis zu den Schädeldecken, im Augenblick, da sie anfangen, sich zu lieben,

die Wanderungen der unterirdischen Tiere bis zu den Stollen, die sie emporklettern, und dann greifen sie uns an,

die Kristalle, die, fliegend, sich um sich selbst drehend, uns berührend, unsre Leiber entlang rollend, Kleidung und Haut abschälen,

den Augenblick, da wir nichts mehr hören, außer dem letzten Geräusch, das es geben wird, dem Knirschen der Hyänenzähne,

darauf wartend.

Wolfgang Weyrauch (1907–1980) zu *Wartend:*
Das Gedicht *Wartend* ist 1955 entstanden. Es bezieht sich nicht unmittelbar auf akute Begebenheiten, sondern versucht, Böses, das in den bösen Lüften gelegen hatte und lag, zu addieren; die Erwähnungen von Alaska und Zypern sind, sozusagen, das erste und das letzte Glied einer alphabetischen Klammer, und darin ist manches andre aus jenen Jahren enthalten, zum Beispiel auch die Inhalte der einzelnen Abschnitte des Gedichts.

Marie Luise Kaschnitz
Hiroshima

Der den Tod auf Hiroshima warf
Ging ins Kloster, läutet dort die Glocken.
Der den Tod auf Hiroshima warf
Sprang vom Stuhl in die Schlinge, erwürgte sich.
Der den Tod auf Hiroshima warf
Fiel in Wahnsinn, wehrt Gespenster ab
Hunderttausend, die ihn angehen nächtlich
Auferstandene aus Staub für ihn.

Nichts von alledem ist wahr.
Erst vor kurzem sah ich ihn
Im Garten seines Hauses vor der Stadt.
Die Hecken waren noch jung und die Rosenbüsche zierlich.
Das wächst nicht so schnell, daß sich einer verbergen könnte
Im Wald des Vergessens. Gut zu sehen war
Das nackte Vorstadthaus, die junge Frau
Die neben ihm stand im Blumenkleid
Das kleine Mädchen an ihrer Hand
Der Knabe der auf seinem Rücken saß
Und über seinem Kopf die Peitsche schwang.
Sehr gut erkennbar war er selbst
Vierbeinig auf dem Grasplatz, das Gesicht
Verzerrt von Lachen, weil der Photograph
Hinter der Hecke stand, das Auge der Welt.

Marie Luise Kaschnitz (1901–1974) zu *Hiroshima*:
Das Gedicht ist 1956 geschrieben, ich sah in einer Illustrierten das Foto des Mannes, der leben mußte, ein Kleinbürgerdasein.

Karl Krolow
Die Gewalt

Sie kam aus ihrem Versteck
Und erweckte totes Metall zum Leben.
Die letzten Unterhändler
Streiften die Handschuhe über ihre Finger
Und gingen. Ihr Lächeln
Zahlt sich in keiner Münze mehr aus.

Sie kam aus ihrem Versteck.
Der Erdstrich, auf den ihr Blick fällt,
Ist verloren.
Die Türen springen auf.
Die Fenster zerbrechen.
In die Augen streut man
Asche und Mörtel.
Lippen schließen sich
Unter Faustschlägen.
Die unreine Nacht hält
Überfälle und schwarze Minuten bereit.
Bald werden die Herzen
Aufhören zu schlagen
Hinter dem Vorhang von Ruß.

Sie kam aus ihrem Versteck.
Sie wird Hand an uns legen.
Noch dürfen wir die Häuser verlassen
Und in den Glühbirnen-Himmel sehen.
Aber in den Vorstädten
Sind schon Spruchbänder gespannt.
Bald werden die Straßenkämpfe
Uns erreichen.
Bald werden wir allein sein
Mit den Gewehrmündungen.

Wer unter uns ist der erste,
Der an seinem Tische
Vornüber sinkt?

Karl Krolow (geb. 1915) zu *Gewalt*:
Das Gedicht entstand im Spätherbst 1956 unter dem Schock des Eindringens sowjetrussischer Truppen in Ungarn. (Zusatz von Hilde Domin: Krolow verwies noch auf das Gedicht *Die Freiheit*, das aus gleichem Anlaß entstand.)

Jürgen Beckelmann
An einen
in einem künftigen Kriege Gefallenen

Wir haben kein Mitleid mit Dir.
Du hast Deine Nächsten zu Mördern gemacht.
Sie sind die Opfer der Möglichkeit, die Du
ihnen ließest. Wir sprechen Dich schuldig
getötet worden zu sein. Denn das
ist ebenso schuldhaft wie Töten.
Wir haben kein Mitleid mit Dir.

Aber wir weinen.

Jürgen Beckelmann (geb. 1933) zu *An einen in einem künftigen Kriege Gefallenen*:
Das Gedicht wurde zuerst 1959 veröffentlicht. Es mag ein, zwei Jahre zuvor entstanden sein. Den Anlaß habe ich vergessen; vielleicht verdrängt? Es ist ebenso möglich, daß das Gedicht noch Reaktion auf den Zweiten Weltkrieg war wie, daß es Abwehr gegen Kriege sein sollte, die aus der Zukunft her drohten. Vielleicht beides. Ich erinnere mich aber, wie ich, in einem winzigen Ort bei München hausend, über diesem Gedicht saß, wie gehemmt ich war zu schreiben: »Wir haben kein Mitleid mit Dir.« Mitleid zu versagen, erschien mir ungeheuerlich.
Ich schrieb's hin, probeweise, mit dem Untergedanken: Kannst-es-ja-morgen-wieder-streichen.
Und ließ den Satz stehen. Setzte jedoch, gleichsam als Entschuldigung, darunter: »Aber wir weinen.« Ich wollte nicht als fühllos erscheinen.
Später, bei gelegentlichem Vortrag des Gedichts, ließ ich die letzte Zeile weg. Sie erschien mir sentimental.
Ist sie es?
Daran zweifle ich noch immer.
Derzeit neige ich allerdings der Meinung zu, daß das Gedicht ohne die letzte Zeile besser sei; also klipp und klar: »Wir haben kein Mitleid mit Dir!«
Es bedarf unsentimentaler Entschlossenheit, der Brutalität – deren Gipfel nur der Krieg ist, die aber in allen Formen der Unterdrückung zutage tritt – zu begegnen. Härte ist vonnöten. Und im schlimmsten Fall auch: Gewalt.

Tränen taugen da nichts. Schon gar nicht, wenn man sie lyrisch vergießt. Mein heutiges Verhältnis zu diesem Gedicht, vergleichend mit jenem, das ich während und nach der Zeit seines Entstehens dazu hatte, bemerke ich – mehr als zehn Jahre älter geworden – so etwas wie »Radikalisierung«. Worin liegt der Grund?
(In allem Ernst: ...*ich begehre, nicht schuld daran zu sein!*)

Heinz Piontek
Die auf der Hut sind

Männer in meinem Alter
hab ich getroffen –

Fragen stellen sie nicht.
Die Antworten bleiben sie schuldig.
Auch ziehen sie vor, mit Frauen,
an denen ihr Herz hängt,
nicht unter einem Dache zu leben.
Die Einkünfte mäßig,
erfreulich ihre Manieren,
und italienische Röcke
nähn ihnen pfiffig die Schneider.

Hier zeig ich euch einen:
Nachts bei schwebendem Regen
geht er zu Fuß.
Die Stadt rechts und links ist verödet,
als wäre Panzeralarm –
doch ist kein Krieg für einige Zeit,
und er zieht seinen Hut
vor einem verspäteten Fremden,
möchte mit jenem
die eigne Verwunderung teilen,
mehr nicht.

Sie prüfen die Richtung des Winds
am Rauch auf den Dächern –
o Jammer, politisch zu denken!
»Machtlos sind wir«, so sagen sie.
»Recht und schlecht ist jegliches Sterben.
Mögen die anderen deklamieren,
Parole über Parole malen –
wir halten nicht stand,
aber wir geben nicht auf.«

Seht, er kehrt um
bei schwebendem Regen.
Kühl das Haupt,
zwischen Tränen und Küssen im Dunkel
baut er auf seine Furcht:
Denn die Zeiten, sie wechseln,
kein Name bleibt ewig verborgen,
kein Stein auf dem andern,
und kurzen Prozeß wird man machen
mit seinem gewöhnlichen Blut...

Das sah ich und hörte
bei Männern in meinem Alter.

Heinz Piontek (geb. 1925) zu *Die auf der Hut sind:*
Das Gedicht entstand am 14.1.1958. Das »Ohne-mich«-Thema hätte man natürlich ganz ein-deutig behandeln können: als Lesung der Leviten. Das erschien mir aber zu plump für ein Gedicht. Ich versuchte also, durch Ironie, durch Darüber-hinaus-Denken anzudeuten, daß man das »Ohne mich« nicht nur als Rückzug in die politisch windstille Idylle verurteilen sollte, sondern auch als skeptisch-kritisches Bewußtsein gebrannter Kinder werten könnte. Heute hat man übrigens für das damalige Schlagwort ein neues zur Hand: »Verweigerung«.

Christoph Meckel
Hymne

Ich lebe in einem Land, das seine geschundenen
und geflickten Garderoben den Spiegeln des Himmels
vorführt ohne besondere Koketterie,
in einem Land unter Tränengloriolen,
dessen ewige Grenzen Klagemauern sind.

Ich lebe in einem Land, das verliebt ist in den Tod,
seine Erde ist mit zahllosen Särgen möbliert
und ausgestattet mit Knochen, die abgeklärt
den Schankwirt des Todes um neue Gefährten bitten,
dem Himmel des Landes steht die Sonne gut,
doch seine Sterbefabriken schließen sich nie.

Ich lebe in einem Duft von abgestandenen Seufzern,
der Gewißheit des Todes, der Ungewißheit des Lebens,
zwiefach unwillig verbunden und verpflichtet
durch Angst und unausweichliche Vorsicht,
die ein Zirkusaffe auf dem Rücken
eines Elefanten braucht, um nicht zu stürzen.

Ich lebe in einem Land, das verliebt ist in den Tod,
ein Tränenkrug ist sein Wappen und Souvenir,
ein Blutegel sein Maskott, seine Fahnen Vogelscheuchen,
der tausendste Enkel meiner Hoffnung kam um.
Der letzte Schild meiner Zuversicht ist zerborsten.

Christoph Meckel (geb. 1935) zu *Hymne*:
Ich habe das Gedicht jetzt erstmals wiedergelesen und möchte die beiden
letzten Zeilen lieber nicht geschrieben haben, oder besser: Heute verbiete
ich mir dergleichen absprechende, resignative Aussagen und könnte mir
denken, daß ich eher von seelischer und intellektueller »Arbeit« als von
»Zuversicht« spräche. Aber damals (das Gedicht entstand 1958) hatten
sich, scheint mir, die deutschen Nachkriegserfahrungen – und Reaktio-

nen erstmals abgerundet, die Enttäuschung war vollkommen, und so ist das Gedicht und sein Fazit wohl das Ergebnis einer bodenlosen Enttäuschung (Enttäuschung war ja und ist ja tatsächlich ein immer wiederholtes Erleben im politischen Bewußtsein der Deutschen), diese Enttäuschung ist heute verständlich, aber sie ist auch überwunden, denke ich.

Peter Rühmkorf
Hymne

Völlig im Einklang mit diesem Satze Hamanns,
daß der purpurne Mantel des Genius
nur den blutigen Buckel ebendesselben verdecke,
(sehr fein beobachtet!)
justiere ich meinen Hintern auf dem Hocker von Riemerschmidt:
Ja!
in meiner Branche ist Glut und Finsternis durchaus der Umgang!

Zwischen Geburt und Beil halte ich mich
meinem Zeitalter zur Verfügung.
Ein klarer Kopf hat sich auf meinen Schultern konstituiert,
voll süßen Grimms
auf die hierorts gehandelten Sitten:
wie es speckgeknebelten Halses von Freiheit quäkt:
kein Stroh zu gemein, kein Arm unerschwinglich,
und dem man das Licht noch vorkaut, er mietet
den Streifen Abendlandes vor meiner Türe.

Der unter solchen Umständen zu singen anhebt,
was bleibt ihm zu preisen?
was wäre, he-denn, eines erhobenen Kopfes noch wert?
Trainiert und geflügelt
nahet der Gauner im Glück:
eine schöne Gesellschaft möchte sich maßnehmen lassen,
zwischen Hacke und Schnauze: Erhabenheit!
Dahinter den Mond, wenn ihm Tran,
Tran, hell wie Tau, aus zerlassener Locke träuft;
schöneres Bild eines Hochkommens, handkoloriert – gemach!
gemach, Señores,
euch laß ich den Tiger tanzen!

Aber nun:
die ihre Schwäche nicht adelt,
halten um Lieder an;

brav unter ihre Dächer geduckt,
wie sie die Peitsche zu unansehnlichen Brüdern gekämmt hat:
Kumpel!
mach uns ein Lied!
der du als eins unter andern
hungriges Hündlein bist,
mit den Lüsten der Hündlein
u-hund
dem trauten Wauwau eines allen gemeinsamen Grundgesanges –
Ihr Jecke, das ist, was einem in Deutschland das Hirn an die Decke
treibt:
rührt euer Klinkerherz andres als Schluß und Schlag,
oder:
wo ich euch aufspiel, legt ihr da mit Axt an?

Deutschland[1] – Deutschland[2]
hier wird mir kein Bruder geworfen;
hier steht die Luft, wie die Torheit stolz auf der Stelle tritt.
Zwar
mit Forsythia führt sich auch diesmal wieder der Lenz ein, mit
Rosenbändern,
aber Träne auf heißen Stein ist des Wackeren Jammer!
Ach, wodenn träfen sich Zweie im stillen Anschaun des Monds,
gleich
in Erörterung der kernwaffenfreien Zone?
Woooooo,
liebende Freunde und reflektierende,
drängte hoffnungsvoller nach vorn die Verfeinerung?
Daß des Edlen »Avanti« mächtig aufkläre unter Irdischen,
ihrer Schwalben Geleit, gütlichem Sommer zu –
Oh Ihr Gefährten,
unsichtbar noch, aber im Dunkel schon ausgespart,
aus dem Schlamm des Vaterlandes erhebt euch!
Die Unmuts-Zunge rührt,

---

[1] DBR
[2] DDR

froh der Anfechtung und eines Zornes voll.
Daß ein künftig Geschlecht euch anständig spreche.
Größe von eurer Größe zu nennen weiß
und Nein von Eurem Nein.

Peter Rühmkorf (geb. 1919) zu *Hymne:*
Frühjahr 1958. Leben unter der Dunstglocke der Adenauer-Restauration: abendländische Stickluft plus Remilitarisierung mit Trend zu Atombewaffnung (»Keine Experimente« – »Wir halten fest am Bestehenden« – »...nicht das Fußvolk der amerikanischen Atomritter werden«). Versuche, mit politischen Leitartikeln Öffentlichkeit zu erreichen, gar aufzuwirbeln (»Und sie bewegt sich doch«), scheinen hoffnungslos. Zeitweiliger Rückzug auf Poesie inklusive bürgerliches Bildungsgepäck des 18. Jahrhunderts als private Introversion. Beschäftigung mit Klopstock, Goethe, Hamann, Hölderlin. Ruck- bzw. stückweises Erkennen, daß Klassikerzitate unversehens Wirklichkeit zitierten: als ihren Widerspruch. Vor die anstehende Gesellschaft gehalten erweisen sich Klopstock-Maximen oder Hamann-Sentenzen nur mehr als ideologische Bauchbinden, oder, umgekehrt, 58er Bürgerordnung und free enterprise als Perversion ihrer geistigen Prämissen. Flucht in die Privatheit des Gedichts führt somit in dialektischem Umschlag zur Öffnung des Gedichts für politische Tagesthemen und Gesellschaftskritik. Die Resultate zeigen antizipatorische Momente von Bewußtsein sowohl wie dessen Unvermögen, der Adhäsion gesellschaftlicher Zwänge im lyrischen Alleingang zu entkommen.

Hans Magnus Enzensberger
an alle fernsprechteilnehmer

etwas, das keine farbe hat, etwas,
das nach nichts riecht, etwas zähes,
trieft aus den verstärkerämtern,
setzt sich fest in die nähte der zeit
und der schuhe, etwas gedunsenes,
kommt aus den kokereien, bläht
wie eine fahle brise die dividenden
und die blutigen segel der hospitäler,
mischt sich klebrig in das getuschel
um professuren und primgelder, rinnt,
etwas zähes, davon der salm stirbt,
in die flüsse, und sickert, farblos,
und tötet den butt auf den bänken.

die minderzahl hat die mehrheit,
die toten sind überstimmt.

in den staatsdruckereien
rüstet das tückische blei auf,
die ministerien mauscheln, nach phlox
und erloschenen resolutionen riecht
der august. das plenum ist leer.
an den himmel darüber schreibt
die radarspinne ihr zähes netz.
die tanker auf ihren helligen
wissen es schon, eh der lotse kommt,
und der embryo weiß es dunkel
in seinem warmen, zuckenden sarg:

es ist etwas in der luft, klebrig
und zäh, etwas, das keine farbe hat
(nur die jungen aktien spüren es nicht):
gegen uns geht es, gegen den seestern
und das getreide. und wir essen davon

und verleiben uns ein etwas zähes,
und schlafen im blühenden boom,
im fünfjahresplan, arglos
schlafend im brennenden hemd,
wie geiseln umzingelt von einem zähen,
farblosen, einem gedunsenen schlund.

Hans Magnus Enzensberger (geb. 1929) zu *an alle fernsprechteilnehmer*:
1960. Fallout 1960: Die Vorherrschaft der Reklame hatte sich etabliert, Zuwachsraten der Agenturen, die Illustrierten wurden immer feister; damals, nach den ersten Konsum-»Wellen«, nahmen die Postwurfsendungen zu, die Bedürfniswecker fingen an zu klingeln. Zugleich immer mehr »Tests«, denen wir wie Meerschweinchen ausgeliefert waren. Papa Teller sorgte dafür, daß der Strontiumgehalt in unseren Knochen nicht nachließ. Die japanischen Fischer, die »Antiquiertheit des Menschen«, die abstoßenden Bonner Schauspiele, dazu die ersten Vorahnungen von einer ökologischen Katastrophe, deren volles Ausmaß erst heute absehbar geworden ist: die technokratische Gesellschaft als planetarische Giftmörderin. Daß sich vor dem Atomtod niemand mehr fürchtet (wie damals zur Zeit von Foster Dulles und der brinkmanschip), mag außenpolitische Gründe haben und mit dem großen Koexistenz-Geschäft zusammenhängen. Daß uns unser eigener Friede umbringen wird, ist inzwischen nur noch absehbarer geworden.

Hans-Jürgen Heise
Dich

Dich haben sie erschossen
mich vertrieben

Und nun verteidigen sie
mit Gewehren
dein Grab
gegen meine Blumen

Hans-Jürgen Heise (geb. 1930) zu *Dich:*
Dieses Gedicht, irrtümlicherweise wiederholt mit dem Bau der Berliner Mauer in Zusammenhang gebracht, entstand im Juni/Juli 1960. Es ist ein Kenotaph für Verwandte, die, obwohl sie weder der NSDAP, der Wehrmacht, der Hitler-Jugend oder anderen Organen des Nazi-Regimes angehörten, 1945 in Pommern durch das Kriegs- und Besatzungsgeschehen ihr Leben verloren haben.

Marie Luise Kaschnitz
Ich lebte

I

Ich lebte in einer Zeit,
Die hob sich in Wellen
Kriegauf und kriegab,
Und das Janusgesicht
Stieß mit der Panzerfaust
Ihr die bebänderten Wiegen.

Der Tausendfüßler, das Volk,
Zog sein grünfleckiges Tarnzeug
An und aus,
Schrie, haut auf den Lukas,
Biß ins Sommergras
Und bettelte um Gnade.

Viel Güte genossen
Die Kinder,
Einigen schenkte man
Kostbares Spielzeug,
Raketen,
Andern erlaubte man,
Sich ihr eigenes Grab zu graben
Und sich hinfallen zu lassen tot
Zu den stinkenden
Schwestern und Brüdern.

Schwellkopf und Schwellbauch
Tafelten, wenn es bergauf ging,
Zander und Perlwein.
Die Erdrosselten saßen
Die Erschossenen mit am Tisch
Höflich unsichtbar.

Um den Himmel flogen
Selbständig rechnende
Geräte, zeichneten auf
Den Grad unsrer Fühllosigkeit
Den Bogen unsrer Verzweiflung.

In den Sperrstunden spielten
Abgehackte Hände Klavier
Lieblichen Mozart.

Marie-Luise Kaschnitz (1901–1974) zu *Ich lebte:*
1960 oder 1961. Abrechnung mit mir selbst. Ich weiß nicht mehr,
in welchem Zusammenhang.

Günter Grass
Kinderlied

Wer lacht hier, hat gelacht?
Hier hat sich's ausgelacht.
Wer hier lacht, macht Verdacht,
daß er aus Gründen lacht.

Wer weint hier, hat geweint?
Hier wird nicht mehr geweint.
Wer hier weint, der auch meint,
daß er aus Gründen weint.

Wer spricht hier, spricht und schweigt?
Wer schweigt, wird angezeigt.
Wer hier spricht, hat verschwiegen,
wo seine Gründe liegen.

Wer spielt hier, spielt im Sand?
Wer spielt muß an die Wand,
hat sich beim Spiel die Hand
gründlich verspielt, verbrannt.

Wer stirbt hier, ist gestorben?
Wer stirbt, ist abgeworben.
Wer hier stirbt, unverdorben
ist ohne Grund verstorben.

Günter Grass (geb. 1927) zu *Kinderlied:*
1960 noch in der Stimmung der *Blechtrommel* geschrieben.

Andreas Donath
Wachturm an der Zonengrenze

Gerüst aus Balken und Drohung,
ein Hochsitz des Argwohns,
errichtet im lauernden Kahlschlag.

Bewacht wird ein leeres Gehöft.
(Nur Wind und Regen dürfen noch
durch die verlassnen Zimmer gehen.)

Gejagt wird ein flüchtiger Schatten.
(Nur die Buchen sind sicher
vor Denunziation und Verfolgung.)

Beschützt wird das steinerne Auge,
der Mund, der Dornen spricht,
die Faust, die sich nicht mehr entspannt.

Andreas Donath (geb. 1934)
Geschrieben 1960.

Kurt Sigel
Flucht

Befehle, die der Wind mit sich führt,
erschrecken mich.
Raben und Exekutionskommandos sind unterwegs.
Von Stunde zu Stunde wird es dunkler.

Die Luft ist falsch und gesättigt mit Blicken,
die mich denunzieren.
Mein Sternbild hat die Form eines Galgens.
Ein roter Schinderkarren rollt der Mond auf mich zu.

Ausgesetzt bin ich den Flüchen,
ausgesetzt der Zeit, der Nacht und der Unzeit.
Verloren bin ich inmitten der Vogelzüge,
wenn eine Klage mich trifft.

Angst, bleiches Lepragesicht, das ich kenne,
weist mir die Lagerstatt:
zeitlos, wortlos, ohne Liebkosung,
entwirft sie mein Grab in der Stille.

Kurt Sigel (geb. 1931) zu *Flucht:*
Geschrieben etwa 1961 und zuerst unter dem Titel *Im Todesstreifen* veröffentlicht. Anlaß war der Tod eines Flüchtlings an der Sektorengrenze.

Volker von Törne
Frage

Mein Großvater starb
an der Westfront;
mein Vater starb
an der Ostfront: an was
sterbe ich?

Volker von Törne
Amtliche Mitteilung

Die Suppe ist eingebrockt:
wir werden nicht hungern.

Wasser steht uns am Hals:
wir werden nicht dürsten.

Sie spielen mit dem Feuer:
wir werden nicht frieren.

Für uns ist gesorgt.

Volker von Törne (1934–1980) zu *Frage* und *Amtliche Mitteilung*:
Beide Texte entstanden nahezu gleichzeitig im August 1961, ob kurz vor oder nach dem 13. August, weiß ich nicht mehr. Jedenfalls war es ein August, in dem Heißer Krieg in der Luft lag.

Horst Bingel
Fragegedicht
(Wir suchen Hitler)

Hitler war nicht in Deutschland
niemals
haben sie wirklich herrn Hitler gesehen
Hitler ist eine erfindung

man wollte uns
wie damals
die schuld
Hitler ist eine erfindung
dekadent
ihre dichter

für Hitler
erstmals
den Nobelpreis
für ein kollektiv
Hitler

eine deutsche Frau
ist nicht für Hitler
die deutschen frauen
nicht
sie tun es
die pfarrer
am sonntag frühmorgens
niemand hat Hitler gesehen

niemand hat Hitler gesehen
Hitler ist ein gedicht
nur an gedichten
sterben sie nicht

in blauen Augen
wird Hitler
kein unheil anrichten
wer hat gesagt
die Juden die Deutschen die Polen
gibt es nicht
nicht

Hitler ist eine erfindung
der bösen der guten der bösen
wer so etwas
wir aber werden
verzeihen
poesie
das hebt
heraus
Hitler ist keine nationaldichtung
wir waren schon immer
verderbt
durch fremdländisches

Hitler ist das größte
an internationaler poesie
schade
doch Goethe hat es
geahnt
Goethe unser

Hitler hat inspiriert
autobahnen
briefmarken
wir haben Hitler
umgesetzt
wirtschaftlich
autark
nichts wurde fortan
unmöglich

Hitler
unsere stärke
war
fremdländisches
umzusetzen
umzusetzen
wir haben Hitler
assimiliert geschluckt

Horst Bingel (geb. 1935) zu *Fragegedicht*:
Das Fragegedicht *Wir suchen Hitler* entstand 1964, zur Zeit des Auschwitzprozesses. Ich hatte seit 1961 Menschen befragt, in Zügen, im Speisewagen, in Straßenbahnen, wie das denn war: Kristallnacht. Niemand hatte etwas gesehen. Im D-Zug Köln–Frankfurt traf ich auf ein älteres Ehepaar aus einer hessischen Kleinstadt. Sie hatten die Kristallnacht erlebt, jedoch nichts dagegen machen können. Das Fragegedicht wurde am 30. Januar 1965 – nicht ohne Anspielung auf den 30. Januar 1933 – in der ›Frankfurter Allgemeinen‹ abgedruckt. Die Leser der ›FAZ‹ reagierten zehn Wochen lang darauf mit zumeist rüden Entgegnungen in der Spalte »Briefe an die Herausgeber«.

Marie Luise Kaschnitz
Zoon politikon v

Alles nicht aktenkundig
Nicht der Angstschrei im Bahnhofsgelände
Nicht das Schluchzen gefangener Kinder
Unterm Kanalgitter
Dennoch
Leg dich nicht schlafen

Registriere
Verlust um Verlust
Und hinter Alleebäumen wieder
Langrohrig kriechen die Panzer

Ich weiß du weißt er weiß
Die Erde dreht sich
Ein dauerhaftes Gefährt
Mit ihren Kerkern
Blutbestickten Fahnen
Ihren schönblühenden Bäumen
Voll Vogelgezwitscher
Aus der Sonne in den Schatten
Aus dem Schatten in die Sonne

Du
Dennoch
Leg dich nicht schlafen.

Marie Luise Kaschnitz (1901–1974) zu *Zoon politikon v:*
Geschrieben aus Anlaß des Auschwitzprozesses.

Walter Bauer
Sie haben vergessen, eine andere Hymne zu wählen

Wir werden
unserer Tage nicht mehr
froh werden.
Aber vielleicht werden wir
der Nacht froh und vielleicht
des ersten Saumes
von Morgenlicht.
Nicht heute.
Nicht morgen.
Nicht nächstes Jahr.
Irgendwann.

Im Lande lebend,
hört man die Schreie
so deutlich nicht.

Auf einem anderen
Kontinente lebend,
zerreißen sie mir
das Gehör.

Da ist
keine Ausflucht.

Ich beneide
die Vergeßlichen.
Ich beneide
die Unschuldigen.
Ich beneide sogar jene,
jene, die beteuern,
sie seien unschuldig.
Wie ruhig sie schlafen.

Sie haben vergessen,
ein anderers Wappentier
zu wählen.

Die Adler sind tot.

Aber den Menschen
gibt es noch.

Daran haben sie
nicht gedacht.

Sie haben vergessen,
eine andere Hymne
zu wählen.

Sie singen das alte Lied
und fühlen sich wohl.

Wie wohl sie sich fühlen.

Indes: Nicht alle.

Ich schreie: Nicht alle.

Indes: Wieviel Hoffnung
liegt auf
jenem Rest?

Walter Bauer (1904–1976)
Geschrieben »wahrscheinlich 1964, jedenfalls in jenen Jahren, in denen ich, hier lebend, den Blick von der deutschen Vergangenheit kaum losreißen konnte und fast in Stücke ging. Ich schrieb es zur gleichen Zeit, als ich das Stück *Testament* schrieb« (8. Juli 1970).
»Während des Schreibens überfiel es mich, nicht zum ersten Mal, wie Sie wissen, aber nie mit solch verzehrender Gewalt – wie schauerlich falsch die Dinge gegangen sind seit dem Ende des Krieges. Ich schrieb das *Testament* gegen eine Wand von Volkswagen, Eisschränken, Staubsaugern, super-markets, Kraft's cheese, gegen verblasene Ideen, gegen die Farce der deutsch-französischen Allianz (verzeihen Sie mir, wenn Sie anders denken)...« (Auszug aus einem Brief an seinen Verleger Ernst Tessloff, April 1964.)
Sie haben vergessen, Teilveröffentlichung von Deutscher Tag: »Wie die Marschstiefel knirschen: / Welt höre, wir kommen / Ich war ein entsetzter Zuschauer...«

Horst Bienek
Gedicht von Zeit und Erinnerung III

Zwanzig Jahre mußten vergehen Zeitvergangenheit
    bis in Frankfurt Gerichtstag gehalten wurde
über das Totenhaus dieser Welt
ARBEIT MACHT FREI / DIE IHR EINTRETET / FIN DE PARTIE
(das ist ein und dasselbe)
: eingeritzt in die Haut der Lebenden
versenkt in die Abortgruben der Lager
vermischt mit dem Rauch der Krematorien
    mit dem *ersten Atem* der Neugebornen
ist es von Dauer
    soll es von Dauer sein
        wird es von Dauer sein

    Nicht die Geschichte hat Dauer
    die Gegenwart
und was von der Geschichte
noch Gegenwart ist
zürnt ihm nicht dem Aufschreiber
    wenn er
stammelt wenn er von vorn anfängt:

Das ist der Anfang:
das Wort ist ein Wort und das Bild ist ein Bild und der Satz ist ein
    Satz
        und schwarz ist nichts
andres als schwarz und rot nichts andres als rot
und Leben bedeutet nicht
    tausend Möglichkeiten zu sterben
sondern da zu sein

Nicht das was war hat Dauer
Nur das was ist
  was sein wird

Horst Bienek (geb. 1933) zu dem *Gedicht von Zeit und Erinnerung III*:
Das Gedicht wurde geschrieben im Juli/August 1965. Auslösender Anlaß waren der Auschwitzprozeß in Frankfurt und, nachdem ich die stokkenden Zeugenaussagen gehört habe, die Frage nach der Erinnerung. Kann sie verändern? Uns verändern? Was geschieht, wenn es keine erlebte Zeugenschaft mehr gibt? Ist Geschichte dann nichts weiter als Lesebuch-Stoff, nach dem Motto: »drei drei drei / bei Issus Keilerei«. Was kann man tun, damit Auschwitz ein Signal bleibe, auch für die Späterkommenden? Es ging mir darum: Geschichte nicht objektiv als Geschichte sein zu lassen, sondern sie hinüberzuziehen in unsere Gegenwart. Das Entsetzen dauerhaft zu machen. Das sollte nicht vor sich gehen in einem Bezirk von Literatur; das sollte immer gegenwärtig sein: während wir mit Marketing beschäftigt sind oder Schach spielen oder Schnaps trinken oder um einen toten Freund trauern oder beischlafen oder ein frühes Gedicht von Pound lesen.

Günter Bruno Fuchs
Polizisten-Steckbriefe

1
Gesucht wird
ein schießender
Polizist
in lebensnaher
Dauerstellung. Geboten wird:

Fünftagewoche, Dienst-
und Freizeitrevolver, Munition
nach Tarif, gratis
Zielscheiben
für Fortgeschrittene,

sowie
jährlich einmal
unser
beliebter
Prämienauswurf.

2
Gesucht wird
ein schlagender
Polizist
zur Mithilfe bei der
Realisierung
unserer weitgesteckten
Ziele.

Die Ausbildung
beginnt an leichten
Objekten (zehn Beamte auf
einen Störenfried) –
steigert sich
nach dreijähriger

Einarbeitung (sechs
Beamte auf
einen Störenfried) mit
abschließender
Einsatzbereitschaft (drei
Beamte auf
einen Störenfried), wobei

freie
Heilfürsorge
gleich zu Beginn
zugesichert wird.

3
Gesucht wird
ein Sittenpolizist
mit gehobener
Allgemeinbildung. Das

Aufgabengebiet
umfaßt
Überwachung
der Standesämter, Streifendienst
und Abhörgänge
im Bereich sozialer
Wohnungsbauten, verbunden mit

Stichproben
je nach Gutdünken
und Erfahrung.

4
Gesucht wird
ein freundlicher
Polizist, der die Namen
aller Weihnachtsmänner
übernimmt,

so daß
den Kindern
gesagt werden kann: Freut euch,
morgen kommt der
Weihnachtspolizist!

Er packt
seine Geschenke aus, er setzt
die Gefangenen
unter den Tannenbaum, er
lächelt
ganz diebisch
wie still
ihre Sünden
sich wegstehlen
nach
draußen
und müde werden
im Schnee.

Günter Bruno Fuchs (1928–1977) zu *Polizisten-Steckbriefe*:
1965. Verjähren wohl nicht.

Ernst S. Steffen
Das Vorleben

Mein Vater war Oberfeldwebel
und starb in Stalingrad,
von wo er als mein Onkel zurückkehrte.
Er war ein guter Onkel.

Nach neunzehnhundertfünfundvierzig
nahm er jedoch
eine schwarze Hautfarbe an.
Das irritierte mich.
Ich war so jung damals.

Der staatlich geprüfte Jugendpsychiater
erzählte mir eine Geschichte,
in der ein Mann namens Oedipus vorkam,
und ich sei kein schlechter Junge,
sagte er;

der Krieg sei schuld,
so und so,
auch an der Null-acht,
mit der ich so sehr ins Schwarze getroffen hatte
zwischen den weißen Augen.

Er brachte mich dann selbst
in das Erziehungsheim,
weil sein Freund recht behalten hatte.

Im Heim erhielt ich eine Tante,
die sich meiner Komplexe annahm
und schließlich meiner Libido.
Ich war so hübsch damals.

Als sie ein Kind bekam,
begann ich den Vorgang zu verstehen
und erhielt wieder einen Onkel.

Irgend jemand sagte mir dann,
Flucht sei ein Ausweg.
Unterwegs lernte ich Motorrad fahren,
weil ich Blasen an den Füßen hatte.

Dann brachte man mich vor einen Onkel,
der von Schuld sprach
und mich seiner Gnade versicherte.

Im Jugendgefängnis lernte ich,
was er damit gemeint hatte.
Ich lernte viel im Gefängnis.
Besonders mochte ich Goethe leiden.
Er schrieb eine Farbenlehre.

Ernst S. Steffen (geb. 1936) zu *Das Vorleben*:
Zur Entstehungsgeschichte des *Vorlebens* ist ganz schnell alles gesagt. Im Spätjahr 1966 wurde ich vom stellvertretenden Direktor der Landesstrafanstalt Bruchsal gebeten, für eine Lesung, die er mit Gefangenenliteratur machen wollte, auch ein paar Gedichte zu schreiben. Dazu sollte auch ein Lebenslauf abgeliefert werden. Das Gedicht *Vorleben* war zuerst ein richtig prosaischer solcher. Beim Umarbeiten zum Gedicht kamen dann noch die Verfremdungen hinzu, mit denen ich der Aussage des Gedichts Objektivität zu geben versuchte. Und das hinzugesagt – meine Kritiker haben es alle nicht begriffen –: *das ist nicht mein* Leben, ich habe keinen umgebracht und so weiter, es ist Metapher für das Geschehen an diesen Menschen dort drinnen. Es ist ein Fehler, wenn man mein Schicksal mit meinen Aussagen identifiziert, faktisch identifiziert. Alle dort drinnen standen einmal vor einem Onkel, der plötzlich von Schuld sprach.

Helmut Heißenbüttel
Spielregeln auf höchster Ebene
Didaktisches Gedicht

was tut man mit Überlegungen: man stellt sie an
was tut man mit Feststellungen: man trifft sie
was tut man mit Entschlüssen: man faßt sie
was tut man mit Abmachungen: man trifft sie
was tut man mit Verpflichtungen: man geht sie ein
was tut man mit Risiken: man geht sie auch ein
was tut man mit Fragen: man wirft sie auf
was tut man mit Problemen: man packt sie an
was tut man mit Antworten: man sucht und gibt sie
was tut man mit Lösungen: man sucht und findet sie
was tut man mit Widersprüchen: man löst sie auf
was tut man mit Rückschlägen: man begegnet ihnen
was tut man mit Fehlschlägen: man nimmt sie in Kauf

also Überlegungen anstellen
also Feststellungen treffen
also Entschlüsse fassen
also Abmachungen treffen
also Verpflichtungen eingehn und einlösen
also auch Risiken eingehn
also Fragen aufwerfen und stellen
also Probleme anpacken
also Antworten suchen und geben
also Lösungen suchen und finden
also Widersprüche auflösen
also Rückschlägen rechtzeitig begegnen
also Fehlschläge in Kauf nehmen
oder Überlegungen anstellen und in den Wind schlagen
oder Feststellungen treffen und in den Wind schlagen
oder Entschlüsse fassen und vermeiden
oder Abmachungen treffen und sich nicht daran halten
oder Verpflichtungen eingehn und nicht einlösen
oder Risiken eingehn und umgehn

oder keine Fragen stellen und sich selbst unwissend
oder Probleme nicht anpacken und sie bagatellisieren
oder Antworten suchen und nicht finden und ablehnen
oder Lösungen für unmöglich erklären
oder Widersprüche ignorieren
oder Rückschläge für unmöglich halten
oder Fehlschläge nicht einkalkulieren

was tut man also mit Überlegungen: man schlägt sie in den
   Wind
was tut man also mit Feststellungen: man treibt Schindluder
   damit
was tut man also mit Entschlüssen: man verschiebt sie auf
   morgen
was tut man also mit Abmachungen: man hält sich nicht daran
was tut man also mit Verpflichtungen: man geht sie gar nicht
   erst ein
was tut man also mit Risiken: man flieht sie
was tut man also mit Fragen: man stellt sie erst gar nicht
was tut man also mit Problemen: man geht ihnen aus dem Weg
was tut man also mit Antworten: man weiß keine
was tut man also mit Lösungen: man weiß keine
was tut man also mit Widersprüchen: man verschweigt sie
was tut man also mit Rückschlägen: man erkennt sie nicht
was tut man also mit Fehlschlägen: man übergeht sie mit Still-
   schweigen

Helmut Heißenbüttel (geb. 1921) zu *Spielregeln auf höchster Ebene*:
Die Aktualität des Gedichts (seine Gelegenheit) waren die Wahlen zum deutschen Bundestag 1965. Das Gedicht, nach den Wahlen entstanden, versucht, von einer grammatisch-phraseologischen Versuchskette ausgehend, durch Umkehrung des banalen Sprachgebrauchs politische Verhaltensweisen in Frage zu stellen. Sein politisch konkreter Hintergrund ist die Regierungszeit des Bundeskanzlers Erhard. Diese ist jedoch nur exemplarischer Anlaß.

Martin Jürgens
weitere schlagzeilen kauend

weitere schlagzeilen kauend
am morgen
die böse schrift
in der hand
weiß ich
schlecht wird sichs lehnen
am heiteren herbst,
die gleichung des sommers
geht diesmal nicht auf,
gedanken zu oft beim abc
zu oft über kimme und korn
scheuchen die sicherheit auf
im splitternden bambus
spürt man die angst in der tasche –
nein, die gleichung des sommers
geht diesmal nicht auf,
schlecht wird sichs lehnen
am heiteren Herbst.

Martin Jürgens (geb. 1944) zu *weitere schlagzeilen kauend*:
Anlaß war die Notiz aus der ›Süddeutschen Zeitung‹ vom 26.5.1965:
»Die Vereinigten Staaten behalten sich den Einsatz kleiner taktischer Atomwaffen gegen Nordvietnam vor, falls eine veränderte Lage diese Art von Kriegführung zur Beendigung der Aggression Nordvietnams gegen Südvietnam notwendig erscheinen lasse.«

Hans Peter Keller
Kurzgeschichte aus der Geschichte

der Name tut nichts zur Sache: einer dieser Altgedienten
schal das Augenlicht
Tränensäcke
hatte eines schönen Tages folgende Idee

schade daß ich nie Zeit hatte
sagte er sich
nie Zeit zu testen
wie lange der noch die Luft spürt
der da baumelt
wann genau ist er hinüber
und wie denn

schade keine Ahnung wie das
wirklich ist: mit dem
Moment
– müßte doch
auszumachen sein
sagte er sich
und

schade
der seltsame Held
hat uns sein Resultat
nicht hinterlassen

Hans Peter Keller (geb. 1915) zu *Kurzgeschichte aus der Geschichte*:
1965. Motiv: In meiner Umgebung wird ein »Zugereister«, den man seit Jahren als stillen, etwas kauzigen Biedermann achtet, Hals über Kopf verhaftet. Der Prozeß bringt ans Licht, daß er während des Kriegs in Polen einem Exekutionskommando angehört hat. Vor dem Urteilsspruch gelingt es dem Mann, sich zu erhängen.

Arnfried Astel
Notstand

Notstand, das ist laut Brockhaus
ein fester Stand, in dem
besonders widergesetzliche Pferde
und Rinder zum Hufbeschlag
zur tierärztlichen Untersuchung
oder zur Durchführung kleinerer
Operationen befestigt werden.

Arnfried Astel (geb. 1933) zu *Notstand*:
1966, als die geplanten Notstandsgesetze diskutiert wurden. Ich schlug den Begriff im Brockhaus nach und fand dies.

F. C. Delius
Selbstschutz I

Selbstschutz verpflichtet Personen zum Selbstschutz bei feind-
    lichem Angriff,
möglichst zu retten den Leib und das Leben wie folgt:
Aufsuchen soll der Verpflichtete, jedermann, hör ich Sirenen,
ich, einen Keller und Raum, welcher mich schützt bei Gefahr,
darf, wird entwarnt, diesen Schutzraum verlassen und darf
    meinen Vorrat,
den ich mir vorher beschafft, essen, bei Hunger, zur Not.
Bis zu dem vierzehnten Tag wird der Vorrat nicht ausgehn, doch
    keine
Panik, denn doppelt ernährt den sein Brot, dem es schmeckt.
Geht das zur Neige, dann zeigt die Bevorratung sauberen
    Wassers:
Selbstschutz wird retten stets den, welcher für Selbstschutz
    gesorgt.

Bricht wo ein Brand aus, so wolln wir mit diesen Geräten ihn
    löschen:
Einstellspritze nehm ich, Einreißhaken nimmst du,
aber den leichten natürlich, den Wasserbehälter nimmt sie, und
er nimmt die Fangleine mit Tragbeutel, so wird gelöscht.
Jeder Besitzer beweglicher und nicht beweglicher Sachen
hat, wenn im Geltungsbereich dieses Gesetzes, allzeit
Sorge zu tragen, daß möglich wird, diese sofort zu verdunkeln.
Schnell zu entrümpeln sind dann Boden- und Dachräume auch.

Selbstbefreiung verlangt nun ein weit intensiveres Training,
gutes Gerät aber hilft immer dem Menschen, ders nützt.
Sind erst die Schaufeln und Spaten in Händen, befreit es sich
    leichter,
nötig sind Meißel und Blei, ich schwör auf Brechstangen und
Spitzhacke, Handsäge, Fäustel, so komm ich schon raus aus den
    Trümmern,
stark und gewiß, daß am End uns noch das Bergungstuch bleibt.

F. C. Delius (geb. 1943): »*Selbstschutz* – geschrieben 1965/66 – sollte den Text des Selbstschutzgesetzes, das zu den im Sommer 1965 eilig verabschiedeten Einfachen Notstandsgesetzen zählt, auf zweifache Weise denunzieren: Übertragung in Ich-Form und in ein strenges klassisches Versmaß. Dabei sollte der Gesetzestext so wörtlich wie möglich beibehalten werden.

Die Anregung zur Verfremdung der Paragraphen kam mir nach einer studentischen Protestveranstaltung gegen die Notstandsgesetze im Sommer 1965.

Das Gedicht *Selbstschutz* mag für eine bestimmte literarische Protesthaltung typisch sein – damals setzten die meisten von uns noch auf die SPD, damals kritisierten wir nur Texte, nicht die gesellschaftlichen Verhältnisse – aber besonders fortschrittlich ist es, von heute aus geurteilt, nicht. Das Gedicht schmückt die Ohnmacht formalistisch, mit Distichen, aus und lehrt, trotz Verfremdung und Denunziation, höchstens, die bürokratische Pedanterie als psychologische Kriegsvorbereitung zu durchschauen. Es resigniert mit Ironie, aber macht den Kampf gegen die Verfasser und Auftraggeber solcher Gesetze noch nicht vor.«

Erich Fried
Das Land

Das Land liegt sieben Fußritte
und einen Schuß weit

seine südliche Hälfte
heißt Demokratie

In ihrer Hauptstadt Sodom
regiert ein Soldat der *Mein Kampf* lernt

Die Mönche sind buddhistisch
oder katholisch

Die buddhistischen Mönche
werden oft Rote genannt

In Wirklichkeit sind sie gelb
aber nicht wenn sie brennen

Der Stamm Nung spricht chinesisch
und bringt schweigende Menschen zum Sprechen

Das wußte schon Tschiang Kai-Schek
das wußten auch die Franzosen

Die Zungenlöser der Nung
erhalten jetzt fünf Dollar täglich

Nicht aus Washington nur von Soldaten
auf eigene Rechnung

Die New York Times nennt die Verhöre
Orientalische Fragespiele

Gefangene Partisanen werden getauft
sie erhalten alle den Namen Patrice Lumumba

Fleisch wird zubereitet
auf zweierlei Art

Entweder langsam mit Napalm
oder schnell mit Benzin

Letzteres gilt als barbarisch
ersteres nicht

Geschlachtet wird vorher
bei keiner der beiden Methoden

Das Land ist leicht zu erreichen
auch für größere Expeditionen

Die Fremdenführer
werden Ephialtes genannt

Man fährt durch die Bucht der Schweine
ohne Umweg zu den Bordellen

Die Mädchen sind zierlich
ihre Särge sind leicht zu tragen

Die Toten werden verbrannt
wie die Lebenden

Wenn man die Augen zumacht
und völlig stillsitzt

kann man von weitem sehen
was in dem Land geschieht

Erich Fried (1921–1988) zu *Das Land*:
Geschrieben wurde es 1965 oder 1966. Es versucht, Informationen über Vietnam, Ky, die Folterer, die hohe Zahl der Selbstmorde von Mädchen in den »Vergnügungslokalen« usw. mit dem Krieg im Kongo, der Ermordung Lumumbas, der amerikanischen Landung in der Schweinebucht in Kuba, ja sogar mit dem antiken Verräter Ephiales in Beziehung zu setzen. Auf den Vietnamkrieg war ich natürlich schon ein Jahr nach Ende des Zweiten Weltkriegs aufmerksam geworden, aber zu schreiben begann ich darüber erst, als klar wurde, daß die Vereinigten Staaten und ihr Günstling Diem das Genfer Abkommen von 1954 sabotierten.

Elisabeth Borchers
Der Soldat

Ich habe einen Soldaten gesehn
der konnte schön in den Stiefeln stehn
Er hatte keinen Strauß am Hut
doch ein Gewehr das stand ihm gut

Ich habe einen Soldaten gesehn
der konnte gut mit den Menschen umgehn
Er hat ihnen ein Loch in den Rücken gemacht
und hat dabei an die Ordnung gedacht

Ich habe viele Soldaten stehn sehn
die haben das ruhig mit angesehn
Als einer in die Knie gegangen
da hat ihn keiner aufgefangen

Ich habe viele andre gesehn
die wollten nicht in den Stiefeln stehn
Die haben einen Bogen gemacht
und haben dabei an die Ordnung gedacht

Elisabeth Borchers (geb. 1926)
Geschrieben 1966.

Helga M. Novak
Postwurfsendung

bei Nacht gehen Boten um
erfaßt sind die Bewohner
in Stadtplan und Adreßbuch

Broschüren Statistiken Revuen
verstopfen die Briefkästen
und die Schlitze der Türen

    ein Bergmann lachend mit Blumen
    ein Präsident lachend mit Kindern
    ein Bauer lachend mit Blumen
    ein Nationalsoldat lachend mit Kindern

die Kanonenrohre des Nachbarn
die Abschußrampen des Gegners
die Düsenjäger des Feindes
die Lunte eines Saboteurs

Diplomatendiener stehlen einander Listen
mit deinen und meinen Namen

bei Nacht gehen Boten um

Helga M. Novak (geb. 1935)
Geschrieben 1966.

Erich Fried
Gründe

»Weil das alles nicht hilft
Sie tun ja doch was sie wollen

Weil ich mir nicht nochmals
die Finger verbrennen will

Weil man nur lachen wird:
Auf dich haben sie gewartet

Und warum immer ich?
Keiner wird es mir danken

Weil da niemand mehr durchsieht
sondern höchstens noch mehr kaputtgeht

Weil jedes Schlechte
vielleicht auch sein Gutes hat

Weil es Sache des Standpunktes ist
und überhaupt wem soll man glauben?

Weil auch bei den andern nur
mit Wasser gekocht wird

Weil ich das lieber
Berufeneren überlasse

Weil man nie weiß
wie einem das schaden kann

Weil sich die Mühe nicht lohnt
weil sie alle das gar nicht wert sind«

Das sind Todesursachen
zu schreiben auf unsere Gräber

die nicht mehr gegraben werden
wenn das die Ursachen sind

Erich Fried (1921–1988) zu *Gründe*:
Entstand 1966. Bis auf die vier Schlußzeilen zusammengestellt aus selbstgehörten Äußerungen von Bürgern der Bundesrepublik und Westberlins. Ihre »Gründe« lehnten Engagement überhaupt, nicht nur gegen Vietnamkrieg, ab. Meine Schlußzeilen deuten an, daß solche Haltung zum Ausbruch eines Atomkrieges beitragen könnte.

Hilde Domin
Graue Zeiten

1

Es muß aufgehoben werden
als komme es aus grauen Zeiten

Menschen wie wir, wir unter ihnen,
fuhren auf Schiffen hin und her
und konnten nirgends landen.
Menschen wie wir, wir unter ihnen,

durften nicht bleiben
und konnten nicht gehen.

Menschen wie wir, wir unter ihnen,
grüßten unsere Freunde nicht
und wurden nicht gegrüßt.

Menschen wie wir, wir unter ihnen,
standen an fremden Küsten
um Verzeihung bittend, daß es uns gab.

Menschen wie wir, wir unter ihnen,
wurden bewahrt.

Menschen wir wir, wir unter ihnen,
Menschen wie ihr, ihr unter ihnen,
jeder,

kann ausgezogen werden
und nackt gemacht
die nackten Menschenpuppen,

nackter als Tierleiber,
unter den Kleidern
der Leib der Opfer.

Ausgezogen
die noch morgens die Schalen um sich haben
weiße Körper

Glück hatte wer nur
gestoßen wurde
von Pol zu Pol.

Die grauen Zeiten
ich spreche von den grauen Zeiten
als ich jünger war als ihr jetzt.

2

Die grauen Zeiten
von denen nichts uns trennt als
zwanzig Jahre

Die Köpfe der Zeitungen
das Rot und das Schwarz
unter dem Worte »Deutsch«

ich sah es schon einmal.
Zwanzig Jahre:

Montag viel. Dienstags nichts
zwischen

uns und den grauen Zeiten.

3

Manchmal sehe ich dich
von wilden Tieren zerrissen
von Menschentieren
Wir lachen vielleicht
Deine Angst die ich nie sah
diese Angst
ich sehe euch.

4

dich
und den
und den,
Menschen wie ihr
ihr unter ihnen,
Menschen wie wir,
wir unter ihnen.
Nackte Menschenpuppen
die heute noch die Schalen um sich haben.

Die Köpfe der Zeitungen
das Rot und das Schwarz
unter dem Worte »Deutsch«.
Die Toten stehen neben den Kiosken
und sehen mit großen Augen
die Köpfe der Zeitungen an
den schwarz und rot gedruckten Haß
unter dem Worte »Deutsch«.
Die Toten fürchten sich.

Dies ist ein Land
in dem die Toten sich fürchten.

Hilde Domin (geb. 1912) zu *Graue Zeiten*:
Zuerst mit dem Untertitel *Deutsche National-Zeitung und Soldatenzeitung: Auflage 94000*, in ›Die Zeit‹, 20. Juni 1966. Entstanden im Frühjahr 1966, unter dem Eindruck der plötzlich an allen Bahnhofskiosken groß ausgehängten ›National-Zeitung‹ und der alarmierenden Statistik des Lücke-Reports über das Anwachsen des Rechtsradikalismus in der Bundesrepublik. (Die Auflagenziffer, dem Lücke-Report entnommen, stieg rasch auf 125000.) Daß diese Gefahr mehr als nur vorübergehend gebannt ist, läßt sich nach den Landtagswahlen im Juni 1970 fast hoffen – ob allerdings ein neuer unberechenbarer Irrationalismus im Kielwasser der kritischen Protestbewegung nachkommt, darüber lassen sich im Frühsommer 1970 kaum Prognosen stellen.

Vagelis Tsakiridis
Der Gast

Was bieten wir dem Gast für sein Wohlbefinden?
Glänzende Musikmobile
Kleingewinnapparaturen
Imbißstuben
Untergrundbahnen
Frauenkniee
Telephon-Verbindungen
Funktürme
U-Boote
cinematographische Darstellungen.
Wir müssen ihn absolut individuell behandeln
seine gequollenen Füße
sein vom Infarkt gerütteltes Herz
sein kataraktisches Auge
und
sonst
ihn überhaupt untersuchen
auf den Kopf stellen
feststellen
ob er an unserer Seite steht
ob er nicht ein Rassenhasser ist
ein Schonflächen-Betreter.
Wir müssen uns in acht nehmen
denn vieles haben wir erlebt.
Sollten wir nicht auf die Ergebnisse
der Auskunfteien warten?
Ich warne euch
ich habe Angst
ich mag keine Umstände.
Wir sollten ihn befragen:
was will er hier, was.
Ich mag seine Zipfel nicht
der guckt so starr
seine Lippen sind blau –

ich warne euch!
Laßt uns entscheiden
ihn ausweisen.
Er ist zu jung für sein Alter.
Wie alt ist er?
Er hat unsere Geburt erlebt
und
ich warne euch!
er wird unseren Leichenzug begleiten.

Vagelis Tsakiridis (geb. 1936)
Geschrieben 1966. Anlaß war der bekannte Ausweisungsprozeß gegen den Autor.
(Unter dem Titel *Untersuchung und Feststellungen über das Leben des Dichters aus dem 17. Jahrhundert* erschien das Gedicht, von dem hier nur der zweite Teil abgedruckt ist, in ›Luchterhands Loseblatt Lyrik‹ 1, Neuwied / Berlin 1966.

Günter Grass
Zorn Ärger Wut
In Ohnmacht gefallen

Wir lesen Napalm und stellen Napalm uns vor.
Da wir uns Napalm nicht vorstellen können,
lesen wir über Napalm, bis wir uns mehr
unter Napalm vorstellen können.
Jetzt protestieren wir gegen Napalm.
    Nach dem Frühstück, stumm,
    auf Fotos sehen wir, was Napalm vermag.
    Wir zeigen uns grobe Raster
    und sagen: Siehst du, Napalm.
    Das machen sie mit Napalm.
Bald wird es preiswerte Bildbände
mit besseren Fotos geben,
auf denen deutlicher wird,
was Napalm vermag.
Wir kauen Nägel und schreiben Proteste.
    Aber es gibt, so lesen wir,
    Schlimmeres als Napalm.
    Schnell protestieren wir gegen Schlimmeres.
    Unsere berechtigten Proteste, die wir jederzeit
    verfassen falten frankieren dürfen, schlagen zu Buch.
Ohnmacht, an Gummifassaden erprobt.
Ohnmacht legt Platten auf: ohnmächtige Songs.
Ohne Macht mit Guitarre. –
Aber feinmaschig und gelassen
wirkt sich draußen die Macht aus.

Günter Grass (geb. 1927)
Geschrieben 1967.

Karl Krolow
Die Macht

Vorübergehend
eine deutsche Redensart
wie aus der Pistole geschossen –
die Macht.

Anfangs klopft sie
mit dem Knöchel
an die Haustür.
Geduld gehört dazu.

Das ändert sich.
Man steigert die Geräusche.
Die Grabinschriften lauten
immer vorsichtiger.

Karl Krolow (geb. 1915) zu *Die Macht*:
Geschrieben 1967. Datumslos als jederzeit wiederholbare Erfahrung in menschlicher Sozietät.

Helmut Lamprecht
Vorletzter Beistand

In der Tagesschau
wurde Notstand geprobt.
Ganz zivil.

Um die Übung
sagte der Sprecher
so realistisch
wie möglich zu machen
waren auch Geistliche
zur Stelle.

Sie knieten nieder
an den Bahren.
Sehr bei der Sache
doch ohne Humor.

Denn immerhin:
noch lebten die Toten.

Helmut Lamprecht (geb. 1925) zu *Vorletzter Beistand*:
Dem Gedicht liegt ein Fernseh-Tagesschaubericht zugrunde, der 1967 gesendet wurde. Abendbrotessenderweise dürften Millionen die gespielten Szenen gesehen haben, den lästerlichen Zynismus mit jenem »Ernst der Lage« verwechselnd, mit dem vorweg sich abzufinden gebeten wurde. Nur zynisch läßt sich darauf reagieren.

Nicolas Born
Berliner Para-Phrasen

Unsere Geduld ist am Ende.
Wir haben es satt uns von einer Mehrheit
auf der Nase herumtanzen zu lassen.
Wir haben es satt die Stadt vom Radau-
verleger beleidigen zu lassen
(: wenn er Berlin unappetitlich findet
soll er doch in den Osten gehen).
Wir haben es satt uns das Demonstrationsrecht
rationieren zu lassen.
Wir haben es satt uns von administrativen Krakeelern
in Deutsch unterrichten zu lassen.
Wir haben es satt uns von gewaschenen Schlägern
schlagen zu lassen.
Wir haben es satt uns von kurzmähnigen Greifern
greifen zu lassen.
Wir haben es satt den Kudamm von uniformiertem Mob
blockieren zu lassen.
Seht sie euch genau an diese Typen dann wißt ihr
denen kommt es nur darauf an
unsere freiheitliche Grundordnung zu zerstören.

Wir haben es zu tun mit einer Handvoll Radikaler
mit dem harten Kern der Reaktion
der Gewalt predigt.
Diese Handlanger des Kapitalismus
wollen eine jugendfreie Notstandsgesellschaft.
Sie wollen die Jugend abschaffen
im Rahmen der Unverhältnismäßigkeit der Mittel
aber was sie an deren Stelle setzen wollen
darauf sind sie bisher die Antwort schuldig
geblieben.

Nicolas Born (1937–1979) zu *Berliner Para-Phrasen*:
Etwa im Juli 1967, während des Höhepunkts der Pressekampagne Springers gegen Studenten. Ich habe damals die markigsten und markantesten Schlagzeilen der Springerzeitungen gesammelt und sie in tendenziöser Weise an den Absender zurückgeschickt, als Montage, aber auch als Beispiel defensiver Manipulation. – (Abgedruckt in ›Agitprop‹, Hamburg 1969.

Günter Grass
Neue Mystik
oder: Ein kleiner Ausblick auf die utopischen Verhältnisse
nach der vorläufig allerletzten Kulturrevolution.

Als unsere Fragebögen lückenhaft blieben
und die formierten Mächte sich ratlos näher kamen,
begann die Verschmelzung aller Systeme mit der Telepathie.

Während noch Skeptiker abseits standen,
wurden schon volkseigne Tische gerückt,
Geister gerufen, mit Hegel
und anderen Mystikern gefüttert,
bis es klopfte und leserlich Antwort gab.

Auf jener Tagung spiritistischer Leninisten in Lourdes,
deren Arbeitsgruppen das fortschrittliche Tibet
und die Errungenschaften der Therese von Konnersreuth
mit Hilfe der Schrenk-Notzing-Methode behandelten,
wurden die Vertreter aufklärender Dekadenz gemaßregelt:
Fortan fiel Pfingsten auf jeweils den 1. Mai.

Im folgenden Jahr,
während der telepathischen Karwoche,
überführten Zen-Pioniere,
geleitet von den vierdimensionalen Sozial-Jesuiten,
gefolgt von indischen Kühen
und den großen Sensitiven astraler Hindu-Kombinate,
des Stalin wächserne Leiche in Etappen nach Rom.

Als man, nach paladinischer Weisung,
(Eusapia Paladino, geb. 1854 in Neapel,
mediale Vorkämpferin der Neuen Mystik)
auf der windigen Insel Gotland
ein gelbhaariges Medium gefunden hatte,
wurde es zur Heldin des sozialistischen Mystizismus erklärt
und kurz nach jenem tragischen Autounfall –

versprengte Sozialdemokraten
und marxistische Revisionisten
gestanden später den Anschlag –
heiliggesprochen.

Die in Texas und in der Äußeren Mongolei
zwecks Umschulung an Schutzlagertischen
konzentrierten Konterrevolutionäre
nehmen fortan
von Sitzung zu Sitzung ab.

Ständig tagt unser Vollzirkel dialektischer Psychokinese.
Denn immer noch gibt die Heilige Antwort.
Um einen Tisch sitzt die Welt und holt Rat bei ihr.
Sie, die irrationale, rüstet uns ab,
sie, die telekinetische, hilft uns, das Soll zu erfüllen,
sie, die okkulte, ernährt und verwaltet uns,
nur sie, die parteiliche und unfehlbare,
sie, die gebenedeite und schmerzensreiche,
sie, die liebliche Sensitive,
füllt unsere Fragebögen,
benennt unsere Straßen,
säubert uns gründlich,
erlöst uns vom Zweifel,
nimmt uns das Kopfweh.

Fortan müssen wir nicht mehr denken,
nur noch gehorchen
und ihre Klopfzeichen auswerten.

Günter Grass (geb. 1927)
Geschrieben 1967.

Hans Magnus Enzensberger
**Lied von denen auf die alles zutrifft
und die alles schon wissen**

daß etwas getan werden muß und zwar sofort
das wissen wir schon
daß es aber noch zu früh ist um etwas zu tun
daß es aber zu spät ist um noch etwas zu tun
das wissen wir schon
und daß es uns gut geht
und daß es so weiter geht
und daß es keinen Zweck hat
das wissen wir schon

und daß wir schuld sind
und daß wir nichts dafür können daß wir schuld sind
und daß wir daran schuld sind daß wir nichts dafür können
und daß es uns reicht
das wissen wir schon

und daß es vielleicht besser wäre die fresse zu halten
und daß wir die fresse nicht halten werden
das wissen wir schon
das wissen wir schon

und daß wir niemand helfen können
und daß uns niemand helfen kann
das wissen wir schon

und daß wir begabt sind
und daß wir die wahl haben zwischen nichts und wieder nichts
und daß wir dieses problem gründlich analysieren müssen
und daß wir zwei stück zucker in den tee tun
das wissen wir schon

und daß wir gegen die unterdrückung sind
und daß die zigaretten teurer werden

das wissen wir schon

und daß wir es jedesmal kommen sehen
und daß wir jedesmal recht behalten werden
und daß daraus nichts folgt
das wissen wir schon

und daß das alles gelogen ist
das wissen wir schon

und daß das alles ist
das wissen wir schon

und daß überstehn nicht alles ist sondern gar nichts
das wissen wir schon

und daß wir es überstehn
das wissen wir schon

und daß das alles nicht neu ist
und daß das leben schön ist
und daß das alles ist
das wissen wir schon
das wissen wir schon
das wissen wir schon

und daß wir das schon wissen
das wissen wir schon

Hans Magnus Enzensberger (geb. 1929)
Geschrieben 1967.

Hermann Piwitt
Nachlese

Wieder in Berlin
bin ich
zu spät
zur Revolution.
Alles ist schon passiert
im Fernsehen –
stattdessen blühen die Linden
und meine Lokale find ich
von Rebellen besetzt.
Mit den schönsten rechnet schon
die Filmwirtschaft.

Alles spricht vom Heiraten
Freunde beugen vor und werden seßhaft
mit Medizinerinnen.
Scheidungen ziehen sich hin
alte Affären werden
von Lochschwägern gesegnet.
Die Hinterhöfe setzen Taubenkrusten an
von Toten liest man wieder
unter »Lokales«.

Langsam versteift sich die Lage
zur Idylle.
Aus Straßenschluchten gingen
zu allem entschlossene
Gastronomen hervor.

Aber für morgen, wenn ihr
mit zwofünf einsteigt
Genossen, Freunde
Rechnen wir wieder stark
mit euren Söhnen.

Hermann Piwitt (geb. 1935) zu *Nachlese*:
Sie fragen nach Anlässen, Fakten, nach der Gelegenheit des Gedichts. Danach kann man fragen. Seitdem jüngeren Lyrikern Gelegenheitsgedichte gelingen, ist es Brauch geworden, sie zu fragen, was sie gerade gesehen, gegessen, geliebt und gehaßt haben, als sie ihr Gedicht schrieben. Man vergißt dabei, daß etwa Benn an acht Zeilen mehrere Jahre verwendet hat. In zwei oder drei Jahren kann man eine ganze Menge sehen, essen, lieben oder hassen. Und all das zusammen kann Gelegenheit sein für ein einziges Gedicht. Insofern ist auch dies ein Gelegenheitsgedicht. Die Gelegenheit ist das Jahr 1968, ich ging damals nach Berlin zurück, die Osterunruhen waren vorbei, und die Stimmung war eine seltsame Mischung aus Euphorie und Agonie, Idylle, belle époque und handfester Zukunftssicherung. Heute wieder in Berlin, im Mai, nach den Demonstrationen gegen den Einmarsch amerikanischer Truppen in Kambodscha, würde ich kein skeptisches Gedicht mehr machen.

Arnfried Astel
Natürlich

Der Frühling gibt jedem recht.
Dieser Dutschke, sagt der Schrebergärtner
und betrachtet seinen Kirschbaum.
Dieser Springer, sage ich
und sehe kopfschüttelnd auf die Baumblüte.

Arnfried Astel (geb. 1933) zu *Natürlich*:
1968, noch vor dem Attentat auf Rudi Dutschke.

Edwin Wolfram Dahl
Morde: politisch

Weil Köpfe
Köpfen sich nicht beugen

Weil Köpfe
Köpfen sich nicht anpassen

Wer wach bleibt
Wer sich wehrt
allergisch geworden
gegen Schlafmittel

Weil Köpfe
gegen Gewalt sind

Weil Köpfe
zu Boden schlagen

Wer aufsteht
wer gerade hineinsieht
in einen Pistolenlauf

Wer noch sagen hört:
Der nächste bitte

Edwin Wolfram Dahl (geb. 1928) zu *Morde: politisch*:
Der Anlaß – wie beim Gedicht *Dallas im November* weiß ich es noch ganz genau – waren die Morde an Martin Luther King (5.4.68) und Robert Kennedy (5.6.68). Das Gedicht entstand im Juni 1968.

Christoph Meckel
Freundschaften Ost-West

Keine Zeit. Immer weniger
Zeit für Gespräche. Und keine Geduld
nachzuschlagen
was Trotzki dazu sagt.

Weltanschauungen –
Luxus für Pensionäre.
Vielleicht eine Zigarettenlänge
Herbst vor dem Fenster
Ahorn betrachtend, ohne Gespräch.
Unerwähnt die Teilung des Landes
wortlos zurückweisend
Öffentlichkeit, Geschichte,
zurückweisend immer wieder die mögliche
Ersetzbarkeit der Worte
durch Schweigen.

Nachts erblicken wir uns
ein Gitter
zwischen den Gesichtern, sprachlos
erinnernd große Zeiten, als da ein offener
Garten war für Gespräche
an einem Sommertag, ungestempelt
ohne Passierschein
gültig bis Mitternacht.

Verabredungen
für ein goldenes Zeitalter
ungesichert. Keine Zeit.
Schlechte Bedingungen für Feste. Trinksprüche
ohne Übertreibung. Ungeklärt
zukünftige Sprachen. Wenig Worte
heut, zwischen Biertisch und S-Bahn.

Dies ist
ein ganzes Leben, ausgefüllt
mit Pausen, rastlos,
Monologen, Papier.
Immer weniger Worte, gesprochen geschrieben
fallen gelassen
durchlöchert von Schweigen
das sie allmählich ersetzt.

Christoph Meckel (geb. 1935) zu *Freundschaften Ost-West*:
Ich schrieb das Gedicht im November 1968. Anlaß des Gedichts ist die permanente Unmöglichkeit für einen Westberliner, nach Ostberlin zu kommen. Erinnerung an frühere Besuche usw., vor allem an die Freundschaft mit Bobrowski.

Dietrich Krusche
Hiroshima

wenn man lange genug
in der Nachbarschaft gelebt hat,

ist eine Stadt wie die anderen
mit Obstläden, Fischläden, Fernsehtürmen
und den drehbaren Türmen der Restaurants.

Dann gibts da noch
einen Friedenspark
mit Friedensglocke, Friedensvogel
und ewigem Friedensfeuer –

warum gibts das
in anderen Städten nicht auch?

Dietrich Krusche (geb. 1935) zu *Hiroshima*:
1968. Mein Vorwissen war gewesen: die Bombe, sonst nichts. Ein Freund führte mich. Auf dem Rundgang ergab sich, wie sich sonst Touristisches ergibt: der Friedenspark mit Friedensvogel, Friedensglocke und dem allen, aber etwas vermißte ich. ... Wir aßen (ich war überrascht, mit wie gutem Appetit) rohen Fisch in einer kleinen Eßbar am Fuß eines großen Hotels mit drehbarem Aussichtsturm. ... Auf der Heimfahrt nachts in die Nachbarstadt, wo ich Jahr und Tag hatte verstreichen lassen, ehe ich hinfuhr (die Bombe!), begann in der spiegelnden Scheibe des Zugfensters sich abzuheben, was ich vermißt hatte in Hiroshima: der Friedenspark, aber nicht die Touristenattraktion, sondern das Selbstverständliche, mitnehmbar, überallhin.

Rolfrafael Schröer
Davon

Ich sollte schreiben
davon:
daß Münder abbröckeln können,
der Staub auch Steine konserviert,
Steine, die Geschichte lügen.

Davon,
daß morgen die Lomonossow-Universität
brennt und das Unogebäude
und der Petersdom einstürzt.

Davon,
daß auch ein Punkt zum Komma wird,
die Nacht, die nächste, Stiefel trägt
und der Morgen ohne Milch sein wird.

Davon,
daß ein Sachbuch für Mord verfaßt wird,
Hoffnung in Tüten zu kaufen ist,
die zum Wegschmeißen sind.

Ich sollte nicht schreiben
davon,
daß ich zuweilen glücklich bin.

Rolfrafael Schröer (geb. 1928) zu *Davon*:
1968. In der ersten Fassung begann das Gedicht mit der Strophe: Ich sollte schreiben / davon, warum die Kinder warum fragen / und unsere Worte keine Antworten sind. – Realien: Tagesschauberichte über die Eskalation in Vietnam, der dreieinhalbjährige Sohn sieht mit und fragt.
Häufung von Sendungen über Hitler und das Dritte Reich. Die Wirkung der Reden auf junge Arbeiter heute (überwiegend): »Der hatte doch recht.« Heuss-Reden. Wirkung auf Intellektuelle (überwiegend): »Er hat uns nichts mehr zu sagen.«

Studentenunruhen in Paris. Allgemeine radikale Forderungen, Bildungs-, Friedens- und Glaubensorganisationen ihrer Nutzlosigkeit wegen abzuschaffen.
August 1968, Tschechoslowakei. Verträge nur Papier.
Publizierung von Nahkampfvorschriften amerikanischer Eliteeinheiten.
– Diskussion über die Düsseldorfer Multimedia-Show ›Avantgardia‹: Ein Autor schlägt vor, Einkaufstüten mit Literatur zu bedrucken. Jemand ruft: »Warum nicht mit Blochs *Prinzip Hoffnung*?« Zur selben Zeit kam der Slogan *Milch von glücklichen Kühen* für die Tütenmilch auf. Zur selben Zeit: Joints werden in kleinen Tüten angeboten.

Nicolas Born
Da hat er gelernt was Krieg ist sagt er

Da hat er gelernt was Krieg ist sagt er
brachte aber keinen Streifschuß mit
keinen Splitter im Rücken
der nicht zur Ruhe kommt
der ihn verändert hätte
später
als ich wehrpflichtig wurde.
Er brachte Geschichten von Feindberührung
zum lebendigen Erzählen beim Bier
er brachte das Geständnis Angst gehabt zu haben
was ihn mir nicht glaubhafter machte
aber reinlich stand er da und reimte alles
»Churchill hat gesagt: Wir haben
das falsche Schwein geschlachtet«
und liebte mich ab 47 wieder von vorn
er war nicht amputiert und nicht
gar nicht zurückgekommen
ich weiß nicht ich glaube
ich atmete trotzdem auf.

Er hat überlebt
er kehrte als Heimkehrer heim
Februar 47 es war hell und kalt
die Pappelallee knüppelhart gefroren.
Am Friedhof nahm er die Mütze ab
er hob die Hand
er grüßte von unten herauf
ein schmaler älterer Mann.
Als er im Haus war sah es so aus
als nähme er sich eine Frau
sie sahen sich an er umarmte sie
sie riß sich los und weinte am Schrank.
In der Nacht noch kamen Verwandte
zur Begrüßung mit Eigenheimer Korn

mein Vater war sofort betrunken
sie haben ihn ins Bett gebracht
ich trug die Schuhe hinterher.
Alles fing ganz langsam wieder an
die Schwierigkeiten hielten die Ehe aus
vorläufig gab ich ihm keine Antwort
er hatte den Krieg verloren.

Er sprach ich bin gemäßigt
gab immer öfter Adenauer recht
baute ein Haus
kämpfte in der Familie um das letzte Wort
hatte als Angestellter Erfolg
erzog seine Kinder falsch mit Erfolg
trank gern
lachte gern
sah fern
wurde immer gemäßigter
wenn er betrunken war
schämte er sich seiner Tränen nicht
er protestierte mit einer Herzattacke
gegen die Frühschwangerschaft der Töchter
aber was dabei herauskam
das drückte er an sein Herz.
Er stritt mit ihr wer wen überlebe
sie gab ihm unrecht als sie starb.

Nicolas Born (1937–1979)
Geschrieben für Peter Härtling, *Die Väter*, Frankfurt / M. 1968.

Uwe Herms
Deutscher Zeuge

Unabhängig von meiner Tätigkeit
  bildete sich in mir
    das Gefühl
hier stimmt was nicht
  hier ist etwas im Gang

Wenn ich solche Meldungen
  bekommen hätte Ende 1944
    wäre ich eher geneigt gewesen
      es zu glauben
        als 1943

Hier war ich am längsten ungläubig

Wenn mir solche Meldungen
  zu Gesicht kamen
    kann es durchaus sein
      daß sie mir im Rahmen der Gesamtüberzeugung
nicht aufgefallen sind

Im Lauf der Jahre begann ich zu differenzieren

Nicht aus Opportunismus
  Nicht aus Überzeugung
    Im Rahmen der Gesamtüberzeugung

Von allen Greuelmeldungen
  wären diese die ersten gewesen
    die ich als Greuelmeldungen
      angesehen hätte

Mein Glaube das sei nicht richtig
  hielt sich am zähesten
    Hier war ich am längsten ungläubig

1934 sah ich sehr klar
  wohin der Weg lief
1940 in der rundfunkpolitischen Abteilung
  sagte ich mir
    hier habe ich die Möglichkeit
      einiges zu tun
        was ich mir vorgenommen hatte
Ende 1944
  wäre ich eher geneigt gewesen
    es zu glauben
      als 1943
1934 sah ich sehr klar
  wohin der Weg lief

Im Lauf der Jahre
  erhielt ich Mitteilungen
    die mich annehmen ließen
      daß die Juden umgebracht wurden
Wenn mir solche Meldungen
  zu Gesicht kamen
    kann es durchaus sein
      daß sie mir im Rahmen der Gesamtüberzeugung
        nicht aufgefallen sind

Nicht aus Überzeugung
  nicht aus Opportunismus
    Mitglied der NSDAP
      am 1. Mai 1933

Uwe Herms (geb. 1937) zu *Deutscher Zeuge*:
Der Text besteht aus Selbstäußerungen des beispielhaften deutschen Zeugen für die Judenverfolgung Kurt Georg Kiesinger, der als Bundeskanzler am 4. Juli 1968 Vertreter eines Frankfurter Gerichts in seine Residenz kommen ließ, um ihnen im Interviewstil eine Zeugenaussage zu gewähren. Die Erstfassung dieser Montage, die um ein Mehrfaches länger war, las ich im Sommer 1968 zuerst auf dem Bonner Marktplatz, als der ASTA der Bonner Universität Gegenveranstaltungen zu dem offiziellen Gründungsjubiläum stattfinden ließ.

Peter Handke
Die drei Lesungen des Gesetzes

1.
Jeder Staatsbürger hat das Recht –
Beifall
seine Persönlichkeit frei zu entfalten –
Beifall
insbesondere hat er das Recht auf:
Arbeit –
Beifall
Freizeit –
Beifall
Freizügigkeit –
Beifall
Bildung –
Beifall
Versammlung –
Beifall
sowie auf Unantastbarkeit der Person –
starker Beifall

2.
Jeder Staatsbürger hat das Recht –
Beifall
im Rahmen der Gesetze seine Persönlichkeit frei zu
    entfalten –
Rufe: Hört! Hört!
insbesondere hat er das Recht auf:
Arbeit entsprechend den gesellschaftlichen Erfordernissen –
Unruhe, Beifall
auf Freizeit nach Maßgabe seiner gesellschaftlich notwendigen
    Arbeitskraft –
Zischen, Beifall, amüsiertes Lachen, Unruhe
auf Freizügigkeit, ausgenommen die Fälle, in denen eine
    ausreichende Lebensgrundlage nicht vorhanden ist und der
    Allgemeinheit daraus besondere Lasten entstehen würden –

schwacher Beifall, höhnisches Lachen, Scharren, Unruhe
auf Bildung, soweit die ökonomischen Verhältnisse sie sowohl
  zulassen als auch nötig machen –
starke Unruhe, Murren, unverständliche Zwischenrufe,
  Türenschlagen, höhnischer Beifall
auf Versammlung nach Maßgabe der Unterstützung der
  Interessen der Mitglieder der Allgemeinheit –
Pultdeckelschlagen, Pfeifen, allgemeine Unruhe, Lärm,
vereinzelte Bravorufe, Protestklatschen, Rufe wie: Endlich! oder: Das
hat uns noch gefehlt!, Trampeln, Gebrüll, Platzen von Papiertüten
sowie auf Unantastbarkeit der Person –
Unruhe und höhnischer Beifall.

3.
Jeder Staatsbürger hat das Recht,
im Rahmen der Gesetze und der guten Sitten seine
  Persönlichkeit frei zu entfalten,
insbesondere hat er das Recht auf Arbeit entsprechend den
  wirtschaftlichen und sittlichen Grundsätzen der
  Allgemeinheit –
das Recht auf Freizeit nach Maßgabe der allgemeinen
  wirtschaftlichen Erfordernisse und den Möglichkeiten eines
  durchschnittlich leistungsfähigen Bürgers –
das Recht auf Freizügigkeit, ausgenommen die Fälle, in denen
  eine ausreichende Lebensgrundlage nicht vorhanden ist und
  der Allgemeinheit dadurch besondere Lasten entstehen
  würden oder aber zur Abwehr einer drohenden Gefahr für
  den Bestand der Allgemeinheit oder zum Schutz vor sittlicher
  und leistungsabträglicher Verwahrlosung oder zur Erhaltung
  eines geordneten Ehe-, Familien- und Gemeinschaftslebens –
das Recht auf Bildung, soweit sie für den wirtschaftlich-
  sittlichen Fortschritt der Allgemeinheit sowohl zuträglich
  als auch erforderlich ist und soweit sie nicht Gefahr läuft,
  den Bestand der Allgemeinheit in ihren Grundlagen und
  Zielsetzungen zu gefährden –
das Recht auf Versammlung nach Maßgabe sowohl der
  Festigung als auch des Nutzens der Allgemeinheit und unter
  Berücksichtigung von Seuchengefahr, Brandgefahr und

    drohenden Naturkatastrophen –
sowie das Recht auf Unantastbarkeit der Person:
Allgemeiner stürmischer, nichtendenwollender Beifall.

Peter Handke (geb. 1942)
Geschrieben 1968.

Jürgen-Peter Stössel
Heute

In der Zeitung lese ich was gestern geschah
während geschieht was die Zeitung
mir morgen vorhält

Man gewöhnt sich an die schrecklichen
Nachrichten gespannt auf die Fortsetzung
vorher zünde ich
meine Pfeife an und denke mir nichts dabei
wenn das Holz
in meiner Hand heiß wird
die Hand bleibt kühl der Wind
blättert die Zeitung um
während mein Mund Rauch
in die Luft bläst

Heute wird der Student Jan Palach
der sich in Prag
öffentlich verbrannt hat
begraben

Jürgen-Peter Stössel (geb. 1939) zu *Heute*:
Die Beerdigung Jan Palachs fand am 17. Januar 1969 statt, das Gedicht entstand etwas später, Anfang Februar 1969.

Kay Hoff
Heinrich Immel zum Gedächtnis

Streng, sachlich, autoritär,
ein bißchen wunderlich manchmal,
gelegentlich unfreundlich,
dazu ein Scheißliberaler
von altem Korn: ein Lehrer,
Geschichte, Latein. Wer
rechnet Güte dagegen auf?
Unbelehrbar: Er paßte nicht
in die blühenden 60er Jahre
unseres großartigen Jahrhunderts,
auch in die goldenen 50er nicht,
er traute dem Adenauer-Frieden
nicht über den krummen Weg,
schon in den tausender Jahren
schien er uns alt: unbelehrbar.
Ohne ihn heulten die Wölfe.
Sein Typ war wenig gefragt.
Aber er fragte uns, immer wieder
in diesen unfreundlichen Zeiten,
fragte streng, sachlich, wunderlich
manchmal, unerbittlich:
Wir mußten die Antworten suchen.
Einige fand ich erst spät,
im fünften, sechsten Jahrzehnt
unseres unbelehrbaren Jahrhunderts.
Die Fragen vergesse ich nicht.

Kay Hoff (geb. 1924) zu *Heinrich Immel zum Gedächtnis*:
1969 geschrieben, als Heinrich Immel, 85jährig, gestorben war: kein
berühmter Mann, Studienrat a. D., der unsere Klasse von 1937 bis 1942
in Geschichte und Latein unterrichtet hatte. Erst nach 1945 merkte ich,
was wir bei diesem Lehrer wirklich gelernt hatten. Studienrat Immel ließ
damals oft das vorgeschriebene Geschichtsbuch fortlegen und sagte uns

seine – abweichenden – Meinungen zu Geschichte und Gegenwart; dabei pflegte er zu sagen: »Nicht mitschreiben, bitte, ich möchte nicht nach Dachau!«. Uns schien das schrullig und unzeitgemäß. Aber das Wort »Dachau« blieb mir im Gedächtnis, einiges andere dazu. Deshalb dieses Gedicht.

Uwe Timm
Griechische Aspekte

Fürchtet nicht um die Kykladen
das vielbesungene Patmos bleibt
in allen Lesebüchern ändern
werden sich nur die Grundstückspreise
auf dem Olymp
in dem bekömmlichen Klima
werden die Sonnenuntergänge bei Salamis
blutrot für Agfa gedeihen
wenn Scharnow in die Klassik ausschwärmt
und während der freie Westen
in seinen Sommerhäusern an der Ägäis
griechische Ordnung und Sicherheit lobt
bleibt JAROS
das öde Eiland
in keinem Lesebuch verzeichnet
abseits der Scharnowrouten
mit seinem ungesunden Klima
auch weiterhin ein
griechisches KZ

Uwe Timm (geb. 1940)
Geschrieben 1969.

Edwin Wolfram Dahl
Friedensgespräche über Vietnam

Noch wird es hundert Tage
um die Türen gehen
Noch wird es hundert Tage
um die Tische gehen
Noch wird es hundert Tage
um die Sitzordnung gehen
um die Tagesordnung gehen
und darum gehen
in welcher Sprache
wer zuerst
was sagt

Noch wird es darum gehen
ob der Verhandlungstisch
rund ist oder eckig ist
hölzern ist oder eisern ist
unbedeckt ist oder bedeckt ist
bedeckt mit einem Tischtuch
das zu durchschneiden
nicht auf der Tagesordnung steht
das zu durchschneiden
aber immerhin
im Bereich des Möglichen liegt

Aber noch wird das alles nicht entschieden sein
Noch wird man sich amüsieren
allabendlich allnächtlich allmorgendlich
ohne voneinander wissen zu wollen

Zumindest aber abseits
von der Sitzordnung
von der Tischordnung
von der Tagesordnung

Zumindest aber abseits
von einschlagenden Raketen
von sich einfressendem Napalm
von Schreienden
die nicht nach Frieden schreien
aber nach Leben
die nicht nach Sieg schreien
aber nach Luft
die nicht nach Verhandlung schreien
aber nach Wasser

Zumindest aber abseits
von Kindern
die nicht wissen daß sie Kinder sind
von Müttern
die nicht wissen daß sie Mütter sind
von Toten
die nicht wissen daß sie tot sind

Zumindest aber abseits
von den Tötenden
die nicht wissen wollen
daß sie getötet haben

Edwin Wolfram Dahl (geb. 1928) zu *Friedensgespräche über Vietnam*:
Zwischen dem 10. und 16. März 1969 entstand hintereinander dieses lange Gedicht. Anlaß: die sogenannten Friedensgespräche in Paris über Vietnam. (Neufassung 1970)

Christoph Meckel
Rede vom Gedicht

Das Gedicht ist nicht der Ort, wo die Schönheit gepflegt wird.

Hier ist die Rede vom Salz, das brennt in den Wunden.
Hier ist die Rede vom Tod, von vergifteten Sprachen.
Von Vaterländern, die eisernen Schuhen gleichen.
Das Gedicht ist nicht der Ort, wo die Wahrheit verziert wird.

Hier ist die Rede vom Blut, das fließt aus den Wunden.
Vom Elend, vom Elend, vom Elend des Traums.
Von Verwüstung und Auswurf, von klapprigen Utopien.
Das Gedicht ist nicht der Ort, wo der Schmerz verheilt wird.

Hier ist die Rede von Zorn und Täuschung und Hunger
(die Stadien der Sättigung werden hier nicht besungen).
Hier ist die Rede von Fressen, Gefressenwerden
von Mühsal und Zweifel, hier ist die Chronik der Leiden.
Das Gedicht ist nicht der Ort, wo das Sterben begütigt
wo der Hunger gestillt, wo die Hoffnung verklärt wird.

Das Gedicht ist der Ort der zu Tode verwundeten Wahrheit.
Flügel! Flügel! Der Engel stürzt, die Federn
fliegen einzeln und blutig im Sturm der Geschichte!

Das Gedicht ist nicht der Ort, wo der Engel geschont wird.

Christoph Meckel (geb. 1935)
Geschrieben Ende der sechziger Jahre.

Heinz Piontek
Nicht mehr gewillt

Ist es wahr,
wir verknöchern?

Dauert der Frieden
schon zu lange?

Unser mit Blutverlusten,
Salz, Nerven erkaufter,
windiger Frieden?

Ja, rechnet nur mit uns
ab, uns
Feiglingen:

geschlagen, gebrannt
wie wir sind –

und nicht mehr gewillt,
die Gewalt

noch einmal
auf unsere Schultern
zu heben.

Heinz Piontek (geb. 1925)
Geschrieben 1970.

1971–1995

Marie Luise Kaschnitz
Jeder

Jeder muß einmal
Sein Vaterland besingen
Sein Nest beschmutzen
Auch ich
Die Heimat dieses kleine Stück Europa
Wo Mädchen Soldaten nicht mehr lieben
Wo Soldaten sich selbst nicht mehr lieben
Wie befremdlich

Was fällt mir ein wenn ich Deutschland sage?
Mein Weg zur Arbeit
Durch den Park von Weimar
Das grüne Herz
Flieder im Belvedere
Tiefurt stampfender Tanz
Der Bauhausschüler
Triadisches Ballett

Was noch fällt mir ein?
Die Tiefebene sommerlich
Und hinter den breiten Hügeln
Auftauchend Türme
Die Weichsel bei Hochwasser
Rasch hintreibende Dächer
Bäume entwurzelte
Auch der Niederrhein
Xanten der angetriebene Leichnam
Der große Himmel

Meine Heimat vor allem
Nußbäume Linden unterm Gewitterhimmel
Weinfässer zum Schwefeln vor die Häuser gestellt
Doppeladler im Wappen, Oleander

Was außerdem?
Hakenkreuzfahnen
Dröhnende Stiefelschritte
Geflüstertes Grauen
Züge entlang dem Lahnfluß voll
Nicht singender Soldaten
Judenzüge
Detonationen Christbäume sogenannte
Asche zu Asche

Dann alles wieder neu
Aus dem Boden gezogen
Hochhäuser Hochöfen Hochstädte Autobahnen
Ferien im Ausland. Alte Kameraden
Weihebestimmung im Bachverein

Und doch mein Jahrhundert vorüber
Wird mit Stacheldrahtzäunen
Niemand mehr Geld verdienen
Diesseits und jenseits der Grenzen
Bedeuten Worte dasselbe
Vaterländer und die alten
Schuldgefühle haben ausgespielt.

Marie Luise Kaschnitz (1901–1974)
Geschrieben 1971.

Edwin Wolfram Dahl
Hyperion heute

Vergeßlich
von alters her
Durch Fleiß
durch Wissenschaft
vergeßlicher
geworden

Empfindlich
nur gegen
sich selbst

Wehe
dem Touristen
der aus Polen
kommt
und war
in Auschwitz
und hat dort
gekniet
und tritt
vor dieses Volk

Edwin Wolfram Dahl (geb. 1928) zu *Hyperion heute*:
Das Gedicht entstand im April 1972. Es nimmt Bezug auf die Scheltrede Friedrich Hölderlins in seinem *Hyperion*, assoziiert den umstrittenen, den sogenannten Kniefall Willy Brandts im Warschauer Ghetto und artikuliert insgesamt ein Geschehen in Deutschland, das auch nach der Wiedervereinigung aktuell geblieben ist.

Michael Buselmeier
Dem Volke dienen

1968 habe ich den Frühling übersehen
vor lauter blau-roten Fahnen
und Begeisterung für die Revolution
Zum ersten Mal trug ich
ein selbstgemaltes Transparent, ich lernte
mich bei Fremden unterzuhaken
Sprechchöre mitzusprechen
Flugblätter anzubieten
vor vielen Menschen zu reden
Wir werden siegen, sang Joan
und zur rechten Zeit habe ich Karin
im Arbeitskreis Kulturrevolution kennengelernt.

Ein Jahr später wäre ich lieber
in der Baumblüte spazieren gegangen.

Und jetzt schaue ich mir den Herbst an
und nichts drängt mich dazu
hinter den roten Tüchern
herzustolpern und die Parolen
vom Zettel abzulesen (dreimal rufen)
Ich stehe am Straßenrand
Fremdheit, Scham
wenn vor der Mensa einer mich anhaut
Genosse, hast du schon unterschrieben?

Und plötzlich beginne ich
auf dem Uniplatz Fußball zu spielen.

Michael Buselmeier (geb. 1938) zu *Dem Volke dienen*:
Geschrieben habe ich das Gedicht im September 1975, am Rand einer maoistischen Demonstration, in einem Moment der Resignation angesichts der Gewißheit des Scheiterns der antiautoritären Hoffnungen von 1968.

Elisabeth Borchers
Leipzig 1976

Du bist ein Feind,
höre ich freundschaftlich,
vergiß das nicht.
Wir können uns Freunde
wie dich,
höre ich feindlich,
nicht leisten.
Demnach, sage ich
meinen Freunden den Feinden,
gebt ihr euch Mühe
mit unsern Gefühlen.
Ich will mich erkenntlich zeigen
und mich reduzieren
auf den Gang der Geschichte.

Elisabeth Borchers (geb. 1926) zu *Leipzig 1976*:
1976 – wann war denn das?
Ich sehe noch A. V.s Gesicht wie es lachte, breit und gefahrlos und anhaltend, als sei diese Freund-Feind-Betrachtung etwas recht Vergnügliches, ja, Spaßiges. Ich habe das Lachen nicht begriffen.
Letztlich aber hat es sich gelohnt, auf den Gang der Geschichte zu vertrauen. Denn erst heute ist es lustig geworden. Kein Feind wird darauf bestehen wollen, Freund zu sein.

Edwin Wolfram Dahl
Reichskristallnacht nach fünfzig Jahren

Die Schweigemärsche
der Söhne
der Töchter

Ohne deren Väter
und Mütter

Das unentschuldigte
Fehlen meiner
Generation

Einer aber
meines Alters
redete öffentlich
von der Schande
vor fünfzig Jahren

Einer aber
meines Alters
warnte öffentlich
vor den Vergeßlichen
nach fünfzig Jahren

Jenen aber
meines Alters
der öffentlich redete
der öffentlich warnte
nannten die Väter
nannten die Mütter

ohne deren Söhne
und Töchter

einen Radikalen

Und so endete
der Tag
nach fünfzig Jahren
in den befohlenen
Schweigeminuten
einer zerstrittenen
Nation

Edwin Wolfram Dahl (geb. 1928) zu *Reichskristallnacht nach fünfzig Jahren*:
Das Gedicht entstand im November 1978 nach einem Schweigemarsch in Solingen, an dem sich vorwiegend junge Menschen beteiligten. Kaum einer meiner Generation war mitgegangen.

Wolfgang Bächler
Nachtleben

Wenn es mir gut geht,
gibt es auch Vormittage, Morgenlicht,
Spaziergänge, Begegnungen,
Tagesarbeit, Anrufe, Lektüre.
Wenn es mir schlecht geht,
verschlafe ich sie,
vertrödle ich die Nachmittage,
nehm ich den Hörer nicht ab
und beantworte keine Briefe.

Erst die Nacht söhnt mich aus mit dem Tag
und den Qualen der Selbstzerfleischung.
Erst das Abendlicht weckt mich
aus meiner Apathie und Entfremdung,
und kurz vor Ladenschluß kauf ich noch ein.

Nachts gärt die Zeit in mir,
kämpfen Partisanen in Gebirgen,
Dschungeln und Straßenschluchten,
marschieren Demonstranten durch meinen Körper,
flankiert von bewaffneten Polizisten,
wehen rote und grüne Fahnen über den Köpfen
und die schwarzen der Anarchisten
und weiße Bänder mit Slogans in vielen Sprachen,
die ich plötzlich verstehe.

Nachts halten sie Reden in meinem Kopf,
diskutieren unter sich und mit mir
und rufen Kampf- und Friedensparolen.
Arbeiter besetzten Fabriken, Studenten die Fakultäten
und vor den Toren und auf den Stufen
stehen ratlos die Angestellten.

Nachts fiebern die Straßen, die Lichter,
fiebert mein Körper, mein Kopf,
flutet das Meer zurück
nach der Ebbe des Tages,
schwappt mir das Salzwasser in den Mund
und macht mich durstig und hungrig,
wieder zu leben.

Verschwörer kommen zu mir
und bald danach schon Erpresser,
denen ich Namen und Nachrichten preisgeben soll
und den Lohn eines ruhigen Schlafes,
Verfassungsschützer, die aus mir herauspressen wollen,
was ich gerade geträumt habe,
die mich über *meine* Verfassung verhören
und über das, was ich darüber denke.

Ein Mädchen kommt,
um mir weinend zu sagen,
daß sie schwanger sei.
Ich suche vergebens das richtige Wort
und streichle ihr Haar.

Die Straßenbahn fährt durch mich hindurch,
gefolgt von Autos, Lastwagen.
An meinem Herzen strandet ein Schiff.
Die Schwangere sitzt am Bettrand.
Ein Flugzeug kreist über uns.

Die Demonstrationen lösen sich auf.
Polizisten beherrschen die Straßen,
besetzen Einfahrten, Eingänge, Flure,
durchstreifen die Höfe, rütteln an Türen,
dringen in Häuser und Wohnungen ein.

Sie kommen auch in mein Zimmer,
tasten mich und die Schwangere ab,
durchsuchen den Schreibtisch, den Schrank,

die Kommode, werfen die Bücher aus den Regalen,
fragen mich und das Mädchen aus
und hinterlassen Drohungen,
Leere und Angst.

Nach den Staats- und Verfassungsschützern
ist auch das Mädchen gegangen.
Und selbst im Traum kommt niemand zu mir,
der *mich* beschützen will.
Wie soll ich den Tag nicht scheuen
nach einer solchen Nacht?

Wolfgang Bächler (geb. 1925) zu *Nachtleben*:
Das Gedicht entstand 1978. Zugrunde liegt die Erfahrung der großen Demonstrationen der 70er Jahre gegen den Krieg in Vietnam und das Wettrüsten in Ost und West. Dazu kamen die Terroristenverfolgungen, die sich auch auf sogenannte Sympathisanten und völlig Unbeteiligte erstreckte. Ich selbst wurde in dieser Zeit einmal zum Verhör ins Landeskriminalamt geladen und hinter Stacheldraht von einem Polizeioffizier verhört, weil eine RAF-Angehörige, die ich gar nicht kannte, mehrfach bei mir angerufen hatte. Anscheinend wurde mein Telefon überwacht.

Heinz Piontek
Walthers Valet

Ich hör ein Wasser summen.
Mir ging verlorn dein wohlbeschaffner Mund.
Beide, Heide und der Wald, verstummen
und werden falb bis auf den Grund.
Weg ist das süße Treiben oder Leben.
Ich sehe schwarze Galle mitten in dem Honig schweben.

So spreche ich, ein wunderlicher Mann.
Auf meine Worte braucht kein Kind zu schwören.
Doch wer sie je inwendig hört, der kann
sie anders schwerlich hören.
Du Lied, mein Helm! Das Reich ist öd und kalt.
Der Friede friert. Auf meiner Straße wildert Gewalt.

Zu Rom hört ich einst lügen: Kunst ist tot.
(Verlaß verdiente stets nur eine kleine Schar.)
Herr Kaiser, wißt ihr denn von unsrer Not?
Dazu vom Pfahl im Fleisch bei nicht gekrümmtem Haar?
Wie saß ich leicht auf einem Stein im Gras.
Und was ich wähnte, daß es wirklich wäre, ist es was?

Heinz Piontek (geb. 1925)
Geschrieben 1979.

Hans Magnus Enzensberger
Die Furie

Sie sieht zu, wie es mehr wird,
verschwenderisch mehr,
einfach alles, wir auch;
wie es wächst, über den Kopf,
die Arbeit auch; wie der Mehrwert
mehr wird, der Hunger auch;
sieht einfach zu, mit ihrem Gesicht,
das nichts sieht; nichtssagend,
kein Sterbenswort;
denkt sich ihr Teil;
Hoffnung, denkt sie,
unendlich viel Hoffnung,
nur nicht für euch;
ihr, die nicht auf uns hört,
gehört alles; und sie erscheint
nicht fürchterlich; sie erscheint nicht;
ausdruckslos; sie ist gekommen;
ist immer schon da; vor uns
denkt sie; bleibt;
ohne die Hand auszustrecken
nach dem oder jenem,
fällt ihr, was zunächst unmerklich,
dann schnell, rasend schnell fällt, zu;
sie allein bleibt, ruhig,
die Furie des Verschwindens.

Hans Magnus Enzensberger (geb. 1929) zu *Die Furie*:
Ende der ebenso öden wie idyllischen siebziger Jahre entstanden, ist ein Gedicht ohne Anlaß, ohne Aktualität; es scheint, vielleicht aus diesem Grund, kaum zu altern. Der Titel geht, wie die letzte Zeile, auf ein Wort von Hegel zurück; außerdem wird im Text ein Satz von Kafka zitiert, unauffällig genug, um beim Leser ein fernes Echo hervorzurufen.

Was aber die Furie angeht, so tut man gut, eine klassische Definition zu beherzigen: Sie ist *ein rächender Geist, der schon bei den ältesten Dichtern vorkommt, und der bald in unbestimmter Mehrheit, bald in der Einzahl erscheint. Die Furien rächen und strafen den Meineid, den Mord, die Vergewaltigung der Natur und tragen überhaupt dafür Sorge, daß Niemand seine Grenzen überschreite; sie gehen zu Werke, indem sie den Sinn des Schuldigen verwirren; übrigens gehören sie der Unterwelt an, womit auch die Fortdauer ihrer Rache nach dem Tode zusammenhängt.*

Karl Krolow
Herbstsonett mit Hegel

Den Staub des Sommers unter den Fingernägeln,
den Dieselgeruch noch immer im faulenden Laub.
Verschiedene Beeren leuchten, geschaffen zum Raub
durch Amseln und Winde, die über Baumkronen segeln.

Der Herbst ist anders. Er nennt seine Regeln
und bläst in die Blätter und Blusen den eigenen Staub.
Er brennt in den Gärten. Du frierst schon im Rücken. Glaub
mir, der ist Dialektiker. Wie weiland bei Hegeln

geht es zu mit der Geschichte beliebiger Jahre,
mal so und mal so. Der greift getrost in die Haare
mit Sturm und macht die Geschichte kaputt.

Der ist nicht zu ändern, der kommt mit den Regenschauern.
Da hilft nichts. Da gibt es nichts zu bedauern.
Die Furie des Verschwindens landet schließlich im Schutt.

Karl Krolow (geb. 1915) zu *Herbstsonett mit Hegel*:
Das Gedicht wurde in den frühen achtziger Jahren geschrieben. Es ist ein Text auf die Willkür (Grausamkeit) von Geschichte. Ich mußte mir Hilfe suchen, um dies zu bewältigen. Darum wählte ich die strenge literarische Form (Sonett). Und ich suchte mir Hilfe bei der Jahreszeit, dem rigorosen Herbst, dem zerstörerischen, der das Jahr *kaputt* macht, unabänderlich, wie der Verlauf von Geschichte sein kann. Hegels Dialektik und seine *Furie des Verschwindens* schienen mir die geeigneten Mittel zu sein, um es zum Ausdruck zu bringen: die Furie in die 14 Sonettzeilen zu zwingen und sie dem rigorosen Herbst mitzugeben.

Erich Fried
Die einfache Regel

> *Für Daniel Berrigan, S. J., der in den USA zu*
> *10 Jahren verurteilt wurde, weil er*
> *zwei Atomsprengköpfe zertrümmert hat*

Es gibt eine
einfache Regel
in der gar nicht
einfachen Welt

Sie gilt
für Nord Süd Ost West
und sie gilt
für heute und morgen:

Jede Rüstung für den Atomkrieg
ganz gleich wo
ist ein Schlag
gegen Freiheit und Menschenrechte

Und jeder Schlag
gegen Freiheit und Menschenrechte
ganz gleich wo
ist Rüstung für den Atomkrieg

Erich Fried (1921–1988)
Geschrieben 1980.

Reiner Kunze
Beim auspacken der mitgebrachten bücher
(nach übersiedlung von der Deutschen Demokratischen
Republik in die Bundesrepublik Deutschland)

1
Hier dürfen sie existieren
unter ihrem namen
    Mandelstam Nadeshda
    Solschenizyn

Den undurchsichtigen klebestreifen
von ihren rücken entfernend, entferne ich von meinem

den unsichtbaren sträflingsstreifen

2
Hier dürfen sie
existieren

Noch

Reiner Kunze (geb. 1933) zu *Beim auspacken der mitgebrachten bücher*:
1978 (1) / 1980 (2) entstanden. Die Ideologisierung des geistigen Lebens
bis ins Unversöhnliche, bis in den Haß, ins Tödliche. Eine Sache wird
nicht mehr nach den ihr gemäßen Kriterien beurteilt, sondern nur noch
danach, ob sie die eigene Überzeugung bestätigt, oder nach der Brauchbarkeit für die Durchsetzung der eigenen Interessen. Und nicht nur die
Sache – auch der einzelne Mensch.

Eva Zeller
Scham

Geboren in einem Land,
das die Geographie
zwischen andere Länder
plaziert, die Geschichte
in die Ecke gestellt hat,
mit dem Gesicht zur Wand,
einer verrußten mit
Namenbewurf über
und über.

Eva Zeller (geb. 1923) zu *Scham*:
1981 sah ich den *Hof der Namen* in Jerusalem. *Namenbewurf über und über* notierte ich. Das Gedicht steht in dem Zyklus *Ich möchte noch einmal sprechen lernen*, der meine Kindheit zur Zeit des Nationalsozialismus zur Sprache bringt.

Ulla Hahn
Nach Jahr und Tag

Ein Waggon fährt vorbei
Er hat Kohle geladen

Männer links Frauen rechts
Zu den Kabinen im Freibad

Schuhe liegen auf einem Haufen
Im Sommerschlußverkauf

Haare werden geschnitten
Zu einer neuen Frisur

Menschen gehen ins Bad
Zum Baden

Ein Feuer brennt
Es wärmt

Rauch steigt auf
Eine Kerze verlischt.

Ulla Hahn (geb. 1946) zu *Nach Jahr und Tag*:
Das Gedicht entstand im Sommer 1982. Ich stellte gerade für eine Edition in der Bibliothek Suhrkamp Gedichte Gertrud Kolmars zusammen und wollte zu dieser Sammlung ein Nachwort schreiben. Da Gertrud Kolmar als jüdische Deutsche von den Nazis ermordet worden war, beschäftigte ich mich ausführlich mit Dokumenten aus dieser Zeit. Ich war damals als Redakteurin bei Radio Bremen beschäftigt, wohnte aber in Hamburg und fuhr die Strecke jeden Tag mit dem Zug. Es war ein heißer Augusttag, wer es sich leisten konnte, war schon früher nach Hause gegangen, als ich auf dem Bahnsteig stand und auf den Zug wartete, der mit – vorschriftsmäßig angezeigter – Verspätung ankommen sollte. Da ratterte durch den flirrenden Dunst ein Güterzug vorbei, geschlossene Waggons, einer nach dem anderen, einfache Bretterwagen, unbeschriftete, oder jedenfalls so

unauffällig, daß man im Vorüberrollen nichts erkennen konnte. Ich starrte auf diesen Zug und sah andere Züge vorüberrollen, Züge *vor Jahr und Tag* ebenfalls mitten im Sonnenschein, bei erstickender Hitze, unauffällig. Auf meinem Schreibtisch lagen Fotokopien von Fahrplänen, mit denen die Deportationen zuerst in Deutschland, später auch aus den besetzten Gebieten Europas, organisiert worden waren. Alles hatte reibungslos funktioniert, die Mordmaschinerie lief diskret. Das Äußere des Vorgangs, ein vorüberrollender Güterzug, war in Vergangenheit und Gegenwart fast identisch.

Aus einem Gefühl unendlicher Erleichterung und Dankbarkeit, hier auf dem Bahnsteig stehen zu dürfen und sicher zu sein, daß ein Güterzug nichts anderes war als eben ein Güterzug, daß er nichts transportierte als das, wofür er da war, aus diesem Gefühl entstand der erste Vers. Die anderen schlossen sich an wie von selbst, das Grauen nicht aussprechend, aber doch evozierend durch den Aufprall zweier auf den ersten Blick banaler Vorgänge, deren Bedeutung sich der Leser selbst erschließen muß. Die Überschrift wie auch die Abfolge der jeweils ersten Zeilen der Verse geben den Schlüssel zur Interpretation.

Die Entstehung dieses Gedichts ist nicht typisch für meine Art des Schreibens. Hier war zuerst ein Bild, ein Vorgang. In der Regel werden meine Gedichte durch Wörter, Wortfolgen oder durch Rhythmen ausgelöst, ich schreibe *mit den Ohren* und lasse mich von Wörtern und Silben führen und bestimmen, d. h., ich weiß, wenn ich die erste Zeile schreibe, nicht, wohin, oder wie die Germanisten sagen, zu welchem Ende ich gelange. Ich ziele auf nichts ab, oder doch höchstens absichtslos wie der japanische Bogenschütze. Bei einem Gedicht wie dem obigen ist das anders, muß das anders sein. Ein politisches Gedicht sollte nicht so offen sein, daß die Haltung des Verfassers in ihr Gegenteil verkehrt werden kann.

Ulla Hahn
Nur

Nur leben wollen wir nicht wir wollen träumen
in verwunschenen Gärten Wäldern mit Bäumen
die Motorsägen verwandeln in Rosen und Brot

Nur gehen wollen wir nicht wir wollen schweben
über Straßen denen Panzer Flugzeugträger
zerfließen in Honig und Milch

Nur essen wollen wir nicht wir wollen küssen
Menschen die schön sind wenn sie
nur Menschen sind.

Ulla Hahn (geb. 1946) zu *Nur*:
Das Gedicht ist ungefähr zur gleichen Zeit entstanden wie das Gedicht *Nach Jahr und Tag*.
Das Phantastische der beiden ersten Strophen rückt die letzte Strophe aus dem Bereich des Selbstverständlichen. Das Gedicht ist eine Überlagerung aus Märchen, Utopie und alltäglicher Verpflichtung: *nur Mensch* zu sein.

Annemarie Zornack
ich niemand

so klein war ich
im hafengelände
zwischen den schiffen
den kränen
und den öltanks
daß ich mich selber
hätte in die tasche
stecken können

ich niemand in einer
science-fiction-welt
der giganten
schob mein spielzeug
rad wie eine zwergin
unter den silos
entlang
      und auch du
mikroverfilmt

fandst keinen boden
unter den füßen

Annemarie Zornack (geb. 1932) zu *ich niemand*:
ich niemand ist 1983 entstanden, an dem Ort, wo ich lebe: in Kiel, genauer gesagt: am Nord-Ostsee-Kanal. Wir machten einen Sonntagsspaziergang, Hans-Jürgen Heise, unser Hund und ich, – bei der Hand mein kleines gelb/blaues Klapprad, mit dem ich zwischendurch ein paar Runden fuhr. Es war ein blauwindiger Tag. Doch weil wir diesmal an dem Ufer entlanggingen, an dem sich das Werksgelände befindet, gerieten wir unversehens zwischen Silos, Öltanks und riesige Kräne. Ich fühlte mich unwirklich, geradezu ausgelöscht. Diesen Entfremdungsschock spiegelt mein Gedicht wider:
die Winzigkeit des Menschen in der von technischer Gigantomanie bestimmten Alptraumwelt des 20. Jahrhunderts.

Reiner Kunze
Tagesordnungspunkt: der frieden
(akademiesitzung in B.)

Du reichst die hand
Zwei verweigern sie dir
Einer von dort
einer von hier
und wir sind fast nur vier

Reiner Kunze (geb. 1933) zu *Tagesordnungspunkt: der frieden*:
1983 entstanden. Akademie der Künste, Berlin. Ich war nicht bereit, die Demokratie ähnlich in Frage zu stellen, wie andere sie in Frage gestellt zu sehen wünschten.

Erich Fried
Die Kinderbombe

Denk dir:
Alle drei Tage
fällt eine
Hiroshima-Bombe

Hunderttausend Menschen
hat sie sofort getötet
Vierzigtausend
sind dann später an ihr gestorben

Doch die hunderttausend Toten
der neuen Bombe
die alle drei Tage fällt
sind nur kleine Kinder

Hunderttausend Kinder
einmal alle drei Tage
Das sind eine Million im Monat
oder zwölf Millionen im Jahr

Und zwölf Millionen Kinder
unter fünf Jahren
verhungern im Jahr als die ersten
Toten des Dritten Weltkriegs

Weil wir das Geld verbrauchen
das ihr Leben erhalten könnte
für das Wettrüsten: zwei Millionen
Dollar in jeder Minute

Erich Fried (1921–1988)
Geschrieben 1984.

Kurt Bartsch
Adolf Hitler ganz allein

Adolf Hitler, ganz allein
Baute er die Autobahn.
Keiner trug ihm einen Stein,
keiner rührte Mörtel an.

Keiner half ihm, als den Krieg
Er vom Zaun gebrochen.
Dennoch dauerte der Krieg
Fast dreihundert Wochen.

Adolf Hitler ganz allein
Hackte Holz, trug Kohlen,
Heizte dann die Öfen ein
In Auschwitz, fern in Polen.

Keiner hat es kommen sehn,
Jeder hielt sich ferne.
Alle ließen es geschehn,
Aber, ach, nicht gerne.

Adolf Hitler ganz allein
Mußte sich erschießen.
Außer ihm hatte kein Schwein
Einen Grund, zu büßen.

Kurt Bartsch (geb. 1937) zu *Adolf Hitler ganz allein*:
Es ist eines von etwa 60 Gedichten, die sich mit deutschen Märchen und Mythen, aber auch mit mehr oder weniger deutschen Männern, von Wotan bis Hitler, von Luther bis Brecht befassen und die allesamt für den Band *Weihnacht ist und Wotan reitet* im Frühling und Sommer 1984 geschrieben wurden.

Gudrun Reinboth
tod des astyanax

mohnrot dein
kinderblut
auf trojas steinen
astyanax
erstes der opferkinder
das einen namen hat

dein schrei
schwillt an
durch jahrtausende
und endet nicht
in auschwitz
und endet nicht
in hiroshima

und wird kein
erbarmen
bei menschen gefunden
kinderblut
blumengleich
färbt das gestein
und wird letzte
irdische lieblichkeit
eh eine schwarze sonne
sich abwendet
für immer

Gudrun Reinboth (geb. 1943) zu *tod des astyanax*:
Das Gedicht entstand 1984. Es war die Zeit der heftigen Diskussionen, ob ein paar Raketen mehr und damit die Möglichkeit, jeden Menschen nicht nur 29mal, sondern 30mal zu vernichten, unsere Freiheit noch besser verteidigen würde. Menschliche Phantasie reicht nicht aus für die Wirkung der Massenvernichtungswaffen: Aber meine drei Kinder konnte

ich mir vorstellen: grauenhaft verstümmelt, sterbend. Und dann der Gedanke: Es war ja nie anders! – Und wird kein Erbarmen bei Menschen gefunden...

Gudrun Reinboth
freiheit die ich meine

junger soldat
mit dem gesicht von
jedermanns sohn
der du gläubig
an der grenze stehst
ein bollwerk
meiner freiheit

ich bitte dich
kehre um
lebe
und schenk mir
die eine freiheit
jedes elend
lieber zu tragen
als deinen tod

stirbst du für mich
du erst begonnener
was fang ich an
mit meiner freiheit
die für immer
dein sterbegesicht trägt

Gudrun Reinboth (geb. 1943) zu *freiheit die ich meine*:
Das Gedicht entstand 1984, zur Zeit der großen Demonstrationen gegen weitere Bewaffnung und Aufrüstung. Da ich als *militante Friedenshetzerin* bekannt war, provozierte man mich mit Bezug auf meine Söhne, diese hätten die Pflicht, aus Dankbarkeit ihr Leben einzusetzen, um die Freiheit unseres Landes zu bewahren. Ich fragte, welche Freiheit denn da gemeint sei, da nur die wenigsten Mitbürger unsere demokratischen Möglichkeiten sinnvoll nutzen. Bei dem anschließenden Streitgespräch vertrat ich die Meinung, daß zwar Eltern ihren Kindern Fürsorge schulden, da diese ja nicht darum gebeten haben, der Welt ausgesetzt zu wer-

den, daß es aber fraglich sei, ob Kinder ihren Eltern etwas schulden. Ganz gewiß jedoch schulde kein Sohn seinen Eltern seinen Tod – nicht einmal seine Ausbildung zum Töten! – Das Thema regte mich tagelang so auf, daß ich schließlich dieses Gedicht schrieb.

Matthias Buth
Unter Soldaten

Ihr Sterben blüht auf
In den Kreuzen

Der Abend
Ein Helm der schweigt

Opfer und Täter
Zwischen zwei Jahreszahlen

Verwundete Steine
Die ihre Münder öffnen

Matthias Buth (geb. 1951) zu *Unter Soldaten*:
Ein Amerikaner und ein Deutscher treffen sich über Gräbern, treffen sich in Deutschland, dort wo es Schatten wirft, wo Gräber zu sprechen scheinen, wo Täter und Opfer eins sind im Tod.
Der Krieg ist sichtbar in der Dünung der Soldatenfelder. Ununterscheidbar bleiben die verloschenen Leben. Tote haben keinen Kombattantenstatus, sie haben einen Status als Menschen in der Erinnerung. Amerikaner und Deutsche, Gerechte und Ungerechte, Freiwillige und Gezwungene, Verbrecher und Gebrochene, Sieger und Besiegte, Befreier und Befreite, – sie alle sind eins mit der Erde und scheinen den Gräbern die Münder zu öffnen inmitten unseres Schweigens.
Am 5. Mai 1985 besuchten der damalige amerikanische Präsident Ronald Reagan und der deutsche Bundeskanzler Helmut Kohl den Soldatenfriedhof in Bitburg, auf dem Soldaten verschiedener Nationalität begraben liegen, unter ihnen auch Angehörige der SS-Panzerdivision *Das Reich*. Am selben Tag gingen die Politiker auch in das ehemalige KZ Bergen-Belsen.
Die Kranzniederlegung in Bitburg wurde in der Presse heftig kritisiert.

Günter Kunert
Berlin beizeiten

Reichhaltig dich nennen:
Ein unaufhaltsamer Traum:
Alles Gewesene möge
in übernatürlicher Beleuchtung
wiedererstehen.
Einstmals in der Versenkung
verschwunden kehrtest du
verwandelt zurück: Als Schlüsselwort
Als Versprechen Als Täuschung
Als unversöhnliche Erinnerung
Metropole gemütlichen Verzweifelns
blinder Umarmungen und
ernüchternder Trunkenheit.
Hier wurde ich geboren
mit dem unvergeßlichen Wissen
man sterbe an den Folgen.
Hier habe ich mein Leben abgetan
Samen spurlos verstreut
mich freigekauft mit Fersengeld.
Beizeiten und doch zu spät
entsprungen dieser verstörten versteinten
Matrone
durch die ich von Jugend an
ein Opfer meiner fünf Sinne
geworden bin.

Günter Kunert (geb. 1929) zu *Berlin beizeiten*:
Dieses Gedicht, 1985/86 geschrieben, ist die Kürzestfassung meiner Autobiographie, zugleich der ambivalente Abschied von der Stadt, in der ich geboren und bis zu meinem fünfzigsten Lebensjahr daheim gewesen bin. Berlin, und alles, was in ihr an Ungeheuerlichem zu meiner Erfahrung wurde, erwies sich zwar nicht als ein *Mütterchen mit Krallen*, jedoch als die Stätte, von deren Prägungen ich nie frei geworden bin. Inzwi-

schen, seit ich 1979 Ostberlin verließ, ist sie mir fern gerückt, die Bindung hat sich gelockert, und dennoch: Diese Stadt kehrt in meinen Träumen wieder, in meinen Vorstellungen, in den Erinnerungen an mir nahe Menschen, was aber heißt: sie ist auf osmotische Art immer präsent und macht sich, besonders in Abendstunden, bemerkbar und drängt sich in mein Schreiben, als hätte sie einen Anspruch auf mich. Sie verlöre sofort ihren Einfluß auf mich, wenn ich zu ihr zurückkehrte, denn nur noch als Traumstadt hat sie für mich wirklich Realität.

Karl Alfred Wolken
Der helle Fleck an der Wand

Es ist nun schon sehr lange her
aber für Zinny ist es wie heute
daß er das Foto
in die Senkgrube warf

weil er die Zeit für gekommen hielt
weil er sich Nachbarn
die ihn verrieten
nicht vorstellen konnte

und keine Tochter, die heute noch
auf dem hellen Fleck an der Wand

den Schatten
ihres gehängten Vaters erblickt:
In der Pappel vorm Haus
an einem grauen Feldweg

der scheinbar geschichtslos
in die Unendlichkeit führt.

Karl Alfred Wolken (geb. 1929) zu *Der helle Fleck an der Wand*:
Der Text entstand 1986 und zeigt den Autor, der im sogenannten zarten Alter, wo man sich indessen besonders stark fühlt, einiges mitgemacht und es nicht nur unbeschadet überstanden, sondern gestärkt hinter sich gelassen hat. Der jüdische Deutschlehrer Dr. J. aus Berlin (hier der Vater von Zinny) ist keine Erfindung! Er unterrichtete mich bis März 45 und tauchte später in den Internats-Nachrichten als Leiter eines Gymnasiums wieder auf. Als einen von den 3 musisch veranlagten Schülern meiner Klasse hat er mich unter seine Fittiche genommen und mir geholfen, mit den Verwirrungen seines Zöglings *Wolken* aus der ostfriesischen Provinz einigermaßen fertig zu werden. Zinny ist eine Figur aus dem Roman, an dem ich nach jahrelanger Unterbrechung jetzt wieder schreibe. Erstmals taucht sie in einer Erzählung von 1967 auf: die Inkarnation von Trauerarbeit.

Hilde Domin
Der übernächste Krieg

Ich habe keine Arme
Meine Hände sind an meine Schultern geheftet
wie Flügel
vielleicht sollte ich ein Vogel werden
aber ich fliege nicht
vielleicht ein Mensch
ich töte nicht
und ich brauche euch nicht zu umarmen
ihr Töter
deren Hand den Stein wirft
von Anbeginn
nur die Schleuder hat sich verändert.

Der übernächste Krieg
sagte Einstein
wird wieder mit Pfeil und Bogen geführt
der übernächste Kühlschrank
wird wieder ein Tonkrug
mit Regenwasser sein.

Bis dahin
für die Unangepaßten der Welt
vielleicht noch der Mond
als universales KZ.

Hilde Domin (geb. 1912) zu *Der übernächste Krieg*:
Ich würde das Gedicht heute genauso schreiben wie damals, wenn es mir gerade einfiele. Es bedarf keines besonderen Anlasses, fast jeder Tag, wenn man Zeitung liest oder fernsieht, kann es auslösen.
Ich denke, ich schrieb es im Sommer 1988, kurz nach Erwin Walter Palms Tod. Ich sehe mich noch auf der Bettkante sitzen und es schreiben, vermutlich nachts.

Wolf Biermann
MELANCHOLIE
(für Emile Cioran)

1
weil ich kein land mehr seh in keinem land
auf all dem industriemist kräht kein hahn
die menschlein taumeln über jeden rand
zu arm, zu reich, zu klein im größenwahn
weil wünsche wuchern wie ein krebsgeschwür
bin ich ein nimmerfroher nimmersatt
weil todesangst sich spreizt als lebensgier
weil grenzenlose freiheit grenzen hat
und weil ich meinen feinden nie nichts verzeih
und weil ich selber seh und doch nichts schnalle
  melancholie
    melancholie im herzen
      die schwarze galle

2
weil feigheit vor dem wahren freund mich lähmt
weil kühnheit vor dem falschen feind mich foppt
weil man mit tränen kein' tyrannen zähmt
und weil kein lied die amokläufer stoppt
weil ich am ruhm vorn an der rampe roch
und leckte mich so durstig an dem salz
weil zweifel mir in die gewißheit kroch
und habe schulden schuldlos auf dem hals
weil ich widerstand und ging doch in die knie
und krieg kein sellengeld mehr auf die kralle
  melancholie
    melancholie im herzen
      die schwarze galle

3
wer hoffnung predigt, tja, der lügt. doch wer
die hoffnung tötet, ist ein schweinehund
und ich mach beides und schrei: bitte sehr
nehmt was ihr braucht – zu viel ist ungesund!
weil grundlos alles hoffen ist, genau
wie auch die liebe keine gründe braucht
und weil ich träume in die pfanne hau
weil nur von ketzerei der schornstein raucht
und weil'n ketzer brennt und leuchtet hell wie nie
und herrlich aufersteht in jedem falle
   melancholie
      melancholie im herzen
         die schwarze galle

4
weil ich nach meinem ebenbild mein kind
nur formen kann, wie Gott: zu dumm, zu schwach
läuft es der herde ins verderben nach
die enkel fechten's besser aus! – wer's glaubt
hat seinen seelenfrieden und'n knall
weil friedhofsruh mir alle ruhe raubt
weil ich so hundemüde bin von all
dieser menschheitsretterei und schlaf doch nie
weil ich 'ne dürre hab und wollte 'ne dralle
   melancholie
      melancholie im herzen
         die schwarze galle

5
mein lieb, wenn ich mit dir bin, und es trifft
sich gut, weil wir einander meinen, wenn ich
dich zottel in die himmel, wenn das gift
wegschwemmt im fluß der seeligkeit, wenn sich
in milch und honig wandeln blut und haß
wenn uns ein freund braucht, und wir können dem
ein bett beziehn und trinken auch 'n glas
und macht ein friede uns den krieg bequem

dann passiert es, daß ich ihr für kurz entflieh
ja, weil ich immer wieder steh und falle
  melancholie
    melancholie im herzen
      die schwarze galle

Wolf Biermann (geb. 1936) zu *MELANCHOLIE*:
MELANCHOLIE schrieb ich kurz vor dem Zusammenbruch der DDR. Im Osten, und weil ich eben jünger und eingeschüchtert war, hätte ich das Zauberwort von der Melancholie niemals angefaßt. Ich wollte nicht als einer erscheinen, der resigniert. Inzwischen weiß ich, daß die melancholische Haltung keineswegs bedeutet: alle viere von sich strecken. Im Gegenteil, sie bedeutet für mich: Halte den Widerspruch aus! begründete Verzweiflung und begründete Hoffnung. Bloß sich nicht fallen lassen in diese oder die andere Seite – solange das gelingt, kann ich leben.

Michael Wüstefeld
IM FALSTAFF Oktober '89
für EWi

John Falstaff / feiger Prahlhans sauflustiger Schlemmer / seinen
Namen vergeben an ein Bistro / sonst vergab er nichts / vielleicht ein Glas Sekt / vergebens stell ich mich tot vor der
Schlacht / keiner vergibt mir mein Leben / /

        War es das
        was wir wußten?

Im Falstaff	In Dresden
bin ich entfernt	hilft nun kein Beten
den Pflichten des Staates	den Andersdenkern im Staat
für die Spottlust	für die Befehlsempfänger

        Kanonenfutter

Ich sitze ein Bruchstück zerrissen und ganz / mit dem Leib in
Brüssel / mit dem Kopf in Dresden / Hier zeigt sich Blut im französischen Steak / dort kommt es aus sächsischen Nasen / /

Aus Ungarn kommen im Sommer
die Züge leer nach Dresden zurück

        War es das
        was wir wußten?

Im Falstaff	In Dresden
zur belgischen Nacht	vorm Hauptbahnhof
sprechen die Kellner nicht	rufen Passanten längst

        lauter als sonst

Lautmalerei auf Lippen	Polizeifunk auf allen Wellen
Bestellungen in die Kasse	Neugierige auseinander

        gejagt

| Die Küche | Die Partei |

weiß Bescheid
braut was zusammen

| Im Schatten | Im Beisein von |
| Brüsseler Börse | Lenins Denkmal |

steigt doch noch

| der Austernkurs | die Revolution |

des Oktober
Sitzstreik

auf den warmen	auf der kalten
Bänken aus Holz	Fläche aus Stein
vor dem Viereck der Tische	vor den Schäften der Stiefel
stilvollen Bistros	stilechten Betons
Rue Henri Maus	Prager Straße

Später erklärt ein Offizier / einer fragenden Kamera: / Meine Jungs standen in Hose lang / mit dem Schlagstock kurze Ausführung / in der Hand wie eine Wand / /

War es das
was wir wußten?

Was wir erhofften und fürchteten zugleich
Gewalt wird gewaltlos bestreikt

Im Falstaff	In Dresden
Bier auf Bier	Bein an Bein
schnell trinken die Belgier	eng sitzen die Sachsen
Glas reiht sich an Glas	Schild reiht sich an Schild
belgischer Brauereien	der Schutzpolizei

Alles: Zum Wohl

des Leibes   des Volkes

Aus Prag und Warschau kommen im Herbst
Sonderzüge halten Dresden nicht zurück

Im Falstaff   Im Siedlerzug
zu sitzen verlangt   zu fahren verlangt
keine Legitimation   keinen Fahrausweis

Staatenlose fahren durch den Staat
               Ihr Land im heimlichen TrauerBlick
Den Staat in das Hassen gerissen
                   Nie mehr niemals wieder hierher zurück

              War es das
              was wir wußten?
              Kann ich wieder zurück
              frage ich mich
              Willst du wieder zurück
              fragst du mich

Als wir in heller belgischer Nacht
die Gassen queren
vibrieren Pflastersteine über der Metro
              unter den Schritten

demonstrieren Touristen ihre neue alte Gier
laufen die Dresdner um mein und ihr Leben
              unter den Tritten

schlagen Steine wie Herzen
kilometerweit bis zu mir

Michael Wüstefeld (geb. 1951) zu *IM FALSTAFF*:
Als im Sommer 1989 die Ungarn ihre Grenze nach Österreich öffnen, nutzen Tausende DDR-Urlauber diese Gelegenheit zur spontanen Flucht: »Aus Ungarn kommen im Sommer / die Züge leer nach Dresden zurück«. Diese zwei Verse waren zuerst da; viel später kam das Gedicht.
Am 4. Oktober 1989 werden DDR-Botschaftsflüchtlinge aus Warschau und Prag in Sonderzügen über DDR-Territorium in die BRD gefahren. Sie passieren auch Dresden, was eine folgenreiche Signalwirkung hat. Am Abend des 4.10.89 beginnt am Dresdner Hauptbahnhof die offene Auflehnung gegen die DDR-Obrigkeit. Zeitgleich sitze ich als Gast der Europaschule Brüssel mit einem Freund in jenem Brüsseler Bistro, das dem Gedicht (ein Jahr später geschrieben) den Titel geben wird: »Im Falstaff«. Die Faszination beim Erinnern liegt in der Gleichzeitigkeit von Ereignissen, die gegensätzlicher kaum sein können. »Dort«, wo ich eigentlich hingehöre, proben die Dresdner den Aufstand. »Hier« genieße ich schlemmend meine Abwesenheit und fühle mich nicht unwohl dabei. »Dort« fordern die Dresdner Bewegungsfreiheit im weitesten Sinne, die ich für mich mit ein paar (fast feigen) Tricks eingelöst glaube. »Hier«, wo ich mich frei wähnen könnte, denke ich mich plötzlich festgenagelt. »Dort« und »hier« geht es um Weggehen, Bleiben, Wiederkommen. »Dort« und »hier« – »hier« oder »dort« – wie alles vertauscht als Beginn einer Umkehrung.

Heiner Müller
Selbstkritik

Meine Herausgeber wühlen in alten Texten
Manchmal wenn ich sie lese überläuft es mich kalt Das
Habe ich geschrieben IM BESITZ DER WAHRHEIT
Sechzig Jahre vor meinem mutmaßlichen Tod
Auf dem Bildschirm sehe ich meine Landsleute
Mit Händen und Füßen abstimmen gegen die Wahrheit
Die vor vierzig Jahren mein Besitz war
Welches Grab schützt mich vor meiner Jugend

Heiner Müller (geb. 1929)
Geschrieben 1989.

Wolf Biermann
Nur wer sich ändert, bleibt sich treu
    für Arno Lustiger

Ich schwamm durch Blut in das große Licht
Neugierig kam ich aus dem Bauch
Ich war ein Tier. Und ich war ein Mensch
Von Anfang an und lernte auch
Bei der Gestapo im Verhör
Soff ich am Busen ohne Scheu
Die Wahrheit mit der Muttermilch:
Nur wer sich ändert, bleibt sich treu

Von Hamburg bin ich dann abgehaun
Mit Sechzehn ins Gelobte Land
Da sind Millionen den gleichen Weg
Wie ich, bloß umgekehrt gerannt
Ich wollte von zuhause weg
Nach Haus! Die Reise ist nicht neu:
Wer jung ist, sucht ein Vaterland
Nur wer sich ändert, bleibt sich treu

So kam ich drüben an: ohne Arg
Und blindbegeistert wie ein Kind
Bald sah ich, daß rote Götter auch
Nur MenschenSchweineHunde sind
Mein Vater hat mich nicht gemacht
Damit ich Lügen wiederkäu
Drum schrie ich meine Wahrheit aus:
Nur wer sich ändert, bleibt sich treu

Heiß oder kalt, immer war da Krieg
Ich ging von West nach Ost nach West
Und hielt mich an meinen Waffen, die
Gitarre und am Bleistift fest
Ich bleibe was ich immer war

Halb Judenbalg und halb ein Goij
Eins aber weiß ich klipp und klar:
Nur wer sich ändert, bleibt sich treu

Mit Weibern habe ich nichts! als Glück
Gehabt. Ich war so grün und blind
Und wußt nur vorne im Hinterkopf
Daß auch die Weiber Menschen sind
Nun weiß ich bis ins kleinste Teil
Mit dem ich meine Frau erfreu:
Die Männerschaft stinkt mich an
Nur wer sich ändert, bleibt ein Mann

Ich war verzweifelt von Anfang an
Und immer hab ich neu gehofft
– so kann man leben. Bald kommt der Tod
Ich kenn Freund Hein, ich traf ihn oft
Er bleibt mein Feind, dem ich auch nicht
zum Schluß gereimte Rosen streu
Mit letzter Puste krächze ich:
Nur wer sich ändert, bleibt sich treu

Wolf Biermann (geb. 1936) zu *Nur wer sich ändert, bleibt sich treu*:
Ich schrieb *Nur wer sich ändert, bleibt sich treu* kurz nach dem Zusammenbruch der DDR. Der Gedanke dieses Textes ist uralt, das wußten alle, die was begriffen hatten. Semper idem et alter. Brecht schrieb in California 1942 den Vierzeiler

> *Sah verjagt aus sieben Ländern*
> *Sie die alte Narrheit treiben*
> *Solche lob ich, die sich ändern*
> *Und dadurch sie selber bleiben.*

In den Zeiten der opportunistischen Wendehälse, die sich eben wenden, aber nicht wandeln, fand ich diesen Gedanken neu und frisch und nötig und aufregend.

Zehra Cirak
Notwehr

Knüppel und Knüppel gesindelt sich gern
egal wohin sie sich verschlagen
wohin und wen sie treffen
ein Knüppel verlängert den Arm
ein anderer verkürzt ein Leben

Arme schlagen aus wie Flügel
und heben ab zur Knüppelfahrt
auswärts fliehen Dortige
und seitwärts reisen Hiesige
arme Arme Knüppelhalter
immer unterwegs treffen sie sich zu
und winken sich Arme ab

die Erde ist ein Dorf ein rundes
auf unser Dorf schauen Nachbarsdörfer
sie halten sich andere Arme
mit anderen Knüppeln
uns liegt nichts fern
uns liegt nichts nah
wir sind erst übermorgen dran

Zehra Cirak (geb. 1960) zu *Notwehr*:
Ich habe das Gedicht *Notwehr* im spannenden Jubel-Freude- und Gejohle-Jahr, also zu Beginn der Wendezeit geschrieben. Mitten in Berlin-West vernahm ich immer häufiger aus dem Radio Meldungen und Berichte über die Vermehrung der Gewalt in Deutschland. Insbesondere jene, die als Nebenwirkung der Wiedervereinigung um sich griff. Nach einer besonders krassen Meldung über die Aktivitäten von rechtsradikalen Jugendlichen schrieb ich meine *Notwehr*.

Reiner Kunze
Die mauer
Zum 3. oktober 1990

Als wir sie schleiften, ahnten wir nicht,
wie hoch sie ist
in uns

Wir hatten uns gewöhnt
an ihren horizont

Und an die windstille

In ihrem schatten warfen
alle keinen schatten

Nun stehen wir entblößt
jeder entschuldigung

Reiner Kunze (geb. 1933) zu *Die mauer*:
1990. Ohne Kommentar.

Karl Krolow
Freiheit

Das tägliche Verkommen.
Täglich geht etwas zuschanden.
Gewalttat wird angenommen
als Freiheit, die zuschlägt in Banden.

Als wäre man nicht vorhanden,
sieht man weg oder blinzelt verschwommen,
sah ohnehin alles kommen:
mit der Freiheit die Freiheit genommen.

Man hatte recht verstanden
und gar nicht erst geglaubt,
wie sich alles zusammenraubt,
nennt es, in Freiheit, Besitz:
erbeutet, ehe verstaubt,
was sich die Freiheit erlaubt,
während Bedenken schwanden
und alle sich wiederfanden
in Tüchtigkeit, die kein Blitz
mehr spaltete. Und in Besitz
von allem, war Freiheit verkommen.

Karl Krolow (geb. 1915) zu *Freiheit*:
Das Gedicht entstand 1990. Aber das Datum ist gerade hier sekundär. In jedem Augenblick ist *Freiheit* da und gefährdet. Wer von Freiheit schreibt, hat Angst, daß Freiheit verlorengeht, zuschanden wird, geschändet wird. Es bedarf keines Zeitpunkts mehr. Auch morgen wird alles ähnlich sein. *Freiheit* ist ein Angst-Gedicht.

Hans Magnus Enzensberger
Pragmatismus

für Cesare Cases

Alles, bloß keine Ahnungen! Wir
wissen doch längst, wo's langgeht:
Überschußanteile, Deko-Fronten,
Mediendeckung, schließlich
das höchste der Gefühle:
Ausschußvorsitzender
und mit sechzig die Abfindung
im gegenseitigen Einvernehmen.

Ja, wenn nur der kleine Mann im Ohr
nicht wäre. Panik, zirpt er,
Alzheimer, Jubel, Aufruhr.
Alles kommt anders, ganz anders.
Die blaue Vene tickt,
ein rotes Wunder geht auf,
das wir nicht erleben. Die Wunde
des Möglichen blutet noch.

Hans Magnus Enzensberger (geb. 1929) zu *Pragmatismus*:
Pragmatismus ist ein Gelegenheitsgedicht, entstanden 1990, kurz nach dem Fall der Mauer, als Glückwunsch für einen Freund und Lehrer. Cesare Cases lebt heute als schwerkranker Mann in Turin, ganz zurückgezogen; er war aber einer der hellsten Geister Italiens, von lukianischem Temperament, als Gelehrter geschätzt und gefürchtet als Polemiker.
Was der *kleine Mann im Ohr* zu sagen hat, muß offenbleiben; die Prognose, daß es anders, ganz anders kommen wird, ist mehrdeutig; es gibt nicht nur das blaue, sondern auch das rote Wunder – jedenfalls ist hier von den Grenzen des Pragmatismus die Rede. Auch bin ich nicht der erste und nicht der letzte, der behauptet, die Wunde des Möglichen blute noch; vielleicht war es Kierkegaard, der mir damit zuvorgekommen ist; vielleicht auch ein anderer.

Michael Wüstefeld
(Gegenwärtige Vergangenheit)

(1)

Am ElbHang die Lichter
    vergrößern den Käfig der Nacht
in der Stadt und den AbSteigen
Im DürrHolz der Bäume
    das Krähenvolk wacht
ein schwarzer Flügelreigen

Das ElbTal voll Ahnung
    zu viele haben weggewollt
aus der Stadt unter dem Schweigen
der Tag fragt: Sind wir schon
    ein Raum ohne Volk
wollen die Krähen noch bleiben

(2)

Auf allen Bäumen kahlen Landes
blühen die Krähen

Mit schwarzen Mänteln hängen sie
im Wind und rufen

Wir sind das Volk
Wir sind ein Volk

Michael Wüstefeld (geb. 1951) zu *(Gegenwärtige Vergangenheit)*:
Dieses Wintergedicht wurde im Februar 1990 geschrieben. Obwohl sich politische Veränderungen in der DDR abzuzeichnen begannen, hielt die Wanderungsbewegung von Ost nach West unvermindert stark an. Es entstand die bedrückende Vision von der Entvölkerung ganzer Gebiete.

Auch das *Tal der Ahnungslosen*, wie Dresden und Umgebung wegen des fehlenden West-Fernsehempfangs spöttisch genannt wurden, war davon betroffen. Unter den Abgewanderten waren nicht nur Freunde, Bekannte, Arbeitskollegen oder Familienangehörige, sondern oftmals auch diejenigen, mit denen die Veränderungen am ehesten praktikabel gewesen wären. Der Wunsch nach der D-Mark äußerte sich so nachhaltig, daß die Frage, wer eigentlich überhaupt noch bleiben wollte, nicht nur rhetorischer Art war.
(*Wenn die D-Mark nicht zu uns kommt, gehen wir zur D-Mark.* Volksmund.)
Tausendfach war der Ruf vom Herbst '89 (*Wir sind das Volk!*) überholt, und viel zu schnell hatten Tausende ihren Mantel in den Wind der Zeit gehängt. Wenn im Winter die Krähen scharenweise ihre Schlafplätze anfliegen, verändern die Bäume ihre Gestalt. Wie schwarze Früchte hängen die Vögel an den Ästen. Sie umkreisen ihre Plätze, in dichten Wolken vereint, als beanspruchten sie für sich, einzig und allein e in Volk zu sein.

Volker Braun
Das Eigentum

Da bin ich noch: mein Land geht in den Westen.
KRIEG DEN HÜTTEN FRIEDE DEN PALÄSTEN.
Ich selber habe ihm den Tritt versetzt.
Es wirft sich weg und seine magre Zierde.
Dem Winter folgt der Sommer der Begierde.
Und ich kann bleiben wo der Pfeffer wächst.
Und unverständlich wird mein ganzer Text.
Was ich niemals besaß, wird mir entrissen.
Was ich nicht lebte, werd ich ewig missen.
Die Hoffnung lag im Weg wie eine Falle.
Mein Eigentum, jetzt habt ihrs auf der Kralle.
Wann sag ich wieder mein und meine alle.

Volker Braun (geb. 1939)
Geschrieben 1990.

Horst Bingel
Wiedersehen

Der Sand, du hörst fast nichts, der Wind bewegt ganz ruhig
    diese Körner,
du hast deine Gassen abgemessen, der Fluß, kein Wasser
    mehr, du kanntest jeden Stein, Langensalzaa, die Ruhe
    schmerzt,
der Lauf, niemand, der folgte, du ranntest, die Kindertage,
    unbewegt,
hier hast du einst den Arm gehoben, dort, der erste
    Ami-Panzer, die Russen, deine Tür,
der Sand, du hörst fast nichts, deine Häuser, nie
    gestrichen, du läufst, ganz schnell, lebenslang.

Horst Bingel (geb. 1933) zu *Wiedersehen*:
Entstanden 1990. Ich bin in der Geburtsstadt meiner Mutter. Bad Langensalza. Hier lebte ich von 1941 bis 1947. Ich war seitdem nicht mehr da. Diktaturen wollte ich nicht mehr aufsuchen. Kein Spanien. Kein Griechenland. Keine DDR. Jetzt feiern meine Schwiegereltern hier in Langensalza ihre Goldene Hochzeit. Pfingsten 1990. Ich bin heimgekehrt. Sie waren für mich auf den Straßen. In Leipzig. 1989.

Martin Pohl
WIEDERBEGEGNUNG

Wer meint, er habe vierzig Jahre lang
Umsonst gelebt, hat schlechthin NICHT gelebt
In vierzig Jahren. Jede Träne war
In vierzig Jahren eine Lüge wie
Auch jedes Lachen vierzig Jahre lang.

In vierzig Jahren war sein Standpunkt KEIN
Standpunkt (der Standpunkt andrer Leute schlecht
Und recht); und auch vor vierzig Jahren war
Sein Standpunkt nicht sein Standpunkt; aber auch
Nach vierzig Jahren wird sein Standpunkt sein:
KEIN Standpunkt; er hat vierzig Jahre lang

Umsonst gelebt und also nicht gelebt
Und straft sein Leben Lügen vierzig Jahre lang

Martin Pohl (geb. 1930) zu *WIEDERBEGEGNUNG*:
WIEDERBEGEGNUNG verfaßte ich 1990, als ich den einst in der DDR
gefeierten Lyriker U. B. auf einer öffentlichen Veranstaltung sagen hörte,
er habe vierzig Jahre lang *umsonst gelebt*.

Sarah Kirsch
Aus dem Haiku-Gebiet

Das neue Jahr: Winde
Aus alten Zeiten
Machen mir Zahnweh.

Unter dem Himmel des
Neuen Jahrs gehen die
Alten Leute.

Wie der Schnee sie auch
Verklärt – meine Heimat
Sieht erbärmlich aus.

Den Mond über der Havel
Hatte Schalck wohl
Zurückgelassen.

Heul, sag ich, heul! Der Hund
Hilft mir das Jahr
zu Ende zu bringen.

Normannenstraße: ich sehe
Den Leuten zu beim
Reinemachen fürs neue Jahr.

Das Jahr geht hin
Noch immer trage ich
Reisekleider.

Sarah Kirsch (geb. 1935)
Geschrieben am 1. 1. 1991.

Wulf Kirsten
september am Ettersberg

1
ach, Rußland, mütterchen, du bist unendlich,
am blankgefegten septemberhimmel fuhr nicht ein wölkchen
zu dir, beladen mit fracht, ich weiß nicht, wie viele
unter diesem himmel schon desertiert sind von den deinen
und wie viele ihnen nachfolgen werden, eh sie abfahren.
irgendeiner muß die seuche eingeschleppt haben, einfach
stiften zu gehen quer über die felder wie damals, als sie
blind vor frühlingssehnsucht vom Ettersberg türmten
und wie die feldhasen niedergestreckt wurden.
am bahndamm liegt schon wieder einer in uniform,
keinen orden an der brust, viel zu jung zum sterben,
vielleicht achtzehn, als wär's der erstbeste pappkamerad.

2
welch schöner september hier oben,
vor meinen augen öffnet sich das vom blanken himmel
zur ebenheit niedergedrückte land. einer neben mir
weiß nichts mehr von sich, die erinnerungen sind ihm
davongelaufen, ein anderer schreibt
sein verflossenes leben um, bringt es nachträglich
in die passende form und fasson. einer hat den lieben gott
über die klinge springen lassen. einer trug den decknamen
Petrus und schrieb getreulich berichte, die boshaftigkeit
seiner verleumdungen sucht ihresgleichen,
wird mir berichtet, mehr begehr ich nicht zu wissen
an diesem tag, in wolkenlose geschichte getaucht.
wo aber bleibt die reine poesie?

Wulf Kirsten (geb. 1934) zu *september am Ettersberg*:
Das Gedicht entstand in den ersten Januartagen des Jahres 1991. Über die Fluchtversuche von russischen Kriegsgefangenen aus dem KZ Buchenwald berichtet *Jorge Semprun* in dem Buch *Welch schöner Sonntag*. Bis

1993 befanden sich auf der Südseite des Ettersberges zahlreiche militärische Objekte der sowjetischen Armee als *undurchdringliche Zone*. Im Oktober 1990 hatte ich mein Mandat als Stadtverordneter des Neuen Forums zurückgegeben. Ich beendete meine Mitarbeit in der Bürgerbewegung, da sich die Bedingungen eines Freischaffenden nicht mehr mit den ehrenamtlichen kommunalpolitischen Aufgaben vereinbaren ließen. In dieser Phase des resignativen Rückzugs entstand der Blick auf meine Stadt vom unheilvollen Berg, mit deutscher Geschichte schwer beladen und schwer von ihr beschädigt. Der Schatten, den dieser Berg wirft, fällt auf die Stadt.

Eva Zeller
Nachruf auf einen Gefallenen

Wir werden uns wiedersehen,
bei unserem Kreidefelsen am liebsten,
dem schneeweißen Umriß,
du kniest nahe am Abgrund,
ich trage ein rotes Kleid
und halte mich an den Steinen,
wir sind verabredet,
du weißt Tag und Stunde.

Oder unter der Laterne
vor dem nächtlichen Haus
mit den erleuchteten Fenstern,
ich warte auf dich, wir können
uns gar nicht verfehlen,
der Taghimmel über uns
spottet jeder Logik:
fällt nun der Abend ein oder
glänzt uns ein schönerer Morgen?

Auch komme ich, wie spät
immer es sein mag, in unser
Café in Arles, wir sitzen
ineinanderversunken,
während die Billardkugel rollt
und draußen der arme Vincent,
brennende Kerzen auf seinem Hutrand,
die Staffelei aufgestellt;
mein Gott, du mußt gehen,
um ihn zu warnen,
die Leute verjagen
alle Phantasten und
lachen über die Bilder.

Besser wir treffen uns dort,
wohin dich der Krieg
verschlagen hat, wo
nun für immer die
Geigenspieler auf den
Dächern sitzen
und die Brautpaare
fliegen können.

Eva Zeller (geb. 1923) zu *Nachruf*:
1991 fuhr ich nach Jahrzehnten wieder auf die Insel Rügen: ein Wiedererkennen der fast unberührten Caspar-David-Friedrich-Landschaft, durch die ich mit dem, dem der *Nachruf* gilt, gewandert bin. Damals war Krieg.
Friedrichs *Kreidefelsen auf Rügen* erwies sich als ein stehengebliebenes Bild, in das ich uns hineinmalte, genau wie in andere Bilder, die wir einmal gemeinsam betrachtet und geliebt haben.
Ein Liebesgedicht. Eine unaufhebbare Trauer. Mein immerwährendes Erstaunen, überlebt zu haben. Vor den Wahnsinnshintergrund der Geschichte schoben sich mir Gegenbilder. Wir scheuen uns heute, Kunst unsterblich zu nennen, aber indem ich ihre Dauer beschwor, schlich sich das unsagbare Wort unsterblich zwischen die Zeilen, vor allem in die letzte Strophe, die Chagalls russisches Dorf ins Gedächtnis ruft, ein Dorf, in dem der Gefallene vielleicht sein Grab gefunden hat.

Christa Wolf
Prinzip Hoffnung

Genagelt
ans Kreuz Vergangenheit.

Jede Bewegung
treibt
die Nägel
ins Fleisch.

Christa Wolf (geb. 1929)
Geschrieben 1991.

Martin Pohl
Das Warum-Darum-Chanson

Da kamen einst Leute mit dem Credo Vernunft
Als Kleinod der menschlichen Spezies,
Und es kamen andere von niederer Zunft,
Die kratzten sich die Köpfe: Wie machen's denn dees?
Besser, man zieht seinen Schädel ein!
Kann sein, uns trifft ein Ziegelstein
Aus heiterem Himmel, mein Sohn.
> Großmutter Niedergesäß wußte es schon:
> Oft brechen in Sturmfluten alle Dämme.
> Warum? – Darum!
> Da mögen sich Haarspalter streiten.
> Kinder, kauft euch Kämme,
> Es kommen lausige Zeiten.

Was heute zerschrundet, war gestern Politur,
Und dem Bürgersteig rennen die Füße weg.
Zwei Märchenaugen, wo sah ich sie nur?
In deinem Gesicht? Das liegt ja im Dreck!
Besser, du ziehst deinen Schädel ein!
Kann sein, dich trifft ein Pflasterstein
Aus triefender Gosse, mein Sohn.
> Großmutter Niedergesäß wußte es schon
> Ihr Trautesheimglückallein fraßen die Schwämme.
> Warum? – Darum!
> Nach hundert haarigen Pleiten:
> Kinder, kauft euch Kämme,
> Es kommen lausige Zeiten.

Mein Freund, Malocher, weder Heide noch Christ,
Der unkte auf Großmutter Niedergesäß,
Daß die Geschichte nichts anders als die Lehre ist
Von der Unbelehrbarkeit unserer Spezies.
Besser, ihr zieht euren Schädel ein!
Dem ersten Stein folgt nicht der letzte Stein

Und frag nicht, von wem und auf wen, mein Sohn.
Großmutter Niedergesäß wußte es schon:
Im Barbierstuhl, da sitzt ihr in der Klemme,
Wenn sie euch die Köpfe zu Glatzen schneiden.
Nun, Kinder, kauft euch Kämme,
Es kommen lausige Zeiten.
Warum? – Darum!

Martin Pohl (geb. 1930) zu *Das Warum-Darum-Chanson*:
Das Warum-Darum-Chanson entstand 1992, als mein Freund, ein Arbeitsloser, grübelnd über die Befindlichkeit der Deutschen nach der Wende und sein eigenes Geschick, mir zu bedenken gab, daß die Lehre aus der Geschichte der Menschen im Grunde nichts anderes sei als die der menschlichen Unbelehrbarkeit.

Dagmar Nick
Fromme Wünsche

Lassen wir den aus der Mode
gekommenen Erzengeln
ihre Schwerter, Flammenzungen,
Choräle und Psalter,
mögen sie Wunder wirken
sonstwo.
Halten wir uns an die Erde,
die klaffende Wunde
unter dem Fundament,
verteidigen wir, heillos
gegen uns selbst, das
was uns trägt.

Dagmar Nick (geb. 1926)
Geschrieben 1992.

Günter Grass
Späte Sonnenblumen

November schlug sie, schwarz in schwarz vor Hell.
Noch ragen Strünke, sind der Farben Spott,
im Regen schräg und suchen sich Vergleiche,
auch Reime, etwa Gott und Leiche.

Noch immer tauglich, stehn sie mir Modell,
weil ausgesägt vor Himmeln, deren Grau
im Ausschnitt und total zerfließt,
drauf eine Meldung sich als Botschaft liest:

Geschieden sind wie Mann und Frau
nach kurzer Ehe Land und Leute.
Karg war die Ernte, reich die Beute.
Ach, Treuhand hat uns abgeschöpft.
Wer bei Verdacht schon Sonnenblumen köpft,
dem werden Zeugen fehlen, den erwischt die Meute.

Günter Grass (geb. 1927)
Geschrieben 1992.

Dagmar Nick
Idylle

Von Vergänglichkeit wird nicht geredet.
Auch der Waffenstillstand vom Montag
ist schon am Dienstag gebrochen.
Wie leicht fliegt die Leuchtmunition
über den Bildschirm, wie hübsch
das Phosphorgrün der Raketen
bei Nacht.
Morgens sind die Gesichter der Toten
mit Tüchern bedeckt, die Gesichter
der Lebenden mit den Händen.
Einer wird gewinnen, verspätet.
Wir warten, todsicher
in der ersten Reihe.

Dagmar Nick (geb. 1926)
Geschrieben am 11.7.92.

Walter Helmut Fritz
Nach diesen Massakern

I

Er schaut den Lichtern nach,
die über den Fluß springen

spricht – während Rot in sein Gesicht
steigt – von seiner Ohnmacht

von Claqueuren, die ihre Masken ablegen,
ohne daß man ihr Gesicht erkennt.

Nach diesen Massakern
sei das Land reich an Toten

der Schmerz die letzte Art
zu lieben.

Jemand ruft
und hört plötzlich zu rufen auf.

II

Zarte Schläfen der langsam genesenden Frau,
die ihren Mann verloren hat, ihren Sohn.
Endloses Desaster Krieg, zudringlicher Hunger.
Sie sagt: Unterdrückte, die unterdrücken.
Sie beginnt zu weinen, hält inne.
Hören Sie – die Vögel hinter dem Haus,
seltsame Uhrwerke, nicht wahr, singen wie immer.
Der Himmel schläft über allem mit offenen Augen.

III

In den Schienen sieht er
eine Straßenbahn schwanken.
Widerhallen gehörte Schreie.
Rede und Antwort steht er
nur noch den Steinen.
Gesellschaft leisten ihm
die vorwitzige, schartige Kälte
und der umherirrende Wind.

Walter Helmut Fritz (geb. 1929) zu *Nach diesen Massakern*:
Das Ende 1992 geschriebene Gedicht *Nach diesen Massakern* entstand nach der Begegnung mit einem der Opfer des Krieges im früheren Jugoslawien.

Michael Wüstefeld
(Wie ich aus Amsterdam nach Dresden zurückgeholt wurde)

Es war ein verräterisch leichtes Gefühl
tagelang ohne Zeitung zu sein
Es war der Augenblick zwischen zwei Atemzügen
Es war das Atmen zwischen den Blicken
wo die Bäume mit einem Mal grün werden
und das Paar im Haus gegenüber sich küßt
als ich die Nachricht lese
Eintausend NeoNazis durch Dresden marschiert
und die NeoDemokratie hat es erlaubt
und der Rechtsstaat weiß schon warum
es nicht Linksstaat heißt

Im nächsten Traum sehe ich am Dresdner Rathaus wieder
die roten Fahnen wehn
mit dem verkrümmten Zeichen im Kreis
auch die Andreaskreuze im Wappen von Amsterdam
krümmen sich im Traum auf die bekannte Weise
und ich bin eingekreist
und aus den Urnen fährt der Väter Geist
Hamlet ruft es wir sind verraten

Die Feuer meiner untergegangenen Stadt
liegen wie Schatten auf der Haut
und Schreie kommen aus den Sirenen
durch die ein Lichtstrahl wie ein Christbaum wächst
und es ist furchtbar kalt
Ich verbiete mir zu schlafen
weil schlafen träumen heißt
Ich verbiete mir zu träumen
weil träumen sehen heißt

Ich treffe Touristen auf der Kalverstraat
höre sie mit sächsischen Zungen Preise vergleichen

und frage habt ihr am Dresdner Rathaus auch
die roten Fahnen gesehn
mit dem verkrüppelten Zeichen
Sie verstehen die Sprache meiner Frage nicht
und legen mir einen Gulden in die sprachlos offene Hand

Das braune Bier das ich am liebsten trank
schmeckt jetzt nach Galle
Ich kann die Hunde nicht mehr sehn
die braune Haufen auf die Steine setzen
Ich stehe vorm Haus der Anne Frank und denke
Dieses Mal wird auch ihr Buch verbrannt

Wo ist die Geschichte die sich nicht wiederholt
Wo ist das Volk das sich selber richtet
Die Wolken ziehen sich zusammen
Es regnet in Amsterdam
Die Passanten rennen in die Untergänge
Ich stehe am Rand

Michael Wüstefeld (geb. 1951) zu *(Wie ich aus Amsterdam nach Dresden zurückgeholt wurde)*:
Der Antifaschismus in der DDR mag staatlich verordnet, reglementiert und deshalb verpönt gewesen sein. Er hatte etwas Erstarrtes, Losungshaftes, in seiner einseitigen Geschichtsbetrachtung auch Indifferentes und Unehrliches an sich. Trotzdem erfuhr ich durch ihn eine mir wichtige Prägung, als Kind noch unreflektiert, später bewußt: Tiefe Abneigung gegen alle Symbole eines sonstwie gearteten Faschismus und den damit zumeist um Gleichschritt befindlichen Nationalismen und Militarismen.
Als ich 1992 einen Monat im Amsterdam wohnte, kaufte ich nach 18 Tagen das erste und einzige Mal eine deutsche Zeitung und erfuhr so vom Aufmarsch der Neonazis auf dem Dresdner Theaterplatz. Wo noch im Herbst 1989 auf Gewaltlosigkeit eingeschworene Demonstranten damit rechnen mußten, daß sich gegen sie Polizeieinsätze richten würden, durften drei Jahre später unter ihren Gewalt verheißenden Symbolen Nazis marschieren, flankiert von derselben wenn auch umuniformierten

89er Polizei. Mit dieser Zeitungsmeldung saß ich in Amsterdam, voller Scham, Dresdner zu sein, voll maßloser Enttäuschung. Was der Sprachlosigkeit folgte, war das nahezu sofort in »Reinschrift« vorhandene Gedicht. Vielleicht müssen allen Gedichten sprachlose Zustände vorausgehen. (Gerechterweise soll angemerkt sein, daß die Stadtherren Dresdens seither extremistische Kundgebungen unterbunden haben. Eine Rückkopplung zwischen dieser Entscheidung und dem Gedicht kann ausgeschlossen werden.)

Bernd Jentzsch
Selbstporträt im Wasser

Die Hand am Fuß in der gefluteten Badewanne,
Wenn er die Nägel schneidet.
Nackte haben den Wunsch, die Kleider zu wechseln:
24 Hemden täglich, Joggingschuhe, 1 Hose,
Die der Liebe günstig ist,
Das nichts-farbne Wasser,
Welches er für den Ozean hält
Seiner läßlichen Verfehlungen,
Steht ihm bis zum Hals.
Der ist nicht zu retten! für gute Worte.
Die Dritte hat die Schere.
Der Badende ruht eine Weile
Und erkaltet im Zeitvergehn. Aber
Schön ists, die Seele
Zu entfalten und das würdige
Verletzte Leben.

Bernd Jentzsch (geb. 1940)
Geschrieben 1992.

Michael Wüstefeld
Bundesstraße 7 / Fernverkehrsstraße 7

Was unsere Zeit zerrissen hat
drückt noch auf den Magen der Felder
hängt als Geschwür an den Wurzeln der Gräser
liegt unterm Asphalt glatt geleckter Straßen
Auf Pappe oder Blech der Text
der uns erinnern sollte
der uns sagt
das war es
so ist es gewesen
und immer noch

    LEBENSGEFAHR!

Lebensgefährten fahren vorüber
während Minensucher Spuren ziehen
den Streifen umpflügen   abtasten
testen wo Leben gefährdet war
wo Leben eine Gefahr war
und immer noch ist
Wo Haß begraben liegt
blüht Mohn
zwischen Ifta und Lüderbach
Auf Wiedersehen in Thüringen
Willkommen in Hessen

Das Land ist eins
Das Land hat hohe Linden
die blühen beiderseits
    Das Land kennt Grenzen
      eigenes Sprechen geteilt
Das Land hat junigrünes Getreide
Kornblumen mit Raben
    Das Land kennt andere Sprachen
      und wieder fremden Schrei

Es hat den Wind der streicht
    Es kennt das Wort vergasen
    und Vergessen über lange Zeit
Es hat Lerchen die pfeifen
über dem einerseits andererseits
    Es kennt Leute die pfeifen
    auf das eine das andere
Das Land ist meins
und deins
    und ihres gleicher Zeit

Was uns zerrissen hätte
wenn wir gegangen wären
damals von Ifta nach Lüderbach
liegt noch dort draußen unter offnem Himmel
unter dem Acker   unter der Haut
was uns so quält uns die Haare vom Kopf hebt
was uns sagt   das war es
das ist gewesen
und ist es immer noch

    GEFAHR FÜRS LEBEN!

fahren Gefährten drüber hin
spielen ihre Mienen gültig jeder Zeit
während Minensucher was riskieren
grenzt der Horizont uns wieder ein
als würde der Streifen sich dort verlieren
wo Blut begraben liegt
blüht jetzt der Mohn
Auf Wiedersehen in Hessen
Willkommen in Thüringen

Michael Wüstefeld (geb. 1951) zu *Bundesstraße 7/Fernverkehrsstraße 7*: Das Gedicht entstand im Sommer 1993. Der Ort, dem es seine Entstehung verdankt, wird genannt: Die B7 zwischen Hessen und Thüringen, dort, wo sie von einem (Bundes-) Land ins andere wechselt. Die Stelle kann heute besichtigt, durchlaufen oder durchfahren werden, nachdem der Ort 28 Jahre verboten gewesen ist. Kein Haus, kein Dorf, keine Stadt sind zu sehen, nur Land (ohne Schaft – die LangSchäfter hatten wir zu Sandalen verurteilt). Brache Felder, kleine Waldstücke, Wiesen, Straßenbäume, Sträucher, und jener Streifen, der von einer Grenze erzählt, die bedrohlich lange mehr bedeutet hatte als die zwischen zwei Bundesländern. Wenn ich sie passiere, spüre ich eine Beunruhigung in mir, als läge etwas Ungeheuerliches in der Luft, auch wenn Jahre seit ihrer Öffnung vergangen sind. Aber von kaum etwas anderem war ich in Wirklichkeit mehr betroffen als vom Klatschmohn, der unübersehbar rot entlang des alten Grenzstreifens blühte, als sei er mit Bedacht dort ausgesät worden. Ein nie zuvor gesehenes Gerät zog gleichförmig seine Bahn, wühlte die Erde um, suchte nach Minen, um sie zu sprengen. Was noch begraben liegt, dachte ich, ist mit Maschinen weder zu finden noch zu beseitigen. Von allem, was war und ist, zeugt der Mohn.

Durs Grünbein
Ja, damals...

Nichts war so schnell verschwunden wie dieses Irreale,
In dem sie sich sammeln konnten, gemeinsam stumm
Wie unter der Erde Ergraute, in kleinen Scharen.

Aß man nicht immer vom Mutterkuchen und las
Murmelnd in schwerer Zeitung statt von goldenen Eiern,
Vom Weg des Bleis zurück in die Flüsse, ins Bergwerk?

Auffahrend nachts, sahen manche sich vom Volumen
Der alltäglichen Tode erdrückt. Sie alle trugen
Dasselbe Bildnis, in Wachstuch gehüllt, auf dem Rücken.

Vereitelte Liebe, in Geheimnislehren giftig...
Nichts war so greifbar vertraut, so real
Wie ein Leben, geführt nach den Regeln der Metaphysik.

Durs Grünbein (geb. 1962) zu *Ja, damals...*:
Ja, damals... entstand im Herbst 1993. Der Titel des Gedichts erinnert gerade die Konfusion von Vergessen und Bewahren, Gedächtnis und Gedankenflucht, und wenn ein Schock hinter den wirklich langanhaltenden Erfahrungen steht, wie Geschichte und Lebensprozeß wechselseitig nahelegen, so geht auch hier zunächst alles auf jenes *Trauma der Geburt* zurück, von dem Otto Rank in biologischer Zuspitzung Freuds sprach. Der Doppelsinn des Ja, damals... ist genau der von pränataler und historischer Utopie, die im Gestus des Bedauerns und Betrauerns, der seufzenden Innewerdung, zur Nostalgie zerfließt. Zur Zeit der Entstehung des Gedichts war in Ost und West die Erinnerungsseligkeit an *vergangene Goldene Zeiten*, an die *Wonnen des Kalten Krieges*, der imaginären Feindschaft, auf dem Höhepunkt. Überall wünschten sich die per Kaiserschnitt in die nachsozialistische Ära Geholten jene Wunderbaren Jahre der Abgeschlossenheit zurück. Ein Jahr nach dem Fall der Mauer hatte ich in ein längeres Gedicht, in Abwandlung Goethes, Zeilen aus einem *Neuen Amadis* montiert, Fetzen aus dem Monolog eines unfreiwillig Erwachten: Als

ich noch ein Foetus war / Sperrte man mich ein / Labyrinth der Plazenta / Hieß mein warmes Heim / Wo ich schaukelnd fast ein Jahr / Über mir allein / Wie auf Meeren trieb...

Seither ist das Gefühl eines Heimatverlusts im kollektiven Unbewußten mit jedem Monat gewachsen, nicht nur in den Leserbriefspalten der Tageszeitungen, auf der Straße oder im Kaufhaus, aggressiver noch, weil politisch bewußter, in den Debatten der nationalen Vordenker, auf Wahlveranstaltungen und unter räsonierenden Intellektuellen. Mit einem Schönheitsfehler: Keiner von ihnen hätte es gewagt, seinem Sentiment freien Lauf zu lassen. Niemand bekannte sich wirklich zu seiner Angst vor dem Reißen der Zeit, keiner legte das tiefenpsychologische Geständnis ab, daß irgendwo in den Windungen seiner Gehörgänge Reste alter Musiken überdauert hatten, daß sein Begehren sich dem Schnee von gestern, der immer schon weicher war, zugewandt hatte, daß er dabei war, sein wahrhaft oder vermeintlich besseres Leben zu konservieren in einer Melodie, so eingänglich wie der Ohrwurm des *Ja, damals*....

Die wenigen Motive des Gedichts verraten dabei noch immer die einstige Teilung. Es ist der Blick zurück auf die Gesellschaften Osteuropas, die nun schon wie unter einem Glashimmel liegen. Wenig fehlt, und man sieht nurmehr das Glas mit den Schmutzflecken und Schlieren darauf. Sein Name wird Vergangenheit sein, Sozialismus oder Versiegelte Landschaft, das spielt keine Rolle, auf jeden Fall wird er langsam im Irrealen verschwinden, in einer Brandung von Fiktionen und Legenden, die immer mächtiger gegen Museen und Archive schlagen wird und zuletzt jeden einzelnen Gegenstand, jedes Bild, jede Losung von einst mit sich fortreißen wird in dieses Großreich, in dem wir alle metaphysisch zuhause sind... dorthin, wo die Römermünze neben der Nahkampfspange zu liegen kommt. Mit dem einzigen Unterschied: Die ostdeutschen Artefakte, Überbleibsel einer vierzigjährigen Aluminiumzeit, Gebrauchsgegenstände aus *Plasten und Elasten*, Sperrholzmöbel und Dokumente auf schlechtem Papier, werden ihr Zerfallsdatum früher erreicht haben als manche Nazi-Reliquie und mancher Sklavenhalterschmuck.

Durs Grünbein
Entfernte Inschrift

Solange ging ich mit dem Rücken an der Wand,
Daß meine Rippen schmerzten. Ein Jahrhundert später
Fand man den Abdruck im Gestein, ein Fischgrätmuster.

Wie andre in den Ohren Meeresrauschen, hatte ich
Landeinwärts unterm Schritt den Wellengang
Unruhiger Schläfer in der Erde, ihre tollen Späße.

Denn ich war Geisel.   *In den Händen welcher Macht?*
Es war Langweile von Geburt an.   *Asiens Stärke...*
Wer fragt mich, ob ich lebte.   *Tot seit wann?*

Nachts lag ich lange wach, sah violette Himmel,
Gedunsen vom Gebrauch der Städte, schwarze Wasser.
Den Archäologen blieb die Stätte rätselhaft.

Durs Grünbein (geb. 1962) zu *Entfernte Inschrift*:
In denselben Tagen des Herbst 1993 entstanden, steht das Gedicht *Entfernte Inschrift* dem Gedicht *Ja, damals...* gegenüber wie die These der Antithese. Entfernte Inschrift bricht aus den Argumenten eines zukünftigen Historikerstreits zur Geschichte der sozialistischen Diktaturen den Redeteil eines staunenden Ichs, das seine Positionen verlöschen sieht. Hinter den Wechselfronten einer Geschichtsschreibung zwischen Versachlichung und Verklärung und den Laufgräben der Archäologie lag einst ein gewaltiger Sichtkreis, die Welt des einzelnen, ganz unabsehbar und besonders. So bleibt es dabei, daß erst unwillkürliche Erinnerung nach dem Beispiel Prousts das sich Entfernende und schon Entfernte vergegenwärtigen wird.

Hans Bender
Der Schulkamerad

Wer ist er,
der alte Mann
im Garten?
Gräbt die Erde
um, jetzt
im frühen März.
Trug er nicht
die schwarze Uniform
mit Orden, Runen
und dem Totenkopf?
Er reckt sich,
lächelt,
weil er mich
erkennt.
Und ich, der
sich erinnert,
hebe schwer
die Hand
zum Gruß.

Hans Bender (geb. 1919) zu *Der Schulkamerad*:
Manchmal sind meine Gedichte wie Geschichten. (Ich erlaube es mir.) Ich habe etwas erlebt und will es fassen; weder transportieren noch stilisieren. Im Gedicht *Der Schulkamerad*: eine Begegnung im Heimatdorf M., wohin ich als Besucher gekommen bin.
Auch sonst, ich treffe Gleichaltrige. Ihre Vita verlief ähnlich wie meine. Nach der unbeschwerten Kindheit die Jugend im Dritten Reich; im gehorsamen Dienst für seine Untaten vor und hinter den Fronten; als Soldat, als Befehlsempfänger. Wir begrüßen uns. Sprechen miteinander. Sie haben, höre ich, nur Erfreuliches behalten. Sie haben vergessen. Sie wollen vergessen.

Die Begegnung mit jenem Schulkameraden – an einem hellen Frühlingstag – hat mir schockartig jene Vergangenheit heraufgerufen. Von ihm, gerade von ihm und seiner Organisation in schwarzer Uniform, weiß ich, welche Verbrechen sie verübt haben.
Und verweigere dennoch nicht die gewohnte Geste? Hebe, wie er, die Hand zum Gruß? Ich schließe mich – so erkläre ich mein Verhalten – in die Schuld mit ein. Ich bin wie gelähmt von der Erinnerung an das, was damals geschehen konnte. Nein, mehr Interpretation braucht es nicht, das kunstlose Gedicht.

Elisabeth Alexander
Deutschland

Als ich Kind war
sprach Vater mir
von seinem Kaiser
Wilhelm
und Jahre später
kam das andere
Deutschland
dieses deutsche Reich
aber immer noch glücklich
war ich als Kind
daß Deutschland
im Herzen Europas lag
so fühlte ich mich geschützt
und plötzlich war es
ein geteiltes Deutschland
aber das ist lange her
und nun
warte ich unverdrossen
daß Deutschland von den
jungen deutschen Menschen
wieder
als Vaterland anerkannt
wird.

Elisabeth Alexander (geb. 1922) zu *Deutschland*:
Das Gedicht ist im April 1993 entstanden. Ich war gerade in Washington zu einer Leseeinladung vom Goethe-Institut angekommen, und hier hörte ich die Rede von Bill Clinton zur Eröffnung des neugeschaffenen Holocaust-Museum.
Ich bewunderte den amerikanischen Präsidenten, wie er souverän und diszipliniert, traditionsbewußt Amerika verkörperte. Keine Kälte und kein Wind konnte ihn draußen vor dem Museum von seiner politischen Aufgabe ablenken.

An Amerika dachte ich spontan beim Wort Deutschland, und es kam wie ein Offenbarungseid, über Deutschland zu schreiben, wie ich es kannte. Original aus meinem Herzen, ohne jede süffisante Nachplapperei.

Hans-Jürgen Heise
Null Uhr Weltzeit

Eine einsame Musik
inmitten brüllender Kofferradios
dem Showmaster verfaulen
die Worte im Mund
Es ist Null Uhr Weltzeit
die Regierungen haben ihre Völker
auf Schnellstraßen ausgesetzt und
mehrere Multis besitzen
Schürfrechte auf dem Mars / Gott
fröstelnd in einer Ecke
seines verpfuschten Universums
stochert in der Asche eines halb-
verglühten Sternenhaufens rum
Frühgemüse am Nordpol
wenigstens das ist gelungen
Der Löwe das Wappentier der Könige
ist zur Maniküre
unterwegs... Null Uhr Weltzeit
Jeder sein eigener van Gogh
Selbstverwirklichung
durch Kannibalismus
ist Pflichtfach geworden

Hans-Jürgen Heise (geb. 1930) zu *Null Uhr Weltzeit*:
Das Gedicht in seiner jetzigen Fassung ist 1993 entstanden: aus zwei anderen, bereits 1990 zu Papier gebrachten Arbeiten, von denen eine ebenfalls mit *Null Uhr Weltzeit* überschrieben war, während die andere den Titel *Business as usual* trug. Die unmittelbaren Entstehungsmomente sind mir weder von dem jetzigen Text noch von seinen Vorstufen in Erinnerung. Ich kann nur sagen, daß sich mein zivilisationskritisches Bewußtsein seit Mitte der 80er Jahre radikalisiert hat – hinaus über das Maß, das ja schon in meinem Debütband *Vorboten einer neuen Steppe* von 1961 zum Ausdruck gekommen ist. Null Uhr Weltzeit, das besagt: Die Uhr der Geschichte hat mittlerweile zu einem allerletzten Zeigersprung angesetzt.

Weltzerstörung und Transzendenzzerfall bewirken eine Krise von nie dagewesenem Ausmaß. Und der von uns Abendländern so siegesbewußt in Gang gesetzte Fortschritt wird mehr und mehr zu einer Pervertierung des Seins.

Günter Kunert
DES TOTEN DICHTERS GEDENKEND

Später
Gesandter von Zeiten,
die ich nicht erfuhr.
Sein Beglaubigungsschreiben füllt Bände.
Sein Land aber welkte indessen dahin
und verstarb ihm. Er hat seinen letzten Irrtum
gut vorbereitet: Die Unsterblichkeit
im Blechsarg in Berlinischer Erde.
Aber manchmal auferstehen
die Toten erneut
mit fremder Miene und falscher Stimme
wie zu Lebzeiten
wie jede Wiederkehr sich gewöhnlich vollzieht.

Günter Kunert (geb. 1929) zu *DES TOTEN DICHTERS GEDENKEND*:
Ein Gedicht, zwar auf Brecht gemünzt, aber nicht totaliter. Andeutung des Biographischen unter dem Aspekt von Geschichte. Ein Mann, den nicht vergißt, wer ihn kannte. Eine Persönlichkeit von großer Eindruckskraft. Seine Existenzweise in der Zeit des heißen wie des kalten Krieges, seine oftmals zwielichtige Haltung beschäftigt seine *Fachgenossen* auch weiterhin. Obschon Volk durch Klasse ersetzend, verblieb B. B. unter der Zwangsvorstellung deutscher Dichter, also der Didaktik und Aufklärung verpflichtet. Und er erlitt und erleidet das Schicksal aller Klassiker, nämlich die Worte im Munde herumgedreht zu bekommen und unterschiedlichen Zwecken unterworfen zu werden. Unter diesem Blickwinkel etwa entstand 1994 dieses Gedicht.

Ilseluise Metz
Kastor und Pollux
(Genesis von Krieg und Frieden)

I

Ich machte ein Psychogramm
vom Krieg
und machte ein Psychogramm
vom Frieden
und siehe
sie ähnelten sich
wie Psychogramme
von Kastor und Pollux

einer war nichts
ohne den anderen

II

Kriegsausbruch
Kriegsende
im Plural
denn die Welt ist groß
Kriege brechen aus
Kriege enden
und brechen aus
und enden
brechen an anderem Ort wieder aus
um zu enden

schaffen Platz für den Frieden

III

Friedensschluß
Friedensbruch
im Plural
denn die Welt ist groß
Frieden werden geschlossen
und werden gebrochen
werden geschlossen
und gebrochen
an anderem Ort wieder geschlossen
um gebrochen zu werden

schaffen Platz für den Krieg

IV

casus belli
Kastor und Pollux

Ilseluise Metz (geb. 1924) zu *Kastor und Pollux*:
Das Gedicht schrieb ich im April 1995 als Replik auf sich ständig wiederholende Berichte über Kriegsgeschehen und Friedensschlüsse in der Welt, also mit anderem Bezug als die Verse über mein eigenes ungerechtintensives Kriegserleben mit *Getto-Erfahrungen* oder Nachkriegsdilemma in der DDR mit Exmatrikulation *ideologisch nicht tragbar*.
Wie mit instrumentellen und psychoanalytischen Methoden wollte ich das Wesen von Krieg und Frieden analysieren, und als ich glaubte, zur DNS des jeweiligen Zellkerns vorgestoßen zu sein, folgten aufgrund der erhaltenen Gen-Informationen die Psychogramme, die sich ähnelten wie Kastor und Pollux. Dieses Ergebnis soll nicht etwa die Wertigkeit des Friedens relativieren. Mutativ läuft, wie die Geschichte beweist, absolut nichts, eine erzeugte Mutation am Generator-Gen des Krieges müßte verursacht werden! Von Menschen! Ein Traum?

Edwin Wolfram Dahl
Bürger im Krieg

1

Setz den Helm
auf vom
letzten Mal
Krieg

Es schießt
aus allen Ecken

2

Sagtet ihr
daß sie
die Freiheit
haben?

Sie schreien sich
in die Flucht

3

Gepanzerte Ketten
saugen Schädel-
staub fahren
Asche ein

Ihre Führer
drehen und
wenden wie
Diebesmünzen
die Macht nach

allen Seiten

pokern ums Volk
polieren Haß blank

4

Das neue Morgenrot
Wir dachten
es schön

Die Nacht
eine Trauermütze

Kein kommendes
Verlangen
nach dem Tag

5

Das Weinen
im Schlaf

Sie foltern

Sie foltern
seit gestern
das Sonnenlicht

6

Die Welt ist
der Mensch ist
der Mensch

Edwin Wolfram Dahl (geb. 1928) zu *Bürger im Krieg*:
Ich schrieb die Endfassung des Gedichts Anfang 1995 nach nicht enden wollender Bürgerkriegsgewalt, gerade auch in Europa. Je weniger die nationalistischen Führer, ganz gleich auf welcher Seite sie stehen, an das Elend der Bevölkerung denken, um so größer wird mein Entsetzen.

Zur Edition

Die Texte sind nach dem Jahr, nur in seltenen Fällen auch nach dem Monat ihres Entstehens geordnet.
Der Jahrgang des Autors ist unter jedem Text angegeben, um seinen politischen Erfahrungshorizont sofort kenntlich zu machen. Dies unbeschadet des absichtlich ausführlich gehaltenen bio-bibliographischen Anhangs.

Das politische Gedicht und die Öffentlichkeit

I. *Die inhärenten Widersprüche dieses Versuchs*

Dies ist ein Buch, das sich zwischen alle Stühle setzt, zwischen die politischen und die methodischen, um einer Sache willen. Daher will ich mich an den Satz von Luther halten »pecca fortiter«, tue es kräftig.

Die Sache ist die der Dichtung, ihrer Existenzberechtigung heute. Die will ich nachweisen am ungeeignetsten Objekt: am politischen Gedicht, weil es die Politisierung ist, die der Literatur den Garaus zu machen droht, indem sie das Interesse der Lesenden wie der Schreibenden zunehmend monopolisiert. Denen, die ohnehin Gedichte lesen, braucht nicht bewiesen zu werden, daß sie es tun dürfen.

Wissend und ausdrücklich feststellend, daß alle Gedichte ihrer Natur nach »öffentlich« sind, nämlich virulente: = »anstekkende« Formulierung von Erfahrungsmodellen (sonst wären es überhaupt keine Gedichte, sondern Briefe, die Dritte nichts angehen), stelle ich hier nur öffentlichen Themen gewidmete Texte zur Diskussion: Das heißt, ich gebe der Erfahrung der politischen Wirklichkeit vor jeder andern Wirklichkeitserfahrung den Vorrang, wegen ihrer Beweiskraft für die, die vielleicht keine Gedichte mehr lesen wollen.

Gleichzeitig verlange ich von den Gedichten, die ich zusammenstelle, literarisches Niveau. Einfacher gesagt, daß sie noch Sprache sind und nicht Sprachleichen. Sonst wären sie reine Dokumente, ohne Beweiskraft für Dichtung, um die es hier geht. Ich verlange also von den Gedichten, daß sie tun, was Gedichte zu tun vermögen: daß sie den Menschen im Leser mobilisieren. Im konkreten Fall, den politischen Menschen. Dabei darf nicht vergessen werden, daß jedes Gedicht, das im Leser (dem in ein Gefüge sozialer Erwartungen und Verpflichtungen eingespannten »Rollenmenschen«) das Ich von seiner Rolle befreit, ohne weiteres ein gesellschaftliches Faktum ist. Über diese allgemeine gesellschaftliche Funktion des Gedichts hinaus ist aber hier eine spezifische Relevanz nachgewiesen. Politische – oder doch »öffentlichen« Themen gewidmete – Gedichte wurden in der Reihenfolge ihrer Entstehung abgedruckt, also so dicht wie möglich an die sie auslösenden Ereignisse herangerückt, so daß ihr Wirklichkeitsbezug über den Untersuchungszeitraum hin durchsichtig gemacht wurde. Auf diese Weise entstand eine Kurve des geistigen und politischen Bewußtseins der letzten 25 Jahre in der Bundesrepublik. Sind die Lyriker der Realität gerecht geworden, haben sie den Erwartungen, den Forderungen, den Enttäuschungen dieses Vierteljahrhunderts eine Stimme gegeben, die über die Zeitungsnotiz hinaus die Erfahrungen des Augenblicks akut und dringlich macht, so daß die *res publica*, die öffentliche Sache, zur Sache des einzelnen wird? Falls der Leser das mit »ja« beantwortet, hat er zugleich auch eine Antwort gegeben auf die Frage *Wozu Lyrik*.

Die Paradoxie des Auswahlprinzips; Ent-geschichtlichung und Entliterarisierung durch Aktualisierung; der Modellcharakter des Gedichts

Daß eine so geplante Zusammenstellung methodische Probleme aufwerfen mußte, war zu erwarten. Zunächst einmal steht das thematische Kriterium im Widerspruch zu dem dialektischen Verständnis von Dichtung als einer Einheit von Form und Inhalt, die nur zwei Dimensionen derselben Sache darstellen. Methodisch noch widersprüchlicher wurde das Vorhaben dadurch, daß die Gedichte einen Bewußtseinsablauf verdeutlichen sollten, an dessen Formulierung sie nicht nur reaktiv, sondern auch aktiv mitgewirkt haben, und daß sie daher zunächst am geschichtlichen Vorgang wie an einer Schnur aufgereiht werden mußten. Wobei sie aber zugleich auch ihre Stimmkraft unter Beweis zu stellen hatten. Dadurch wurde die Auswahl nochmals konditioniert. So stand es z. B. dem Herausgeber nicht frei, zu jedem Ereignis, das als wichtig erschien, ein oder auch mehrere Gedichte zu bringen, wenn es eben keine stimmkräftigen Gedichte dazu gab. Es sei denn, er entscheide sich, eine reine Materialsammlung zu machen. Gerade das war nicht beabsichtigt. Eine Materialsammlung ist etwas Museales, die Texte werden Studiengegenstände, Objekte: und zwar zugleich der Geschichte und der Literaturgeschichte.[1] Die Gedichte in diesem Buch sollen ja agieren: Sie sollen das Erfahrungsmodell im Leser akut machen. Dazu müssen sie heute, im Jahre 1970, noch assoziationsträchtig sein. Wo dies angestrebt ist, fallen all die Gedichte weg, die in einem bestimmten politischen Augenblick der Vergangenheit wirksam waren, aber heute nur in Beziehung auf diese historische Wirkung gelesen werden könnten. Also historisch wichtige, aber »verstaubte« Gedichte. In andern Worten, es mußte von den Gedichten, die hier abgedruckt sind, verlangt werden, daß sie ihre historische Situation überdauert haben und heute noch exemplarisch sind.[2] Das heißt, daß sie aus ihrer Entstehungssituation eine Modellsituation gemacht haben, die dem Leser hilft, die eigene zu identifizieren.[3]

Durch die streng chronologische Abfolge politischer Gedichte, ein

---

[1] Zwei Materialsammlungen deutscher politischer Lyrik, auch ausdrücklich von den Herausgebern als solche gekennzeichnet, und beide ausschließlich dem Deutschlandproblem gewidmet, wurden letzthin vorgelegt: Kurt Morawietz, *Deutsche Teilung. Lyriklesebuch aus Ost und West*, Wiesbaden 1966, und Helmut Lamprecht, *Deutschland, Deutschland. Politische Gedichte vom Vormärz bis zur Gegenwart*, Bremen 1969.

[2] Das muß wörtlich genommen werden, der sogenannte »Ewigkeitsanspruch« ist dem Herausgeber nicht zu imputieren. »Wirksamkeit heute«, das ist eine Frage des Kriteriums, aber auch des Consensus. Die Auswahl wurde, nach Möglichkeit, gemeinsam von Autoren und Herausgebern getroffen, nach Grundsätzen, über die hier (wie auch schon in *Wozu Lyrik heute. Dichtung und Leser in der gesteuerten Gesellschaft*, München 1966) Rechenschaft abgelegt wird und die sich, was das politische Gedicht angeht, weitgehend mit denen von Enzensberger treffen (*Poesie und Politik. In Einzelheiten*, Frankfurt/M. 1962, vgl. S. 241 f.). Um des thematischen Ablaufs willen wurde eher zu großzügig als zu strikt verfahren.

[3] Wobei zugegebenermaßen die letztgeschriebenen Gedichte die Zukunftsprobe noch vor sich haben. Ob sie bestehen oder ob sie schon verurteilt sind, im Augenblick sind sie »da« und können mittun in diesem Buch. – Die einzige Konzession an »Vollständigkeit« im literarhistorischen Sinne ist, überstrapaziert wie sie ist, die *Todesfuge* (zusammen mit Bächlers *Die Erde bebt noch*). Daß sie ganz an den Anfang gehört, ein Jugendgedicht, wenngleich sie erst Mitte der 50er Jahre wirklich gelesen und geradezu exploitiert wurde, gibt ihr überdies einen geänderten Stellenwert.

Vierteljahrhundert hindurch, eine Entwicklungskurve darzustellen, zugleich aber jeden Punkt dieser Kurve durch die Virulenz der Gedichte aus der Vergangenheit ins Heute zu bringen und damit *Geschichte* zu *ent-geschichtlichen* und *Literatur* zu *ent-literarisieren*, das scheint mir das Neuartige dieses mit methodischen Paradoxen jonglierenden Versuchs.

Warum nun ein Gedicht, das ein Erfahrungsmodell für den Leser zur Verfügung stellt, es zugleich zur Gegenwart macht, auch wenn die Erfahrung des Schreibenden datierbar und vergangen ist, das liegt in der Natur des Gedichts, das gestoppte Zeit ist, eingefrorener Augenblick, den jeder Leser für sich wieder ins Fließen, in sein Hier und Jetzt bringt, wobei der aktualisierbare Augenblick immer der des Lesenden ist, die eigene Erfahrungsspitze. Daher sind Gedichte, solange sie wirksam sind, und für den sie wirksam sind, aktuell: Gesprächspartner (besser: Selbstgesprächspartner).[4] Und daher ist ein Gedicht geeignet, den Kern auch einer historisch-politischen Erfahrung, wie jeder anderen Erfahrung, bewußt und verletzend zu erhalten.

Demonstration zu einem Gedicht von Günter Eich aus dem Jahr 1950

Was hier über das Gedicht als virulentes *Erfahrungsmodell* gesagt ist, läßt sich nachprüfen: zum Beispiel an Günter Eichs *Wacht auf, denn eure Träume sind schlecht* (oben S. 25), einem Gedicht, dessen letzte Zeile in aller Munde ist (»Seid Sand, nicht das Öl im Getriebe der Welt«), das als solches aber im Augenblick so wenig gegenwärtig ist, daß es für den Leser wieder neu ist.

Nein, schlaft nicht, während die Ordner der Welt geschäftig
    sind!
Seid mißtrauisch gegen die Macht, die sie vorgeben für euch er-
    werben zu müssen!

---

4 Auch exemplarische Gedichte können, wie alle Kunst, vorübergehend in eine Eklipse geraten, in jene Zwischenzone, wo sie nicht mehr nah genug, aber auch noch nicht fern genug sind. Der Jugendstil, der gerade diese kritische Zone verläßt und für uns wieder sichtbar wird, ist ein gutes Beispiel dafür.

Wacht darüber, daß eure Herzen nicht leer sind, wenn mit der
   Leere eurer Herzen gerechnet wird!
Tut das Unnütze, singt die Lieder, die man aus eurem Mund
   nicht erwartet!
Seid unbequem, seid Sand, nicht das Öl im Getriebe der Welt!

Der Leser oder Zuhörer von 1950 – das Gedicht entstammt einem Hörspiel – hat bei diesem Aufruf gegen die Gleichgültigkeit des Herzens zweifellos den Vorwurf der eigenen Mitschuld an den Naziverbrechen gehört: als einen Stachel, sich zu ändern. Diesen Beiklang gehabter Versäumnisse, der dem Gedicht seinen besonderen Impetus gab, hat es 1970 verloren. Man kann das heute hinzulesen, wenn man will (hierzu unten S. 231). Aber wenn es nur darum ginge, so wäre uns das Gedicht vermutlich egal, ganz sicher aber wäre es für uns nicht mehr als ein Schaufensterobjekt. Gerade das ist es nicht. Vielleicht scheint es in diesen zwanzig Jahren eher dringlicher geworden zu sein, es schreit uns geradezu an, auch die, die nichts von den Entstehungsumständen wissen. Die Brutalität dieses Augenblicks, die uns bedroht, hat ganz andere Züge. Es ist eine komplexe Situation, vielerlei Bedrohungen kommen heute zusammen, nicht jeder wird die gleiche Erfahrung in das Gedicht hineintragen wie sein Nebenmann. Aber den Aufruf, nicht mitschuldig zu werden durch Gleichgültigkeit, nicht »mitzufunktionieren«, den hört jeder ganz unmittelbar. Vielleicht stockt er ein wenig, wenn er so persönlich auf die »Leere des Herzens« angesprochen wird, obwohl gerade das ihn bedrückt, jeden. Mehr am andern als an sich selbst, natürlich. Jeder fühlt sich isoliert, im Stich gelassen, ersetzbar. Der Imperativ ergeht hier an ihn: nicht an das Objekt Mensch, das im Stich gelassen und ersetzt wird, sondern an das Subjekt, das andere im Stich läßt und austauscht. Das Gedicht von Eich, wie jedes Gedicht, verwandelt den Leser, aus einem Objekt, in das Subjekt von Tun. Die Subjekt-Werdung stärkt seine Identität, er wird für einen Augenblick er selbst, also nicht mehr austauschbar. Und tauscht auch den andern nicht mehr ohne weiteres aus. Der Aneignungsprozeß des Gedichts bewirkt, durch den bloßen Vorgang dieser Aneignung, bereits, was dieser Text verlangt: Er schafft »Leere« ab und ersetzt sie durch: *ich, du, wir*. Das ist das, was ich die »Mobilisierung des Menschen«[5] im Rollenmenschen« nannte, etwas, das Lyrik tut.

Damit die »Herzen nicht leer sind«, dazu muß diese Leere benannt werden, aber sie ist so weit fortgeschritten, daß sie kaum mehr benennbar ist, und dadurch kann sie sich desto ungehinderter ausbreiten. Das ist ein dialektischer Prozeß, in negativer Progression. Dabei hat das »Benennen« durch das virulente Wort des Lyrikers, das Identität steigert und Isolierung aufhebt, eine andere Wirksamkeit als die Diagnostizierung durch den Soziologen. Lyrik vermag etwas, unmittelbar: *to unlearn hatred and to teach love*. (Daß Auden diese Definition dessen, was Gedichte tun, in seiner letzten Ausgabe strich, gab mit Recht große Aufregung in England. Auch Eich würde heute schwerlich von »leeren Herzen« zu schreiben wagen.) Auf jeden Fall ist es gerade diese unerträglich wachsende »Leere des Herzens« (»Entfremdung, Isolierung, Identitätsverlust«, auf soziologisch), die zum Aufbruch der jungen Generation geführt hat: zu den Hippies (*make love not war*) wie, ursprünglich, zur Protestbewegung der Studenten. Man ängstigt sich zu denken, unter welchen Umständen Eichs Aufruf gegen das »Mitfunktionieren« im nächsten Jahrzehnt noch gelesen werden könnte und wie die Wirklichkeit aussehen wird, deren sich spätere Leser des Gedichts bei seiner Lektüre zu schämen haben.

Wenn hier von einem Erfahrungs*muster* die Rede ist, dem sich immer neue Wirklichkeitserfahrungen einpassen, also einer Kernerfahrung, so könnte dieser Begriff sehr wohl durch eine Metapher Majakowskis verdeutlicht werden, wenngleich die suggestive Metapher hinter der Genauigkeit theoretischer Analyse zurückbleibt. »...wie bis zum heutigen Tag / die Wasserleitungsbauten Roms noch stehn und Wasser leiten«, sagt Majakowski von der Zukunft des Gedichts (*Mit aller Stimmkraft*, 1930). Auf jeden Fall hängt die Aktivierung eines Erfahrungsmodells immer davon ab, daß der Leser sich einer vergleichbaren Wirklichkeit gegenübergestellt sieht, in der er das Gedicht »brauchen« kann, oder auch will (Gedichte werden *ge-* aber nicht *ver*braucht,

---

5 Zum Begriff der »Mobilisierung des Menschen« vgl. die *metaphorischen Umschreibungen* von H. M. Enzensberger in ›Kursbuch 20‹, 1970.

ganz wie sie »angeeignet«, aber nicht wie anderes Eigentum behalten werden, im Gegenteil, sie gedeihen durch Benutzung, sind also keinesfalls Konsumgüter).

Politische Bandbreite und »blind spots«

Bei engagierten Gedichten ist naturgemäß nur nachvollziehbar, was dem eigenen politischen Engagement entspricht oder doch nicht ganz zuwiderläuft. Deswegen erhöhen und aktivieren Gedichte Bewußtsein, in andern Worten, sie machen aus Indifferenten Verantwortliche. Und das ist die Hauptsache. Im Gegner können sie immer nur das anreden, was ihnen zugewandt ist. Da es sich hier nicht um ein gleichgeschaltetes politisches Lesebuch für eine politisch gleichgeschaltete Leserschaft handelt, sondern um ein »pluralistisches«[6] und demokratisches Buch, das, zumindest der Absicht nach, »Index« einer Gesamtentwicklung sein will, wird der Leser je nach seiner politischen Stellung einen Teil der Gedichte nachvollziehen, einen Teil als Dokument lesen oder auch heftig ablehnen. Diese Reaktion wird sich, je näher er an die Gegenwart kommt, um so stärker polarisieren, wie es der zunehmenden politischen Polarisierung der letzten Jahre entspricht, die diese Gedichte spiegeln und dem Strukturprinzip des Buches nach auch spiegeln müssen.

Dabei ist auffallend, daß die politische Bandbreite nur von der Mitte, einer linksliberalen Mitte, heute kurz »scheißliberal« genannt, bis linksaußen reicht, daß also konservativere Texte so gut wie gar nicht enthalten sind. Wird es dem Leser überhaupt »auffallen«? Es ist einfach eine Tatsache, an die ein politisch interessierter Leser gewohnt ist. »Mangels Rechtsintellektueller gibt es heute keine Linksintellektuellen. Intellektuelle sind ohne weiteres links, so wie die Löwen Fleischfresser sind«, schreibt ein so wenig des Linksradikalismus verdächtiger Autor wie der Direktor des Goethe-Instituts[7]. Da politische Gedichte immer zugleich kri-

---

6 Das Wort »pluralistisch« verliert gerade den positiven Beiklang und kommt als Schimpfwort für »antitotalitär« in Mode. Es wird hier mit Absicht wertneutral gebraucht.
7 Werner Roß, *Machtergreifung der Redakteure*, ›Die Zeit‹, 26. 2. 1970.

tisch, Analyse einer Situation sind, ist der politisch engagierte Lyriker, mehr als z. B. der Naturlyriker, immer auch ein Intellektueller, das liegt in der Natur der Sache. Insofern ist auch nicht anzunehmen, daß rechte Gedichte nur kein Forum hätten und irgendwo in den Schubladen liegen, sie sind vielmehr in diesem Zeitabschnitt bei uns nicht geschrieben worden. Und da keine Erwartung dieser Art bei der Leserschaft besteht, werden sie auch kaum vermißt werden.[8]

Was nicht heißt, daß der Herausgeber nicht das allgemeine Mißfallen und den Tadel beider Lager auf sich ziehen wird: Die einen werden ihm vorwerfen, daß er zu viele zu linke Stimmen zu Wort kommen läßt, welche – so höre ich schon sagen – ohnehin zu sehr das Bild der Bundesrepublik bestimmen: eben der Grund, aus dem sie in einen »Index« wie diesen aufgenommen werden mußten. Die extreme Linke dagegen wird ihn als »scheißliberal« beschimpfen (von beidem gab bereits die Redatkionsarbeit einen ersten Vorgeschmack).

Ferner kann man diesem Buch die »blind spots« vorrechnen: Das sollte man unbedingt auch tun. Denn diese »blind spots«: das, was akut genug wurde, um Anlaß zum Gedicht zu werden, und das, was nicht akut wurde, sind ein wichtiger Index der Situation. Trotz aller Mühe ist es nicht gelungen, diese Leerstellen im Rahmen des einmal gestellten Auswahlprinzips zu füllen. Eine solche Leerstelle ist z. B. das Thema Biafra. Wenig ist da zum Ungarnaufstand[9] – sei es dafür oder dagegen –, zum Mauerbau oder zum

---

8 Eine Umfrage bei Germanisten, Schriftstellern und Bibliothekaren ergab ein einmütiges Resultat, das sich auch an den oben genannten Materialsammlungen nachprüfen läßt, die neuere reaktionäre Texte mit spürbarer Mühe zusammengekratzt haben (für die Periode 1933/45 ist, wie zu erwarten, die Gegenüberstellung bei Lamprecht, wenn auch nicht literarisch, so doch dokumentarisch von Interesse).

9 ›Kultur‹ brachte eine Sondernummer, herausgegeben von Hans Josef Mundt und Hans Werner Richter, in der auch einige Gedichte abgedruckt waren, darunter eines von Werner Helwig (*Freunde, befleckt nicht fürderhin unsere Tage*) und eines von Nossack, ursprünglich für die Verfolgten des Dritten Reiches geschrieben und neu veröffentlicht (*Zur Nacht, weil alle Menschen schliefen, / rief da ein Mann? O wie er rief...*). Der Hanser Verlag brachte eine Sammlung ungarischer Autoren.

Tod an der Mauer, zur Tschechoslowakei.[10] Ein einziges Gedicht zum Kennedy-Mord. Um nur einige der leeren Stellen zu benennen.

Zumindest sagt das etwas aus über die Legitimierung von Themen. Erschwert wird das Ablesen einer solchen »Skala« weiterhin durch nur den Eingeweihten bekannte Interferenzen: z.B. dadurch, daß ein zunächst offenbar starkes und auch legitimes Thema plötzlich dem Vorwurf der Ästhetisierung ausgesetzt ist und aus der Literatur zurückgenommen wird, wie es nach 1966 mit dem Vietnamthema geschah.[11] Die Intellektuellen sind ja in einem immerwährenden, zumindest indirekten Gespräch miteinander, als Bediener und Nutznießer ein und desselben Kommunikationsapparats. Mit andern Worten, die »blind spots« sind nur eine Probe aufs Exempel dafür, daß die politische Bandbreite eine relativ begrenzte ist, wobei innerhalb der Gesamtgruppierung einzelne Gruppen über stärkere Druckmittel verfügen als andere.[12]

Das anti-poetische Prinzip der Entstehungsinformation durch den Autor

Im übrigen geben die Autoren hier selbst Auskunft über die Chronologie und Motivation ihrer Texte: ein an sich antipoetisches Verfahren,[13] bei dem Gedichte, nachdem sie es glücklich ge-

---

10 Als Dokumente interessant sind die beiden widersprüchlichen Gedichte von O. Behnssen und W. Brannasky in ›Kürbiskern‹ 1, 1969. Am Ende der Nummer ist folgerichtig der Austritt von Redaktionsmitgliedern angekündigt.
11 Diese Bemerkung ist Walter Höllerer verdankt. Nur Erich Fried scheint dem Thema als eine Art lyrischer Chronist unentwegt treu geblieben zu sein.
12 All dies gilt nicht für Außenseiter, die am Kommunikationsapparat so gut wie nicht teilhaben und außerhalb des »Spiels der Eingeweihten« stehen, so wenig wie für neu auftauchende, vorläufig außenstehende Autoren, die *insider* werden können oder auch nicht. Mehrere solcher Einzelgänger sind hier aufgenommen, im Versuch, das Buch innerhalb der gegebenen Grenzen so vielfältig wie möglich zu machen.
13 Einzelne Autoren hatten Widerwillen dagegen. Dieser Widerwille

schafft haben (denn sonst stünden sie, mit Ausnahme der neuesten, gar nicht in diesem Buch), sich vom Augenblick der Entstehung zu lösen und ins Exemplarische zu gelangen, zurückgeholt und an die konkreten Umstände, deren Aufhebung sie sind, gleichsam wieder angebunden werden. Durch diesen methodischen Dressurakt an lebendigen Texten (lebendig = multivalent) wird dem Leser vor Augen geführt, daß es sich bei der Arbeit mit Sprache um einen veritablen Verwandlungsprozeß von Wirklichkeit in den Wirklichkeitskern, das vom Zufall befreite *Modell* handelt. Dabei wird das aneignende Lesen ihm momentan gestört, auf ähnliche Weise, wie es ihm auch vorübergehend suspendiert wird durch Interpretieren: durch die analysierende Rückverwandlung des Gedichts in den Prozeß seiner Entstehung durch Worte. (Für den Herausgeber des vertrackten Buchs ergab sich, daß er bis zum Redaktionsschluß bei jedem neuen Autorenbrief die Reihenfolge des Ganzen ändern mußte, wobei dann häufig die Gedichte sich überraschend gut in ihr historisches habitat einfügten.) Das mindeste, was der Leser mitbekommt, ist, daß die Lyriker nicht in Wolkenkuckucksheim leben, daß sie auf dem gleichen Boden gehen, auf dem er sich bewegt. Daß sie aber häufig schon früher da waren als er selbst, daß sie bessere Antennen hatten. Auch daß es z. B. in der Lyrik nicht, wie im staatsbürgerlichen Alltag, eine Zeit des »Ohne mich« gegeben hat. Vielmehr sieht er sich vor einem beeindruckenden Kontinuum von 25 Jahren, wie es auch der Herausgeber keineswegs erwartet hatte. Als dies Buch noch nicht mehr als ein Plan war, dachten alle, es werde sich herausstellen, daß das Politische nur in Schüben interessiert habe. Daß es ab 1960, und später ab 1965, zuneh-

war spürbar kleiner als der, den manche gegen das Ansinnen der Selbstinterpretation bei den *Doppelinterpretationen* hatten. Fakten, soweit erinnert, wurden mit einer gewissen Großzügigkeit angeboten, zum Teil wohl, weil die Gedichte so weit zurücklagen, daß die Autoren gerne zum Dokumentcharakter beitrugen, d. h., sich selbst in historischer Perspektive zu sehen beginnen. Bachmann und Eich z. B. gaben diesmal ohne weiteres Auskunft. – Erich Fried schrieb hierzu: »Dichter haben selten Inspirations-Archive angelegt. Interessant, daß die Tendenz dazu heute größer wird.«

men würde, das war vorauszusehen.[14] Der warnende Ruf »Alles, was geschieht, geht dich an« ist aber seit 1950, seit Günter Eich ihn beim Ausbruch des Koreakrieges das erste Mal erhob, nicht wieder abgerissen, und das ist ein Memento. Niemand wird sagen können, daß die Unruhe, die wir heute miterleben, von nirgendwoher kommt.

Dabei bleibt dem Autor, wie jedem Leser, unbenommen, die eigene Position zu revidieren. Und mancher hat die Gelegenheit eines Kommentars benutzt, sich demonstrativ von dem eigenen Gedicht oder sogar von der Dichtung loszusagen.[15] Das mindert in keiner Weise den exemplarischen Wert seines Gedichts für Dritte.

---

14 Daß die proportionale Zunahme der späteren gegenüber den früheren Texten mit dem Computer errechenbar wäre, ist nur bedingt richtig, obwohl naturgemäß nur ein gewisser Prozentsatz von Gedichten über die Runden kommt. Es stand in den späteren Jahren eine objektiv größere Auswahl von politischen Texten zur Verfügung.

15 Radikal nur Peter Hamm, der auch sein Gedicht wieder zurückzog, »sich schämt«, Gedichte geschrieben zu haben. Enzensberger will seine Erklärung, »der isolierte Franctireur von damals [der Verfasser des Gedichts *bildzeitung*, 1955], der unverdrossen gegen den Wind geredet«, habe »ausgelitten«, nicht grundsätzlich verstanden wissen. Immerhin hat er mit dem Bekenntnis, daß er bei den Berliner Demonstrationen »kein Einzelner mehr« war und »keine Gedichtbände in der Hand hatte, sondern Analysen und Steine«, den Wunsch seiner alten Gegner nahezu erfüllt (Sieburg und Holthusen): »Sollen die Unterzeichner solcher Manifeste doch auf die Barrikaden gehen«, etwas, wogegen er sich noch 1960 mit aller Kraft sträubte. Man wolle, schrieb er damals, die literarische Opposition »wenn schon nicht von der Opposition, so doch von der Literatur abbringen. Ach, müßte das schön sein, wenn die lästigen Schreihälse endlich den Federhalter mit der Flinte vertauschten... Im Nu wäre ihnen das Handwerk gelegt« (*Die literarische Regierungspartei*, 1960, *Einzelheiten*, S. 174). Im Gegensatz zu Enzensberger sprach Erich Fried sich dahin aus, daß Gedichte als »Verhaltensmuster« auch weiterhin politisch relevant seien. Auch jüngere Autoren äußerten sich zuversichtlich zur Möglichkeit und auch Notwendigkeit des Schreibens von Gedichten, so Uwe Herms (geb. 1937), daß »die Zeit, wo Gedichten die Berechtigung abgesprochen« werde, »doch vorbeizugehen« scheine. Ingeborg Bachmann sagte zum Thema genau zwei Worte: »Gedichte überstehen.«

Das Gedicht als Gebrauchsgegenstand und seine Benutzung – Ist das Gedicht »demokratisch«?

Ein Gedicht gehört nicht dem Autor, sondern den Lesern. Die Wirklichkeit, auch die aufregendste, wird durch die Reduzierung auf ihren Modellcharakter – das ist ein kritischer Vorgang – und durch ihre Verwandlung in das virulente »Modell aus Worten« – das ist ein kreativer Vorgang – zugleich objektiviert und »bewältigt«: Das ist ein befreiender Akt des Autors, der eine unbegrenzte Zahl entsprechender Befreiungen anderer nach sich zieht, solange das Gedicht virulent bleibt. Insofern – und nur insofern – ist, wenn man das heute so viel mißbrauchte Wort versuchsweise hierfür benutzen will, das Gedicht auch etwas »Demokratisches«. Das Gedicht gehört jedem, der in eine entsprechende Grundsituation gerät. Und zwar seiner Natur nach. Es war, in diesem Sinne, immer »offen«: für die Erweiterung und Modifizierung durch neue Assoziationen. Dadurch wird es das Gedicht des Lesers (auch der Leser anderer Zeiten und anderer Länder), der seinerseits deswegen durchaus nicht fähig zu sein brauchte, Gedichte, also virulente Wortmodelle, herzustellen. Das zu verlangen, hieße die Arbeitsteilung rückgängig machen: eine durch und durch romantische, reaktionäre Vorstellung von Demokratisierung. Schon der Gebrauch einer Maschine erfordert eine gewisse Übung – ganz wie der Gebrauch eines Gedichts. Man muß Autofahren lernen. Man kann das lernen. Deswegen wird nicht jeder ein Auto basteln, und noch weniger wird er bessere Modelle erfinden, ein »blue-print« entwerfen wollen. Beim Auto ist das klar. Bei der Sprache sollte es zumindest ebenso klar sein.[16] Das

---

16 Mit der Gesellschaftsordnung hat eine solche Forderung nichts zu tun. Marx würde sich im Grabe umdrehen, wenn man ihm statt des »Jeder nach seinen Fähigkeiten« ein superabstraktes »Jedem jede Fähigkeit« unterschöbe.
Nicht weniger sachfremd ist die im gleichen Atem erhobene Forderung, bei dem durch jeden Leser machbaren »demokratisierten« Gedicht solle möglichst »nichts mehr zwischen den Zeilen« stehen, was vermutlich mit der Forderung nach Genauigkeit verwechselt wird. Gedichte haben »genau« zu sein. Aber es steht immer etwas zwischen den Zeilen, und sogar zwischen den Worten ist ein Leerraum, das ist unvermeidlich. Je-

Stichwort für die Benutzung des Gedichts, dieser Zeit-»Konserve«, heißt »Grundsituation«: War der Autor in einer Situation, die so privilegiert war, daß nur eine kleine (sozial bestimmte) Schicht der Leser sich in seinem Modell wiedererkennen könnte? Das war der Autor dieses letzten halben Jahrhunderts nur selten, und er wird es immer seltener sein. Diese – unaufhaltsame – Entwicklung hat insofern ihr Gutes, als der unprivilegierte Autor, sofern er überhaupt die Kraft zur Formulierung bewahrt, Erfahrungen formulieren wird, die für einen immer größeren Kreis von Menschen, Zeitgenossen und künftige Zeitgenossen, nachvollziehbar sind. (Soweit das Gedicht aber nur Kernerfahrungen, eben »Muster«, formuliert, ist die Chance weitgehender Identifizierbarkeit grundsätzlich ohnehin gesichert. Wir identifizieren uns ja mühelos mit Gedichten, die in fernen Zeiten oder fernen Ländern unter ganz anderen Lebensumständen geschrieben wurden.)

Das Gedicht, das, wie wir feststellten, immer »offen« war, ist eben heute nur demonstrativ offener geworden. (Das sind Akzentverschiebungen, so wie wir heute mehr auf der *Un*vereinbarkeit des Vereinigten, frühere Jahrhunderte mehr auf der Ver*einig*ung des Unvereinbaren insistiert haben. Ihnen kam es mehr auf die Harmonie an, so wie es uns um das Paradox geht.) Wenn heute auf Ausstellungen Objekte sich dem Publikum zur Behandlung anbieten, Pflöcke von einer Seite auf die andere geschlagen werden können, wozu ein Hammer neben der Holzplatte liegt, so wird nur ein Vorgang handfest ins Mechanische umgesetzt, der weniger sichtbar, aber unzweifelhaft das A und O aller Kunst ist: die aktive Aneignung seitens des »Gebrauchers«, Lesers, Hörers etc. Dabei wird der Vorgang, in dieser äußersten Simplifizierung und

des Wort hat Bedeutungshöfe, horizontale wie vertikale. Daß es Wortkern und Wortperipherie gibt, macht es möglich, daß aus Worten Wirklichkeits*modelle* zusammengesetzt werden können, innerhalb derer die Worte zwischen ihren Assoziationsmöglichkeiten Schwingungsraum haben. Sonst würden Gedichte nicht »benutzbar« sein, von Dritten, sondern tot. Wortkerne sind geeignet, Erfahrungskerne darzustellen. Hierher gehört der von mir geprägte Begriff der »unspezifischen Genauigkeit«.

Verdeutlichung, zugleich seines Sinnes entleert und widerlegt, das liegt in der Dialektik der Sache. Jeder sieht enttäuscht, daß er nichts getan hat, wenn der Pflock auf der anderen Seite ist. Befreiung vom Einzel-Ich und vom Funktionszwang, wie sie sonst durch das Aktivwerden des Benutzers von Kunst, durch aktive Aneignung, statthat, vollzieht sich gerade nicht. Vielmehr wird hier die mechanisierte Aneignung wie der Aneignende durch sein eigenes Tun verspottet: Er widerlegt zugleich das Objekt und sich selbst, den es benutzenden Betrachter. (Nicht anders ist es z. B. bei aus Telephonbüchern oder sonstigen Sachtexten montierten *Poèmes trouvés*[17] [Bienek, auch Handke]. Sie sind ein Jux, den sich der Autor mit sich selbst, mit der Kunstform und mit dem naiven Benutzer dieser Kunstform erlaubt: ein gelegentliches Spiel für sich selbst relativierende Spielende. Als Spiel für alle, doppelt untauglich. Und so schnell langweilig wie der Holzhammer.)

Durch die Aneignung des Erfahrungsmodells wird der Leser nicht

---

17 Das *poème trouvé* (wie das *objet trouvé*, der vorgefundene und für den Betrachter isolierte resp. in neue Bezüge gesetzte Gegenstand) macht, wie Bienek es ausdrückte, »auf die Poesie der Wirklichkeit aufmerksam«, sei daher etwas »Didaktisches«. Nicht zufällig hat Bienek, Gegner der »Konkreten«, das ausprobiert und auch so perfekt durchgeführt, daß es als Verfahren zugleich dargestellt und erledigt, im Sinne einer erledigten Aufgabe, ist. Das Verfahren unterscheidet sich von dem üblichen, gestaltenden Umgang mit Sprache dadurch, daß es nicht auf die kleinste Einheit, das Wort, zurückgeht, das in immer neue Kontexte gestellt wird (Variante) und dadurch Sprache frisch hält, sondern daß es mit größeren, bereits geprägten, also »vorgefundenen« Wortverbindungen als festen Bestandteilen arbeitet, diese durch Addierung oder Kontrastierung zueinander in Beziehung setzt. Es ist das dem sogenannten »konkreten« Dichter am meisten entgegengesetzte Verfahren: Dieser geht nicht auf das Wort zurück, daß er aus den abgebrauchten Kontexten löst und in neue stellt, sondern er löst das Wort noch auf in die Silbe oder in den Buchstaben und arbeitet mit diesen Mindestpartikeln: ein ins Extrem vorgeschobener Gestaltungsprozeß. (Wie sehr das *poème trouvé*, wenn das Rezept einmal vorexerziert ist, sich zur Karikatur im Sinne einer Abiturzeitung eignet, dazu vergleiche das aus den Überschriften von Schulanthologien zusammengesetzte, amüsante poème trouvé *Morgenrot. Lyrische Signaturen*, in ›Tintenfisch‹ 3, Berlin 1970, S. 17.)

nur Subjekt, objektiviert er nicht nur seine Erfahrung und wird so ihrer Herr. Sondern darüber hinaus versteht er sich als Teil eines Erfahrungsmusters, und zwar sowohl kritisch wie emotional. Sobald in seinem Sonderfall das Allgemeine deutlich wird, hört er auf, ein einzelner zu sein, wird erlöst von der Isolierung, die, neben der Verdinglichung, eine der Plagen unserer Gesellschaft ist. Er kommuniziert.[18] Während der Autor, ganz im Gegenteil, ein »isolierter Franctireur« bleibt, »der unverdrossen gegen den Wind redet« (Enzensberger) und der gerade aus dieser Isolierung und dem Bewußtsein dieser Isolierung immer neu Musterhaftigkeit virulent macht, für die andern, für ihn selber hält das nicht vor.[19] Der Autor ist »fertig« mit seinem Gedicht, in jedem Sinne des Worts. Nur selten wird es erneut verfügbar für ihn, wie für Dritte. Es bleibt aber ein Markstein seiner eigenen Biographie, er kann es darauf befragen, ob er noch der gleiche ist, der es geschrieben hat, sei es, daß er sich von seinen früheren Arbeitsprinzipien oder von seiner damaligen Bewußtseinslage distanziert. Der Autor ist immer unterwegs, sonst hörte er auf zu schreiben. Was mit dem Autor passiert, das geht den Leser im Grunde nichts an, soweit er das Gedicht, das sich ja vom Autor gelöst hat – sonst wäre es keines –, zur Objektivierung und Intensivierung seiner eigenen Erfahrung gebrauchen kann. Weswegen der Leser, nachdem er den

---

18 Hierin beruht auch, was neuerdings gelegentlich in tadelndem Tone vorgeworfen wird: der *Trost der Kunst*. Trost wird als aktionsfeindlich abqualifiziert. Als ob Verzweiflung oder Isolierung erhaltenswerte Zustände seien, weil Verzweifelte leichter manipulierbar sind. Eine derartige Argumentation erinnert an Wahlmanöver und ist auf jeden Fall auf der Suche nicht nach Menschen, sondern nach Objekten.
19 So daß Enzensberger nicht der erste ist, der die Kommunikation, die »Enteinzelung«, auf den Barrikaden erfährt. Auch Auden hatte in den 30er Jahren solche Anwandlungen. (Enzensbergers paradoxe Formulierung »Analysen und Steine« entspricht allerdings nicht dem von der Soziologie definierten Massenverhalten.) – Anders, rein artistisch, ist Bretons Verherrlichung der Barrikaden zu werten. In diesem Falle wird Aktion ästhetisiert: »Die einfachste surrealistische Tat besteht darin, mit Revolvern auf die Straße zu gehen und so lange wie möglich blind in die Menge zu schießen« (*Second Manifeste du Surréalisme*, 1930). Zu diesem ganzen Fragenkomplex vgl. Karl Heinz Bohrer, *Die gefährdete Phantasie oder Surrealismus und Terror*, München 1970.

Kommentar des Autors zur Kenntnis genommen hat, den Text voll zu Wort kommen lassen muß, wobei er die gelieferte Information nur »mitliest«: indem er sie zwar weiß, aber gleichzeitig vergißt, so daß sie nur noch zu einer Variante des eigenen Lesevorgangs wird.[20] (Ganz wie nach einer Formanalyse, die sich ja auch von der Lektüre unterscheidet.) Dem Leser wird also hier ein bewußt paradoxes Verhalten zugemutet, wie Kunst es im Grunde immer verlangt: Die Schizophrenie des Nähe/Ferne-Verhältnisses muß in den qualifizierten Aneignungsprozeß bewußt hineingenommen werden.

Die Beschränkung auf den Wirklichkeitssektor als Untersuchungsgegenstand

An diesem Punkte bedarf es wohl kaum noch einer Erklärung dafür, daß diese Anthologie, im Gegensatz zu allen mir bekannten Nachkriegsanthologien, sich grundsätzlich auf die Lyriker der Bundesrepublik beschränkt und Österreich, die Schweiz und auch die DDR ausklammert.[21] Wer auf die Relation von Lyrik und politischer Wirklichkeit abstellt, muß seinen Untersuchungsgegenstand wie ein Naturwissenschaftler isolieren. Er kann es nicht machen wie jener Bauer, der mit einer Literflasche Urin in die Apotheke kam und verlangte, man solle den »Familienurin« untersuchen.

Dabei ist die Abgrenzung eine relative: Die in der Bundesrepublik lebenden oder ihrer Nachkriegsliteratur untrennbar verbundenen Österreicher z. B., und das sind viele, sind miteinbezogen, wie es anders ganz undenkbar wäre (Bachman, Celan, Fried, Handke). Miteinbezogen ist sogar der Grieche Tsakiridis, aller-

20 Was der Autor über die Sachinformation hinaus an Persönlichstem beisteuert, z. B. ob er noch gerne Gedichte schreibt oder nicht, das ist als vertraulich zu behandeln, hat nichts mit dem Text zu tun.
21 Die bereits erwähnten Sammlungen von Morawietz und Lamprecht haben es naturgemäß zu einem besonderen Programmpunkt gemacht, Stimmen aus beiden deutschen Staaten zum Thema Deutschland zu sammeln, während die Anthologien üblicherweise den deutschen Sprachraum als ein Ganzes bearbeiten (so auch Domin, *Doppelinterpretationen*, Frankfurt/M. 1966).

dings in einer uns alle angehenden Sache, seinem Ausweisungsprozeß. Ebenso sind diejenigen Lyriker, die aus der DDR in den Westen gekommen sind und jetzt teilnehmen an unserer politischen Bewußtseinsbildung, vertreten, und zwar konsequenterweise mit Texten, die sie seither geschrieben haben und die sich ja auch deutlich von den vorher entstandenen unterscheiden.

Wir stehen aber mit der DDR in einer anderen Art dialektischer Wechselwirkung als mit den übrigen deutschsprachigen Ländern: Die Auseinandersetzung mit ihr ist ein Teil unserer politischen und ganz bestimmt auch unserer intellektuellen Szene. Dabei ist die Wirkung der Lyriker, selbst von so bedeutenden wie Huchel und Bobrowski oder auch Kunert, und sogar Biermanns Liedern, vergleichsweise gering neben einem Einfluß wie dem von Uwe Johnson (bei seinem Auftauchen) oder gar von Ernst Bloch, von Brecht ganz zu schweigen, der Benn als Modell verdrängt hat und seit gut einem Jahrzehnt in der westdeutschen Lyrik den Ton angibt. So ist die DDR, die wir um der Präzision der Untersuchung willen ausgeklammert hatten, doch gleichzeitig »drinnen«, als integrierender Teil unserer eigenen Entwicklung.

Die Schwierigkeiten der Titelfindung als Index unserer Lage
1970

Diese widersprüchliche Lage erschwerte die Titelfindung für das Buch. »Gedichte als Index«? Das Adjektiv »deutsch« hätte den Wirklichkeitssektor falsch definiert, überdies fatal nach »Alleinvertretungsanspruch« gerochen. Auf »bundesdeutsch« wie auf »westdeutsch« reagierten alle Befragten allergisch, als könne wohl die Wirklichkeit, nicht aber ein Buchtitel einen solchen Schönheitsfehler haben. Der Ausweg, auf das Adjektiv »deutsch« in all seinen möglichen Abwandlungen ganz zu verzichten, hatte die sofortige Zustimmung aller. Selbst berufsmäßigen »Benennern« – wenn Lyriker das sind, und was wären sie sonst, wenn nicht zunächst das? – fiel kein brauchbares Adjektiv ein, um diesen Index der letzten fünfundzwanzig Jahre als den »unsern« kenntlich zu machen. Aber gerade das Dilemma dieses wie eine Obszönität verschwiegenen Adjektivs (auch das ein *blind spot*) macht ihn symptomatisch zu dem unsern.

Auch die Untersuchungsperiode, dies Vierteljahrhundert seit Kriegsende, widerstrebte der Benennung. »Nachkrieg«? Der ist spätestens seit 1965 vorbei: das einzige, worin die Linke und Erhard übereindstimmen. Als »Friede« läßt sich diese Periode, trotz der Abwesenheit von Kriegshandlungen in Mitteleuropa, kaum bezeichnen.[22] »Unfrieden«, sagte jemand, »nennen Sie es doch Unfrieden.« Plötzlich präsentierte sich dieses Junctim, *Nachkrieg und Unfrieden*, das sich erst nachträglich als beklemmend zeitgemäße Umformulierung des Tolstoischen erwies.

Der Titel war vor dem Buch, wie das Nachwort nach dem Buch ist. Inzwischen steht fest: Paradigmatischer konnte es nicht benannt werden. Was ursprünglich als Verteidigung der Lyrik, als Eingreifen in eine laufende und täglich aussichtslosere Debatte um ihre Existenzberechtigung geplant wurde, ist im dialektischen Umschlag zu einem eminent politischen Buch geworden, das die stilleren Ufer der Poesie verläßt und sich in den Strom dieses antiliterarischen und antihistorischen Augenblicks wirft, um auf diesem Strom gegen ihn zu schwimmen: von Paradox zu Paradox.

Bei dieser tour de force zur Verteidigung der Dichtung, als pfiffe sie aus dem letzten Loch, als könne sie je aufs letzte Loch kommen – außer der Funktionszwang mache buchstäblich aus uns ferngesteuerte Roboter –, ist es interessant, sich vor Augen zu halten, wie kurz es erst her ist, knappe 15 Jahre, daß Wolfgang Weyrauch, in einem *Katechismus dem deutschen Sortiment aufgesagt*,

---

22 »Gefragt, ein Gedicht vom Frieden zu schreiben
 schäme ich mich für die Frager.
 Leben sie sonstwo?«
schreibt Dorothea Sölle (*Meditationen und Gebrauchstexte*, Berlin 1969).
 »Frieden ist mehr als bloß, daß da kein Krieg ist...;
 im Frieden erst tritt, seiner Fesseln ledig,
 der mehr als vielgewaltige Riese Menschheit
 den Dienst bei seinem Herrn, dem Menschen an.«
heißt das bei Peter Hacks (zitiert nach Lamprecht, a. a. O., S. 528), in jenem großen Schillerschen Ton, den sich manchmal Autoren in der DDR leisten: »Und unserer Bilder Wirkung ruft sie näher«, fährt er mit einer Geste rhetorischer Zuversicht fort, die allem, was in diesem Band steht, unähnlich ist.

einem getippten Zettel, der seinem Buch *Gesang um nicht zu sterben*, 1956, beilag, sich aufregte über die Buchhändler, »die für Lorca und Prévert sind, weil der eine ein Spanier, der andere ein Franzose ist, und die gegen Marie Luise Kaschnitz und Günter Eich sind, weil sie in deutscher Sprache schreiben«, und beschwörend mitteilt: »Gedichte müssen sein. ... Es ist nicht wahr, daß die deutschen Leser gegen Gedichte sind.«

II. *Die Re-Ideologisierung, seit 1965 – Die Abkehr von der Literatur zur Politik – Thematische Programmierung als Existenzgefährdung der Lyrik*

In den letzten Jahren, spätestens seit 1965/66, mit der zunehmenden Re-Ideologisierung – Ideologie war vor kurzem noch ein Schimpfwort, wir waren stolz darauf, ideologiefrei zu sein –, begann Politik die Literatur und mehr als alles die Lyrik enger und enger in die Zange zu nehmen. Und zwar von innen und von außen. Einerseits, indem das Interesse sich von Literatur ab- und der politischen Diskussion (und Agitation) zugewandt hat. Andrerseits, indem Politik als Thema, geradezu als Pflichtübung, die Lyrik von innen her aushöhlt: weil Politik plötzlich als das einzig legitime oder zumindest aussichtsreiche Thema erscheint. Zwar ist die »öffentliche Sache« so legitim wie jedes andere Thema, insoweit eine Erfahrung exemplarisch formuliert wird (wie die hier versammelten Gedichte der letzten 25 Jahre beweisen). Thematische Programmierung aber, gleichgültig welcher Art, macht unfrei und ist poesiefeindlich. Dazu kommt, daß der moderne Kommunikationsapparat jede Programmierung in fataler Weise durchsetzen kann, so daß der Autor, der die Kraft hätte, sich von der Programmierung als Arbeitsparole freizuhalten, dann in die Mühle einer vorprogrammierten Kritik gerät, durch die die Entfaltung unbotmäßiger Begabungen (und überhaupt von Begabungen, denn Begabungen sind eigenständig = unbotmäßig) in erheblichem Maße präjudiziert[23] ist.

23 Besonders tückisch ist die ganz willkürlich und ohne auch nur den Versuch eines Beweises verwandte neue Schimpfvokabel »Sprache der

Die kurze Erholung der deutschen Lyrik 1955–1965; Deutsche Nachkriegslyrik zwischen Hitler und Marcuse

Wieweit zeitlich und ursächlich das Auftreten Herbert Marcuses auf dem Max Weber gewidmeten Heidelberger Soziologentag 1964 (»Marcuse ist heute der Geheimtip«, sagte Adorno wörtlich) und seine daraus folgende Verbindung mit dem Suhrkamp Verlag, sodann Peter Weiss' zunächst zögerndes, aber dann rückhaltlos vollzogenes Bekenntnis zum DDR-Kommunismus und die daran wiederum sich anschließende öffentliche Auseinandersetzung mit Enzensberger (›Spiegel‹, Nr. 34, 1996), mit der Re-Ideologisierung zusammenfallen[24] und wie diese (biographischen) Daten sich mit den internationalen und historischen[25] und alle wieder mit den literarischen dialektisch gesteigert haben, das wäre eine Untersuchung wert. Eine charismatische Figur, machte Marcuse die theoretischen Ergebnisse der »Frankfurter Schule« recht eigentlich virulent und wurde der Hauptpromotor des Aktivismus. Die Eskalation der Studentenbewegung datiert vom Juni 1967. Vermutlich wäre Marcuse, der gelegentlich in Umkehrung des Adornoschen Worts »Gedichte nach Auschwitz« als »notwendig« bezeichnet hat, beunruhigt, zu denken, daß er, wenn auch nur indirekt – innerhalb einer Gesamtkonstellation, deren personifizierter Träger er wurde – dazu beigetragen haben

---

Herrschenden«, um die Sprache anderer Autoren von primitiven *inhaltlichen* (!) Kriterien her zu verdächtigen, frei nach dem Satz von Göring: »Wer Jude ist, bestimme ich.« Wobei unbestritten sei, daß es nachweislich reaktionäre Sprachlagen gibt. In den mir bekannten Fällen sprach der Beschimpfende jedoch nachweislich die gleiche Sprache wie der Beschimpfte: unsere Alltagssprache.

24 Die erste Nummer des ›Kursbuch‹, mit Prozeßauszügen von Peter Weiss, erschien 1965. Ebenfalls 1965 taucht Marcuse, dessen früheste Veröffentlichung bei Luchterhand 1962 (*Vernunft und Revolution*) keine sonderliche Resonanz ausgelöst hatte, mit zwei Bänden in der 1963 gegründeten *edition suhrkamp* auf und zugleich mit einem weiteren Band in der *Bibliothek Suhrkamp*. 1967 sprach Marcuse zum erstenmal in der FU Berlin.

25 Der Vietnamkrieg in all seiner Auswegslosigkeit; der Tod Che Guevaras; die Notstandsdebatte; die Enttäuschung über die große Koalition.

könnte, die damals seit kaum mehr als einem Jahrzehnt wieder auferstandene deutsche Dichtung, die sich endlich von der Erstickung unter Hitler erholt hatte und auf internationalem Plan erschien, in eine neue Krise zu bringen.[26]

Die Fahrten der Gruppe 47 nach Stockholm, 1965, und nach Princeton, 1966, schienen Höhepunkte internationaler Anerken-

---

26 *Exkurs zur Chronologie der deutschen Nachkriegslyrik* (aus dem bio-bibliographischen Anhang leicht zu ergänzen):
Ingeborg Bachmann, *Die gestundete Zeit*, 1953 (diese Erstveröffentlichung kam kaum in den Handel, Neuausgabe bei Piper 1957); 1953, mit 27 Jahren, erhielt Bachmann auch den Preis der »Gruppe 47«. Ihr zweiter Lyrikband 1956. – Paul Celan hatte die *Todesfuge* mit 25 geschrieben, sie wurde erst durch *Mohn und Gedächtnis*, 1952, bekannt. Nächste Bände 1955, 1959, Bremer Preis 1959. Vier weitere Bände bis 1970. – Enzensberger veröffentlichte *Verteidigung der Wölfe* 1957, mit 28 Jahren; die beiden andern Lyrikbände 1960 und 1964. – Grass begann 1956, mit 29 Jahren, mit dem Gedichtband *Die Vorzüge der Windhühner*, 1959 folgte die *Blechtrommel*. – Eich veröffentlichte zwei Bände, 1948 und 1949, kam 1953 (*Träume*) zu Suhrkamp. *Botschaften des Regens*, 1955. Bisher letzter Lyrikband: *Anlässe und Steingärten*, 1966. – Krolow, Büchner-Preis 1956, *Fremde Körper*, sein erster Band bei Suhrkamp, 1959. – Kaschnitz war, wie Eich und Krolow, gleich nach Kriegsende da. Nelly Sachs wurde erst mit *Und niemand weiß weiter*, 1957, und *Flucht und Verwandlung*, 1959, bekannt, in größerem Umfang aber erst durch *Fahrt ins Staublose*, Suhrkamp 1961, Friedenspreis des deutschen Buchhandels 1965. – Eich war bei Kriegsende 39 Jahre, Krolow 30, Heißenbüttel 24, Höllerer (›Akzente‹ seit 1954) 23, Franz Mon 19, Rühmkorf 17 Jahre alt; Meckel 10 (*Tarnkappe*, 1956, mit 21 Jahren). Hinzugesehen werden müßten, in ihrer Funktion der Angleichung ans Weltniveau (der Auffüllung des »Nachholbedarfs«): 1956 Hugo Friedrichs Taschenbuch *Struktur der modernen Lyrik* (eine Art »Vademecum« der modernen französischen Poesie plus Benn, in dem er auch Krolow einführte und ihn in den internationalen Kontext stellte). Fast gleichzeitig, 1955, die Rezeption der spanischen Lyrik der 30er Jahre (E. W. Palm: *Rose aus Asche. Spanische und spanischamerikanische Lyrik seit 1900*; A. Theile: *Schwan im Schatten. Latein-amerikanische Lyrik von heute*; E. Becks Lorca-Übertragungen schon seit 1948). Brecht-Rezeption erst Ende der 50er Jahre (Mitte der 50er war er noch unverkäuflich), Brecht-Ausgabe seit 1960. – In Enzensberger trafen Benn- und Brecht-Tradition zusammen, ist auch die moderne spanische Lyrik (Pablo Neruda) wirksam. Nach ihm schwang das Pendel endgültig von Benn zu Brecht.

nung. Sie bezeichneten aber bereits das Ende der kurzen zehn Jahre, in denen die Literatur, und vor allem auch die Lyrik, in der Bundesrepublik im Zentrum nicht nur des Interesses, sondern eines geradezu leidenschaftlichen Interesses gestanden hatte. Es ist kein Zufall, daß keine Generation von Lyrikern nachgewachsen ist, die heute, im Jahre 1970, unter dreißig wären, wie es die meisten der Lyriker waren, die um die Mitte oder zu Ende der 50er Jahre einen so starken Widerhall hatten (Bachmann, Celan, Enzensberger).[27] Und daß die Namen derer, die diese Art Renaissance bestimmten, bereits an die Peripherie einer vorzeitigen Klassik rücken, obwohl sie noch relativ jung sind. Der Freitod Paul Celans im Mai 1970 wurde fast als ein Signal aufgefaßt, obwohl der Autor zu den gezählten gehörte, deren Bände eine Kontinuität darstellen. (Im Gegenteil, er veröffentlichte aus einem sich immer weiter entfernenden Raum seiner selbst immer mehr.)

Es ist eine Tatsache und ebenfalls keine zufällige, daß immer weniger Lyrik geschrieben und immer mehr Programmgedichte,

---

27 Schon die 30er Jahrgänge waren weniger stark vertreten als die 20er. Als Autor unter dreißig von vergleichbarer Resonanz ist 1970 wohl nur Peter Handke sichtbar, und das auf Grund seines Theaters (eine ungewagte Behauptung, die sich durch einen Blick in den bio-bibliographischen Index von Klaus Wagenbachs – nicht unparteiisch, aber sicher parteilich für junge Autoren zusammengestelltem – *Lesebuch. Deutsche Literatur der sechziger Jahre*, Berlin 1968, nachprüfen läßt). In ›Kursbuch‹ 20, 1970, wird Handke, weil er noch Literatur macht, »Theatertheater«, schwer unter Beschuß genommen, während hinten in der gleichen Nummer der Suhrkamp Verlag ihm mit zwei Seiten pointierter Kritikauszüge (»Was Brecht nur wollte... Handke erreicht es«) einen kugelsicheren Unterstand zu bauen versucht. (Brecht = freies Geleit. Alles startet unter seinem Zeichen, wie in den katholischen Ländern kein Autobus losfährt, ohne daß das Kreuz geschlagen wird.) Anders ist die Lage z. B. in Rußland, Polen und anderen Ostblockländern oder auch in den USA, wo Lyrik gerade jetzt als wichtig empfunden wird. Vgl. hierzu Wosnessenskij (*Ein Gedicht und ein Autor*. Hrsg. von Walter Höllerer, Berlin 1969): »Ich denke, die Menschen fühlen sich heute zur Poesie hingezogen, so wie man, bei Skorbut, zu Vitaminen sich hingezogen fühlt.« Ähnlich der Jugoslawe Popa und der Pole Rozewicz. In den USA erreichen gerade jetzt Lyrikbände nie erlebte Auflagen, ganz wie auch in Rußland.

Kampftexte, »KT« genannt, gemacht oder auch fabriziert werden, serienweise, als handle es sich um die Massenproduktion eines beliebigen Konsumguts. Und ganz wie Konsumgut werden diese Texte ja auch nicht nur gebraucht, sondern *ver*braucht,[28]

28 *Exkurs zum Agitpropgedicht*: »Fertige Agitpropgedichte zu fordern ist ein Symptom der Kosumentenhaltung«, schreibt Erich Fried, nicht so sehr zur Frage ihrer Verwendbarkeit wie zur Herstellung (*Agitprop*, Hamburg 1969, S. 187f.). Seine eigenen Gedichte schreibe er jeweils zweckentsprechend für die Agitation um. Nichtsdestoweniger – oder eben deswegen – wird er von einem der Mitautoren angegriffen (ebenda, S. 228), weil er nicht aufhöre, »stundenlang Lyrik zu reproduzieren«. Daß sich eine »scharfe Abgrenzung« zwischen Agitprop und »anderen Gedichten« nicht durchführen lasse, darin hat Fried sicher recht.
Agitpropgedichte im engeren Sinn (zwei oder drei Texte ließen sich vermutlich so einordnen, ein Text ist als »Gegenmanipulation« geschrieben) sind hier grundsätzlich nicht aufgenommen, so wenig wie politische Lieder, da sie, gleichgültig ob für oder gegen das Establishment, zum Instrumentar der Steuerung gehören. Das heißt, sie benutzen Emotion, um Kritik auszuschalten, erhöhen also nicht, wie Gedichte, Bewußtheit, sondern engen die Sphäre der Freiheit ein. Sie werden »Teil der Situation, die sie bekämpfen« (Adorno).
Einen »Katechismus des Kampftextes« gibt Erasmus Schöfer (›Flugschriften Ça Ira Presse‹, 1968, Nr. 2). Vom KT wird gefordert: Allgemeinverständlichkeit, konkret zu messen an der »oberen intellektuellen Grenze des gegebenen Publikums«, genaue Bezogenheit auf das Versammlungsthema. Ästhetische Formalisierung, »da formalisierter Text die angemessene Ausdrucksweise eines Schriftstellers ist, wenn er sich als solcher äußert; da die ästhetische Qualität eines Textes einen intellektuellen und sensorischen Reiz ausübt und dadurch seine Überzeugungswirkung vergrößern wird«. Unter den sprachlichen Postulaten, Raffung etc., ist auch bildhafte Anschaulichkeit (also Metaphorik) ausdrücklich genannt. KT »...vervollständigen die Überzeugungsweisen anderer Formen politischer Werbung; sie sind im allgemeinen kurz, ihre Vortragsdauer schwankt zwischen drei und zehn Minuten. KT zielen darauf ab, beides, Überzeugung und Enthusiasmus, hervorzurufen und dadurch auf Aktion vorzubereiten« (verkürzter Auszug). Als Vorbilder werden Brecht, Büchner, Heine, Majakowski etc. angegeben, wobei übersehen wird, daß hier Dichter ihre politische Erfahrung in *Sprache* umsetzen. Belehrend ist, wie z. B. Majakowski die eigene Tätigkeit einschätzte: »Diese heutigen Oden und Gedichte, / umbrüllt vom Jubel, vom Klatschen umkracht, / gehen einst als Spesen ein in die Geschichte, / dessen, was zwei –

241

und zwar rapide, ohne daß sie über den Anlaß hinaus die Kraft zu exemplarischer Erneuerung mit sich brächten. Der daraus entstandene Leerlauf wirkt zunehmend auch auf die Schreibenden ermattend. Eine Abkehr vom Schema des Protestgedichts (es ist aufs Schema heruntergekommen) ist leicht vorherzusagen.[29] In der Tat hat diese immer spürbarere Schematisierung, in dialektischer Wechselwirkung, das grassierende Ungenügen an Dichtung, und an Literatur überhaupt, mit herbeigeführt, so daß die Flucht der Dichter in das programmierte politische Gedicht sich als Flucht in eine Sackgasse erweist.[30]

---

drei von uns vollbracht« (*Gespräch mit dem Steuerinspektor über die Dichtkunst*, 1926).

29 Im Jahre 1969 scheint der Höhepunkt bereits überschritten. Ebenso urteilt Reinhard Baumgart (*Sechs Thesen über Literatur und Politik*, ›Tintenfisch‹ 3, Berlin 1970, S. 35f.) zur »aufklärerischen politischen Literatur« der letzten Jahre: »Die von ihr versuchten Demaskierungen, die in ihr vorgetragenen utopischen Bedürfnisse wurden inzwischen mit ungleich größerer Echowirkung demonstriert, eben von der neuen außerparlamentarischen Opposition. Insofern war diese tatsächlich – Literaturersatz.« Folgerung: »Literatur könnte auch endlich ihre erhabene Unentbehrlichkeit für die Erreichung gerade konkreter politischer Ziele, ja sogar als Produktionsmittel von Kritik einsehen... Sie könnte wieder an Phantasie und Sinnlichkeit, an das fast erstickte utopische Bewußtsein appellieren.... durchaus im Sinne von Ernst Bloch oder Marcuse, uneingelöste Hoffnungen, Freiheitsbedürfnisse, vorausspringende Träume artikulieren....« Ähnlich Regisseur Hans Neuenfels über die jetzt notwendige Abkehr vom politischen zum poetischen Theater, ›Heidelberger Tageblatt‹, 16.7. 1970. Karl Heinz Bohrer (›FAZ‹, 18.7. 1970, *Schöner Geist und Ökonomie*, ›Tintenfisch‹ 3) spricht von den »literarisch verbrauchten Vorbildern der Agit-Prop-Lyrik« und von »der alten, überkommenen Form des Engagements«, das »der Frage nicht standhält, was da überhaupt noch geleistet werde, da seine Leistung offensichtlich nur in der unmittelbaren politischen Effizienz liegen könnte...«

30 Der wachsenden Einbeziehung des Politischen in die Dichtung entspricht, komplementär, die Abwanderung aus jeglichem Thema zum »Thema Sprache«, d.h. die Zunahme der sogenannten »konkreten« Poesie (eine Benennung, die ihrerseits kaum weniger fragwürdig ist als die des »öffentlichen« Gedichts). Daß Reflexion auf Sprache, eine periodisch in allen Zeiten auftauchende Kunstübung, in der Moderne anknüpfend an Mallarmés *Le coup de dés*, letzthin als »Reflexion des Dichters auf seine Produktionsmittel« deklariert und somit von der marxistischen

Eine Anthologie wie diese, die »mitzufliehen« scheint, kann sich das nur leisten, wenn sie sich auf Schritt und Tritt des genauen, begrenzten Zwecks ihres Vorsatzes bewußt bleibt und die inneren Widersprüche ihres methodischen Vorgehens klarlegt. Sie wird nur ermöglicht durch eben das geschärfte Bewußtmachen ihrer Unmöglichkeit, das ihr die Freiheit bei gleichzeitiger Teilnahme wahrt.

Grundsätzliches zum politischen Gedicht

Niemand hat sich schärfer und grundsätzlicher gegen das politische Gedicht als Gattung ausgesprochen als gerade Enzensberger, dessen Werk[31] von Anfang an eine militante Stellungnahme zur »öffentlichen« Sache war. Für ihn ist das entscheidende Kriterium die – konstitutionelle und unabdingbare – »Nicht-Verfügbarkeit« des Gedichts. Ausdrücklich setzt Enzensberger das Herrscherlob als Thema, also ein Gedicht auf Stalin oder auch auf Hitler, das keiner von uns ernst nimmt, und das agitatorische Gedicht gleich. »*Ansichten*«, schreibt er,[32] »*sind den selbstgestellten ideologischen Wächtern, seit Platons Tagen, immer wichtiger gewesen als der objektive gesellschaftliche Gehalt der Poesie, der nirgends sonst als in ihrer Sprache zu suchen ist. [...] Fragwürdig bis zur Unbrauchbarkeit wird unter solchen Auspizien der Begriff des politischen Gedichts. Was er besagt, meint jeder zu wissen. Sieht man näher zu, so findet man ihn fast ohne Ausnahme angewandt auf Texte, die agitatorischen oder repräsentativen Zwecken dienen [...], gleichgültig wem und welcher Sache sie nützen sollen. Sie sind entweder unbrauchbar für die Zwecke*

Ideologie versuchsweise vereinnahmt wird, ist nicht mehr als ein Spiel mit Begriffen. Die Sprache ist »für den Autor gerade nicht das Entfremdete« (Franz Mon). Der zu oft unterschätzte gesellschaftliche Beitrag der Experimenter ist vielmehr ein Beitrag zur Schärfung des Instruments Sprache. Die Produktionsmittel des Autors sind, wie kaum gesagt zu werden braucht, Papier, Druckmaschinen und Verteilerapparat.
31 Seit *Blindenschrift*, 1964, keine Lyrikveröffentlichungen, mit Ausnahme von 5 Texten in ›Kursbuch‹ 10, 1967 (darunter der hier veröffentlichte). Seine kritische Vehemenz wurde zunehmend in die Publizistik umdirigiert, ein Prozeß, der bereits nach *Landessprache* (1960) einsetzt.
32 *Einzelheiten*, Frankfurt/M. 1962 S. 348–353.

ihrer Auftraggeber oder sie haben mit Poesie nichts zu tun. [...] Der revolutionäre Prozeß der Poesie entfaltet sich, so steht zu vermuten, eher in stillen, anonymen Wohnungen als auf den Kongressen, wo drohende Barden in der Sprache dichtender Kaninchenzüchter die Weltrevolution verkünden.

Der politische Auftrag des Gedichts ist, sich jedem Auftrag zu verweigern und für alle zu sprechen noch dort, wo es von keinem spricht, von einem Baum, von einem Stein, von dem was nicht ist. [...] Das Gedicht, das sich, gleichviel ob aus Irrtum oder aus Niedertracht, verkauft, ist zum Tode verurteilt. Pardon wird nicht gegeben. [...] Was früher Inspiration hieß, ist auf den Namen der Kritik getauft: Kritik wird zur produktiven Unruhe des poetischen Prozesses. [...] Poesie tradiert Zukunft. Sie ist Antizipation, und sei's im Modus des Zweifels, der Absage, der Verneinung. Nicht daß sie über Zukunft spräche: sondern so als wäre Zukunft möglich.«

Dieser Bannstrahl Enzensbergers (1962) hat von der Produktion politischer Gedichte offenbar nicht abgeschreckt. Durch die im ›Kursbuch‹ und der *edition suhrkamp* betriebene Politisierung hat Enzensberger sie vielmehr indirekt gefördert, wenn auch sein Verdikt gültig blieb: daß Protestgedichte sich ihr eigenes Todesurteil sprechen.[33]

Laßt sie aus ihren Wolken kippen.
Brennt ihnen Verse auf die Haut.
Schlagt ihnen Lieder auf die Lippen.
Sagt ihnen, wer die Welt versaut.

fordert Volker von Törne 1967 in einem »Zeitgespräch« mit Christoph Meckel.[34]

Ich rede vom hölzernen Schwert und vom fehlenden Zahn,
    vom Protestgedicht.
Wie Stahl seine Konjunktur hat, hat Lyrik ihre Konjunktur.

---

33 Interessant ist die Feststellung, daß in keiner der 20 Nummern des ›Kursbuchs‹ Agitpropgedichte aufgenommen sind, daß Enzensberger demnach, wie weit er auch sonst von seinen damaligen Ansichten abgewichen ist, in seiner Forderung der »Unverfügbarkeit« des Gedichts strikt geblieben ist.
34 *Die Dummheit liefert uns ans Messer. Ein Zeitgespräch in zehn Sonetten.* In ›Kürbiskern‹, Nr. 3, 1967, dann: Friedenauer Presse, Berlin 1967.

Aufrüstung öffnet Märkte für Antikriegsgedichte.
Die Herstellungskosten sind gering...
Denn mittelgroße Gefühle gegen den Krieg
  sind billig zu haben...
schreibt, skeptischer, Günter Grass[35], ebenfalls 1967. Mit der – an sich sehr unterschreibbaren – Forderung Törnes und der – nicht zu leicht zu widerlegenden – Bestandsaufnahme von Grass sind die Grenzen der Situation abgesteckt. Nur daß die politischen Gedichte, die Leser oder Zuhörer »aus den Wolken kippen« lassen, so gezählt sind. Ganz abgesehen davon, daß gute Gedichte immer gezählt sind. Aber das Gedicht, das mitteilt, »wer die Welt versaut«, begibt sich allzu leicht in die Gefahr selbstmörderischer ideologischer Verfügbarkeit, »enkanailliert sich«, wie Adorno das nennt, so daß es weit seltener noch als andere Gedichte dem Leser auf die Haut gebrannt ist.

Vergleichsweise unwichtig ist es, ob der Autor – zum Beispiel im Vietnamkrieg, im Gegensatz zum Spanienkämpfer der 30er Jahre[36] – eine »ersthändige« Erfahrung im Sinne biographischer oder topographischer Erfahrung vorweisen kann. Jede Erfah-

---

35 *Ausgefragt*, Neuwied / Berlin 1967. Grass' Vorwurf, daß das »Unbehagen an Zuständen« als »Vehikel« benutzt wird (»sie kommen ans Ziel, sie kommen ans Ziel: / zuerst ins Feuilleton und dann in die Anthologie«) hatte zwar nicht ganz unrecht, war aber auch nur bedingt richtig. Denn es ging hier nicht nur um die Frage des literarischen Ehrgeizes, obwohl es auch darum ging, natürlich. Aber das Wichtigere war doch wohl die seit 1965 (siehe oben) plötzlich neuen Zündstoff entwickelnde Frage des Alibis, des Begehrens, »nicht schuld daran zu sein«, nachdem die vorige Generation mitschuldig geworden war, soweit sie nicht schuldig wurde. Im Jahre 1970 dürfte der Wunsch nach literarischem Prestige bereits hinter dem nach Notorietät als Aktivist verblaßt sein.

36 Interessant ist ein Vergleich dieser Sammlung mit der englischen Anthologie *Poetry of the Thirties* (Hrsg. Robert Skelton, Penguinbooks, 1968). Sie stellt keinen Ablauf, sondern eine orthodox nach Themen unterteilte Sammlung dar. *And I remember Spain* ist ein Kapitel. Das Buch endet mit Gascoynes *Farewell Chorus*: »Goodbye, grim Thirties... May we take wiser leave of you, knowing disaster's cause«. Politische Pflichtübungen, vergleichbar denen der letzten Jahre hier, sind keine dabei. Trotzdem liegt das Erregungsniveau der »öffentlichen Gedichte«, mit wenigen Ausnahmen, spürbar unter dem Durchschnitt des Bandes.

rung, auch die fernste, kann für den Lyriker zur »ersthändigen« werden, wenn er sie als Schock erfährt, etwas, das ihm zustößt, jenseits seines Programms. Erkenntnis ist Voraussetzung, aber sie reicht nicht. Nur was ihm »auf der Haut brennt«, wird andern »auf der Haut brennen«. Das politische Gedicht, wie jedes Gedicht, ist daher so virulent, wie es als »Gedicht« virulent ist. Ein »Aus den Wolken kippen« scheint nur stattzufinden, wenn für den Autor die allgemeine Sache zur eigenen Sache wird. So eigen wie der eigene Tod oder das eigene Ersticktwerden oder Verbrennen. Oder Tötenmüssen.

Wer allerdings denkt, die Mehrzahl der politischen Gedichte seien »deswegen so schlecht, weil politische Aufregungen nicht unmittelbar in Sprache umgesetzt werden können«,[37] dem sei entgegengehalten, daß Aufregungen überhaupt nicht unmittelbar in Sprache umgesetzt werden können, gleichgültig, welche Erfahrung das Gedicht objektiviert. »Aufregung« wird in einem schizophrenen Arbeitsprozeß immer gleichzeitig erhitzt und abgekühlt, wobei die nötigen Spannungsverhältnisse entstehen, ohne die Sprache nicht flüssig wird. Es ist also gerade die »mittelgroße« Aufregung, der Mangel an Intensität, die sich durch Abkühlung in Sprache verwandeln ließe, schuld, daß das Gedicht nicht »Messer«[38] wird, sondern ein hölzernes Schwert bleibt. Denn nur, was in Sprache verwandelt wird, läßt Menschen »aus den Wolken kippen«, aufprallen auf den harten Boden der Realität.

Zur Entwicklung der politischen Lyrik in der Bundesrepublik seit den 50er Jahren

Enzensberger *Landessprache* oder *Schaum*, die »öffentlichen« Gedichte der Bachmann, Günter Eichs, der Kaschnitz oder gar der Nelly Sachs oder auch die *Todesfuge* (wenn wir mit Krolow trotz aller Einwände die umfassendere Bezeichnung »öffentliche Gedichte« wählen) waren eben nicht die lyrische Aufbereitung von

---

37 Das wurde mehrfach geäußert.
38 *Mein Gedicht ist mein Messer*, Lyrikanthologie, hrsg. von Hans Bender, Heidelberg 1959. Titel nach einer Formulierung von Weyrauch.

Tagesnotizen, nicht der Wunsch – das *Programm*, im Unterschied zur spontanen Notwendigkeit –, die Tagespolitik den Leuten »auf die Haut zu brennen«. Sie entsprangen dem Ungenügen, dem Leid, der Verzweiflung eines Menschen, der diese Welt: die historische Wirklichkeit, Deutschland, die Nähe der Morde und der Mörder oder auch das Manipuliertwerden nicht ertrug. Hier handelte es sich nicht um »mittelgroße Gefühle« oder um ein literarisches oder auch politisches Soll. Hier handelte es sich um überhaupt kein Soll. Sondern um ein Muß. Um ein »Ich kann nicht anders«. Enzensbergers Gedichte fahren wie ein großer Sturm daher, Windstärke zehn, die Worte vor sich hertreibend. Diese Angst vor dem Verschlucktwerden durch die konformierenden Mächte des Ambientes, die den Menschen sanft und freundlich abzuschaffen drohen. Und die unser aller Angst ist. Oder doch sein müßte.

> Hier stehe ich täglich...
>   knietief im schäumenden status quo,
> unter vergasern und ampeln.
>   horch!
> wer ruft grüßgott aus dem schaum?
> wer heißt mich hoffen? und warum hoffen?
> wer reicht mir die klebrige bruderhand?
> loslassen! loslassen! ich bin keiner von euch
> und keiner von uns: ich bin zufällig geboren...
> ....
> woher die möblierten herren, die unter die teppiche kriechen
> und das geflammt furnier und die stellenangebote
>   zerbeißen?
> woher? und wohin mit ihnen? wohin mit den witwen?
> wohin mit den kommunisten? wohin mit dem,
> was da sagt hölderlin und meint himmler...
>   hinaus, hinaus in den regen!
> in den tiefen ranzigen schaum, in die irrenhäuser,
> in die gefängnisse, in die kongreßhallen,
> wo der speichel der lügner von den wänden rinnt,
> wohin denn sonst? in die gußeisernen krematorien,
> und in die hundertfältig verfluchten zollämter,

hauptzollämter und zollaufsichtsbehörden!
und wohin mit uns?...
loslassen! finger weg! zufällig lebe ich noch!
zufällig bin ich geboren!...[39]

Ein Protest, ein Hilfe- und Protestruf mit solcher Stimme! 1960 war das erst, daß einer so schreiend durch die Welt fuhr, daß er die Leser »aus den Wolken kippen« ließ (um Törnes Maßstab hier anzulegen). Und das trotz der unleugbaren Redundanz, die dieser pathetische Wörtersturm mit sich führt. Selbst die intelligentesten und gekonntesten Gedichte Erich Frieds, der in gewisser Weise die Nachfolge des – aus der Lyrik in die Publizistik ausgewanderten – Enzensberger angetreten hat und dessen *und Vietnam und*, 1966, bestimmend für die deutsche Protestdichtung geworden ist, wirken daneben fast wie Predigten. Dabei haben sie eine ganz eigene, gelegentlich an die Texter erinnernde Sprachintelligenz und sind von einer mehr als oberflächlichen Gewissenhaftigkeit. Einer Gewissenhaftigkeit, die es im Hauptberuf ist und der es vielleicht an Vehemenz, gewiß nicht an ethischem Elan gebricht. Aber immer wieder geraten sie an die heikle Grenze zum Programmgedicht, durch die Konstanz des ihnen innewohnenden Vorsatzes. Und damit begeben sie sich, als Mittel, Bewußtsein zu steigern, in die gefährliche Konkurrenz der Reportage und besonders des Fernsehberichts.

Eines der gezählten Vietnamgedichte, die neben den großen öffentlichen Gedichten der 50er Jahre standhalten, scheint mir Karsunkes *Kilroy war hier* zu sein.[40] Was unterscheidet dieses Gedicht von den vielen, die sonst von Fried das Stichwort nehmen? Daß es durch das Nadelöhr dieses einen Menschen, eben des Autors, ins Allgemeine geht. Daß es nicht nur Wissen und Sollen ist, sondern eine Grunderfahrung wiedergibt: die Enttäuschung einer Generation an ihren Vorbildern. Eine neue Generation lernt (wenn auch weniger hart), daß Vorbilder nicht Wort halten. Die Amerikaner, die Befreier.

---

39 Teilzitat, von mir gekürzt, aus *Schaum, Landessprache*, 1962.
40 Berlin 1967. Ich zitiere das Gedicht im Anhang, da es exemplarisch ist wie kaum ein anderes und der Autor aus einem Komplex von Gründen diesem Buch seine Teilnahme verweigerte.

> Kilroy, der beste freund, den ich hatte
> als ich 11 war waren
> als drei goldene worte
> »Kilroy is here«
> fast so schön wie die drei
> der french revolution
> von der er erzählte
> freiheit und gleichheit und brüderlichkeit.
>
> als ich 11 war hatten
> meine eltern
> mich falsch erzogen
> Kilroy gab sich die mühe
> erklärte mir menschenrechte
> ...

Es ist eine Liebeserklärung an das Verlorene. Und zugleich eine Absage. Der Verlust ist glaubhaft. Eine Liebeserklärung wie diese, was für eine Liebeserklärung:

> selbst an Shakespeare-sonetten
> noch den brooklyn-akzent...

Hier spricht ein persönlicher und zugleich *muster*hafter Schmerz, die Absage ist nicht leichthin gesagt, es ist die Absage an die eigene Kindheit:

> jetzt steht...
> auf den rauchschwarzen resten von dörfern
> »Kilroy is here«

Daß es hier um einen erlittenen und ganz realen Kummer geht, das unterscheidet dies Gedicht von den nur – gut oder auch weniger gut – gemachten Serienfabrikaten. Diese persönlichste Absage ist aber zugleich die Absage einer Generation.

Wer sich vornimmt, die allgemeine Sache als allgemeine, nur so, zum Gegenstand des Gedichts zu machen, dem wird es gehen wie dem jungen Lyriker, der sich beklagt »Für alle wollte ich sprechen und konnte nicht sprechen für mich«[41]. Im Augenblick, wo diese sehr persönliche, diese Erfahrung eigenen Versagens ausgespro-

---

41 Peter Hamm, »Für alle wollte ich sprechen«, in *Lyrik aus dieser Zeit. 1963/64*, München/Esslingen 1963, S. 128.

chen wird, schlägt sie sofort um ins Paradigmatische: Kaum spricht er sie aus, kaum verzichtet er darauf, »für die andern zu sprechen«, so spricht er auch schon für sie mit. Das ist die innere Dialektik der Dichtung, in der nichts ohne seine Gegenseite ist und in der man nichts »wollen« darf – allenfalls »Geheimbefehle« sind möglich – und auf alles verzichten muß außer auf den Mut zur Wahrhaftigkeit.

Was die mit »mittelgroßen Gefühlen«, wenn auch soliden handwerklichen Kriterien erledigte Pflichtübung, das »Sprechen für alle«, vom politischen Gedicht aus dringender, nach Sprache verlangender Erfahrung trennt, das läßt sich – zufällig sind wir in der Lage, die Probe aufs Exempel zu machen – an zwei Gedichten eines Lyrikers demonstrieren, die aus entgegengesetzten Erfahrungslagen entstanden sind: Helga Novaks *Postwurfsendung* (oben S. 87), ein stark voluntaristischer Text, geschrieben 1968, nach ihrer Übersiedlung in den Westen, paßt sich dem hiesigen Ambiente fugenlos ein. Technisches Können vorausgesetzt (wir haben einen erfreulich hohen handwerklichen Standard), könnten viele ihn geschrieben haben. *Lernjahre sind keine Herrenjahre*, noch in der DDR entstanden, macht ihr so leicht keiner nach: [42]

mein Vaterland hat mich gelehrt:
achtjährig
eine Panzerfaust zu handhaben
zehnjährig
alle Gewehrpatronen bei Namen zu nennen
fünfzehnjährig
im Stechschritt durch knietiefen Schnee
zu marschieren
siebzehnjährig
in eiskalter Mitternacht Ehrenwache

---

42 Der Gerechtigkeit halber muß gesagt werden, daß auch verschiedene andere Texte dieser Anthologie nicht die Spitzengedichte ihrer Autoren sind (vgl. oben S. 242, die gleiche Feststellung hinsichtlich der »öffentlichen Gedichte« in *Poetry of the Thirties*). Alleine Novak hat, durch ihr doppeltes Leben, politische Gedichte von so unterschiedlicher Überzeugungskraft, daß sie paradigmatisch werden. (Aus: *Ballade von der reisenden Anna*, Neuwied / Berlin 1965.)

zu Stalins Tod zu stehen
zwanzigjährig
mit der Maschinenpistole gut zu treffen
dreiundzwanzigjährig
meine Mitmenschen zu denunzieren
sechsundzwanzigjährig
das Lied vom guten und schlechten
Deutschen zu singen
wer hat mich gelehrt
Nein zu sagen
und ein schlechter Deutscher zu sein?

Zugleich ist dies Gedicht ein handgreiflicher Beweis – besonders wenn man es ergänzt mit der Schillerschen Diktion von Peter Hacks (S. 234) –, wie anders zwar nicht unbedingt die Sprache, aber doch die Bewußtseinslage der Autoren der DDR ist[43] und wie unrealistisch und unaufrichtig es gewesen wäre, hier etwas wie eine gemeinsame »Kurve« aufzeigen zu wollen.

Methodisch ebenso interessant wie die Nebeneinanderstellung der beiden Novak-Gedichte ist es, zwei Montagetexte dieser Sammlung zu vergleichen: einen, der die bei den Zusammenstößen in Berlin gemachten gegenseitigen Beschuldigungen, also die des Senats, des Bürgermeisters, der aufgebrachten Bürger (wie auch die der gleichfalls aufgebrachten Studenten) montiert und dabei umkehrt und zurückschleudert: *Berliner Para-Phrasen*, 1967, von Nicolas Born. An abkühlbarer Vehemenz fehlt es die-

---

43 Diese Verschiedenheit zeigt sich bereits an etwas so Einfachem wie dem morgendlichen Briefkasten hier und dort, um gleich bei Novaks *Postwurfsendung* zu bleiben (und wir haben ja auch Enzensbergers Postwurfsendung: *an alle fernsprechteilnehmer*, 1959, oben S. 54): »Broschüren Statistiken Revuen / verstopfen die Briefkästen / und die Schlitze der Türen / ein Bergmann lachend mit Blumen / ein Präsident lachend mit Kindern / ein Bauer lachend mit Blumen...« etc.
Reiner Kunze in Thüringen, *feustelstraße 10*, begrüßt den Briefträger so: »Brief du / 2 Millimeteröffnung / der tür zur Welt.« und »Briefträger, blauer / zeiger, solang du an der ziffer zehn / erscheinst bin ich / noch nicht tot.« Oder auch: »Solang der briefträger / von haus zu haus geht, kommen noch / briefe an.« (*Sensible Wege*. Reinbek 1969.)

sem Gedicht keinesfalls. Doch opfert es seine Unverfügbarkeit und begibt sich bewußt in den Kontext eines eng umschriebenen Zwecks.[44] Rechtens erschien das Gedicht in der Sammlung *Agitprop*, ein Kampftext (nicht alltäglichen Ranges) von heute: ein Dokument von morgen. Und daneben Helmut Heißenbüttels leise und behutsame *Spielregeln auf höchster Ebene* (1965), in denen nichts geschieht, als daß Worte, Alltagsworte, ihren Platz wechseln, meist Infinitive, und immer neue Verbindungen eingehen. Ein scheinbar unpolitisches Verfahren, ein reines Sprachspiel. Dabei entsteht ein politisches Modell, das in diesen fünf Jahren nicht gealtert ist und dessen Anwendbarkeit, während es sich mit den Assoziationen der jeweiligen Realität füllt, praktisch unbegrenzt ist, für die, die einen solch exemplarischen Leertext anwenden möchten. Freilich zeichnet es nur eine Verhaltensmechanik auf, wie auch der an die verschiedenen Fassungen der Notstandsparagraphen erinnernde Texte von Handke, es macht sichtbar, aber es »ändert« nichts.

---

[44] Wie nicht nur sprachgeschickt, sondern sprachstark Born ist, zeigt der andere von ihm abgedruckte Text, der keine außerhalb seiner selbst liegenden Zweckverbindungen eingeht (*Da hat er gelernt was Krieg ist sagt er*, oben S. 114). Montierte politische Texte in dieser Sammlung sind, außer Born, Handke, Heißenbüttel: Delius, *Selbstschutz*; Fried, *Gründe* (bedingt); Herms, *Deutscher Zeuge*. Aufschlußreich wäre es, die politische Wirksamkeit einer Parodie, wie Delius' *Selbstschutz*, mit dem direkten Appell zu vergleichen, wozu das Gedicht *Sirenen* von Rolf Bongs (*Morgen in Opatija*, Darmstadt 1969) eine Möglichkeit böte: »Vergiß nicht, / was das Geheul der Sirenen / bedeutet. / Auch dann nicht, / wenn du es nicht erlebt hast. / In den Keller geschickt zu werden / und dort auf den Tod / oder auf das Überleben zu warten. / Wie einst. / Wehrlos.«

III. *Die Frage des »Alibis« und der »Veränderung« der Wirklichkeit –*
Das Paradox der »Befreiung« – Innensteuerung als Widerstand
gegen Verapparatung

Hier also kommen wir wieder zurück auf die Frage des Alibis. Ob denn Gedichte überhaupt etwas ändern (d. i. an der Realität).[45] »Veränderung« ist aber, im Gegensatz zu Kunst (die von sich aus eine Übung im Gebrauch von Freiheit ist, im Subjekt- statt Objekt-Sein), kein Zweck in sich. Die Frage nach der Veränderung der Gesellschaft, diese stereotyp gewordene Gretchenfrage, zum Klischee degradiert durch die Bewußtseinsindustrie des Antiestablishments, ist, das muß man sich klarmachen, nur berechtigt als Frage nach der möglichen Freiheit des Menschen, seinem Menschsein. Oder sie ist gleichgültig.

Ich erinnere mich an ein »Gedicht«, das auf einer roten oder gelben Postkarte ins Haus kam, irgendeine Einladung zu einer Veranstaltung – und aufforderte, »diese Karte zu verbrennen wie Vietnam brennt«. Ein Gedicht, das kein Gedicht ist, ruft zu einer Tat auf, die keine Tat ist. »War Ihnen wohler, als Sie das Stück Papier verbrannt hatten?« fragte ich die Veranstalter. »Aber das tut doch keiner«, sagten sie. Redundanz, Happening, ein Pseudoalibi, wie jedes der vielen als politischer Akt verkleideten Happenings eben nur Pseudoalibis liefert. Das Pseudoalibi läßt sich leicht als solches entlarven. Es stellt kein Problem außer dem der Eitelkeit seiner Veranstalter.

Die Frage der Wirkung von Kunst, ob Gedichte etwas »ändern«, ist weit komplizierter.

Skeptischer als Brecht (Lyrik soll die Wirklichkeit verändern), zuversichtlicher als Benn (Lyrik, Kunst ist folgenlos), frage ich: Handelt es sich zumindest um ein Höherlegen der Schwelle der Manipulierbarkeit? Der Schwelle, hinter der der Mensch nicht mehr »*etwas aus dem macht, was man aus ihm gemacht hat*«, sondern etwas »*aus sich machen läßt*«?[46] Wie steht es um die Steigerung des Menschen zu seinen eigenen Möglichkeiten, als Voraussetzung einer menschlicheren Welt?

45 Vgl. S. 221 f., über den den Leser verändernden Vorgang der Aneignung. Ebenso unten S. 252 ff.
46 Sartre, in ›L'Arc‹ Nr. 30, 1966, S. 95.

Um ehrlich zu sein, es steht schlecht. Hat etwa der Lyriker, hat der Lyrikleser zu denen gehört, die sich besonders bewähren, wenn die »Proben« kommen? Widersteht er den *geheimen* – oder durchaus nicht geheimen – *Verführern* diesseits und jenseits des Eisernen Vorhangs besser als die meisten? Wenn Lyrik den Menschen sich selbst zurückgibt, wenn sie ihn anhält zur Wahrhaftigkeit, müßten der Lyriker und sein Leser nicht verantwortungsfreudiger sein als andere?

Die hohe Identität mit sich selbst, die das Gedicht auslöst (beim Schreiben, beim Lesen), ist eine Identität auf Augenblicke. Punktuelle Ekstasen. Derartige Augenblicke tragen ihr Alibi in sich. Die Katharsis, diese Bereinigung zwischen Innen und Außen, zwischen Wirklichkeit und Gegenwirklichkeit, vollzieht sich in der »Sphäre der Entlastung« (Gehlen), ist als solche in der Tat »folgenlos«.

Diese Sphäre ist aber nicht aufgehängt im Nichts und Nirgends, auch wenn es sich um »Zeitinseln« handelt, um »Punkte«. Die Instanz, die »innehält« und zu sich beurlaubt, bringt sich selbst nicht als Abstractum, sondern als Concretum mit, und damit auch das Paket ihrer Erfahrungen, von denen sie sich gerade »entlastet«, indem sie sie in ihr Modellhaftes auflöst. Die Summe dieser das Ich intensivierenden Augenblicke, auch wenn jeder einzelne folgenlos ist, d. h. in sich verpufft (oder verpuffen würde), müßte eine »innere Linie« ergeben und rückwirken auf die »Instanz«, die sich dieser Steigerung ihres Bewußtseins von sich selbst und der Welt aussetzt. Also auf den Menschen, der mehr ist als der zufällige Treffpunkt von Reizen. Wie bei der Häufigkeit einer *débauche*, würde es im Prinzip von der Häufigkeit dieser Reinigung abhängen, wie sehr ein Mensch davon geprägt wird und wie sehr er demnach bei sich selbst und »da ist«: für sich und die andern. Und um wie vieles weniger »steuerbar«. Obwohl dies eine heikle und statistisch unbeweisbare Hypothese ist. Die »punktuelle Ekstase«, diese »sich kurzschließende Erfahrungskette«, ist sie ein ganz sich schließender Ring?

Was befreit, kann nicht wirken? Je befreiender, je erregender Kunst ist, um so folgenloser wäre sie? Der »Innehaltende« in diesem – auf jeden Fall »produktiven« – Augenblick des Innehaltens, seiner punktuellen Ekstase, ist »herausgetreten« aus Zeit und Aktivität. Obwohl er sich gerade der Wirklichkeit, der Essenz der Wirklichkeit seiner Erfahrung, zuwendet und in diesem Augenblick frei ist von jedem korrumpierenden »Interesse«, das Tun verhindert oder verbiegt. Doch ist dieser Augenblick der Freiheit kein Augenblick der Tat. Und nicht praktischer »Herstellung richtigeren Lebens«. Wiederum, das ist die Dialektik des Widerstands, bleibt im »Innehalten« als Freiheit virulent, was in der Anwendung um sich selbst gebracht würde. Aus diesem Zirkel kommen wir nicht heraus. Zumindest nicht in der Theorie.

Und doch wird aus dieser Sphäre der »Entlastung«, des vom Handeln abgewandten Antriebs heraus, immer erneut auf die Wirklichkeit zugehalten, die, aus der abstrahiert und sublimiert worden ist, um des »es soll anders sein« willen, um des Traumbilds dieser Wirklichkeit, das sich täglich mehr entfernt. Dieser sich immer mehr erweiternde Riß zwischen der Realität und ihrer Möglichkeit erzeugt den Sprung und den Vorstoß, das Sich-nicht-Abfinden, Sich-nicht-Einpassen. Das immer neue Aufreißen des Gegensatzes zwischen dem, was ist, und dem, was sein sollte, zwischen Wirklichkeit und Gegenwirklichkeit (dem *out-topos*, dem, was nicht »statt« hat, dem Traum). Immer erneut macht der Lyriker diesen Riß schmerzhaft virulent, für sich und die andern, realisiert ihn und überwindet ihn, auf einen Atemzug, indem es ihn zu Sprache macht, im Gedicht. Und so bleibt aus all diesen Augenblicken höchster Identität und höchster Objektivierung vielleicht doch eine Art Residuum, eine potentielle Kontinuität im Lebendigen – Kontinuität der Diskontinuität –, die »trägt« oder auch nicht trägt, je nachdem. Wenig, wie es ist, gehört es zum Besten, was wir haben. Zu dem, was den Menschen rettet, in seinem Menschsein, ihn befreit von den Zugriffen, gleichgültig in welcher Gesellschaftsform er zu leben haben wird. Denn alles muß in den Menschen zurückverlegt werden, wenn überhaupt etwas »gerettet« werden soll, in dieser Krise der bisher versuchten Lebensmodelle (die bei gänzlich verschiedener Oberfläche eine fatale Ähnlichkeit der Struktur aufweist in Ost und West).

Die Möglichkeit der Verantwortung wäre also nicht so sehr im Inhalt des Mitgeteilten, in der Themenwahl des Gedichts, sondern bereits in der Identität des Sich-Zurücknehmens aus der

Welt des Funktionierens, auf den archimedischen Punkt außerhalb dieser Zweckbezogenheit. Das könnte Idylle sein. Das war früher häufig Idylle. Das ist aber in einer synchronisierten und durch Zweckverbände gesteuerten Gesellschaft wie der unsern, einer Gesellschaft von Vorder-Hinter-Nebenmännern, bei der sich die Funktionen umkehren, die unabdingbare Voraussetzung zu Handlungs- und Kommunikationsfähigkeit überhaupt.[47] Die Befreiung aus dem Manipuliertwerden, Subjekt statt Objekt sein, und sei es auf Augenblicke, damit fängt alles an. Oder kann doch anfangen. (Zumindest muß das Subjekt sich so weit mit sich »identifizieren«, daß es sich in seinen Abhängigkeiten nicht nur weiß, sondern *erfährt*.)

Ob wir etwas ändern oder nicht, es geht um die mögliche Verantwortung eines jeden, in einer Zeit, deren wesentliches Erlebnis die Ohnmacht des einzelnen ist. Um das Paradox des Festhaltens an der unmöglichen Verantwortung.[48] Und auch um die Verantwortung dessen, der die gemeinsame Erfahrung zu objektivieren hat, um die Verantwortung des Autors, die »richtigen Namen zu nennen«. Um – Mindestforderung – das wahrhaftige Benennen unserer Welt.

---

47 Über die »Fähigkeit, sich zu distanzieren«, das »Ausklinken« aus einer »starren Handlungsfolge« als »Voraussetzung des Dialogs, und als eine der Wurzeln menschlicher Freiheit«, vgl. Irenäus Eibl-Eibesfeldt, *Grundriß der vergleichenden Verhaltensforschung*, München 1967, S. 238.

48 Dieser Appell zur Verantwortung des einzelnen, angesichts der gewußten, aber kaum lebbaren Unmöglichkeit, vom einzelnen her etwas aufzuhalten, wirkt geradezu pathetisch paradox in der Formulierung von Erich Fried. So wenig wie wir alle und eher noch etwas weniger, als überzeugter Marxist, kann er hoffen, daß seine Leser imstande seien, z. B. den Atomkrieg aufzuhalten. Trotzdem droht er: »Wenn ihr auf mein Gedicht nicht hört und euch nicht bessert, kommt die Bombe« (oben S. 88). Es ist damit wie mit der ganzen conditio humana: der langfristigen Zukunftsplanung kurzlebiger Planer, ohne die Handeln unterbliebe. (Das Ganze ist so anstrengend paradox erst seit dem Wegfallen des religiösen Trosts.) Sicher läßt sich sagen, daß ohne einen letzten Glauben an die Anrufbarkeit der andern, selbst eine heikle Anrufbarkeit, keine Gedichte geschrieben würden. Gedichte stiften Kommunikation und antizipieren sich zugleich.

Das Benennen der Wirklichkeit – Kommunikation und Kommunikationskrise

Die unverlogen, unerschrocken benannte Wirklichkeit wird deutlich erkennbar. Nur so kann man ihr gegenübertreten. Der Lyriker ist mehr als jeder andere Sprachhygieniker. Für ihn gibt es keine wichtigen und keine unwichtigen Worte. Jedes Wort wird von ihm geprüft und immer neu geprüft, damit es genau auf die immer sich wandelnde Wirklichkeit paßt. Das ist eine gesellschaftliche Funktion ersten Ranges. Ich meine das im Sinne des Konfuzius: »Wenn die Sprache nicht stimmt, so ist das, was gesagt wird, nicht das, was gemeint ist; ist das, was gesagt wird, nicht das, was gemeint ist, so kommen die Werke nicht zustande, so gedeihen Moral und Kunst nicht; gedeihen Moral und Kunst nicht, so trifft die Justiz nicht; trifft die Justiz nicht, so weiß das Volk nicht, wohin Hand und Fuß setzen. Also dulde man keine Willkür in den Worten. Das ist alles, worauf es ankommt.« Jede kleinste Verschiebung zwischen dem Wort und der mit dem Wort gemeinten Wirklichkeit zerstört Orientierung und macht Wahrhaftigkeit von vornherein unmöglich. Niemand aber ist eine feinere Waage für die Worte als der Lyriker. Deshalb erfüllt jedes Gedicht, das Sprache erneuert und lebendig hält, eine Funktion für alle – und das ganz unabhängig von seinem Inhalt –, denn es hilft, die Wirklichkeit, die sich unablässig entziehende, benennbar und gestaltbar zu machen.

Die benannte Wirklichkeit wird nicht nur sichtbar – und auch greifbarer, auf Augenblicke zumindest –, sie wird zunächst einmal sagbar und mitteilbar, sie wird Gegenstand der Kommunikation, des unerläßlichen Gesprächs. »Das Versagen der Kommunikation ist der Anfang aller Gewalttätigkeit... Wo die Mitteilung aufhört, da bleibt nichts als Prügeln, Verbrennen, Aufhängen.«[49]

---

49 Sartre (*Qu'est-ce que la littérature*, hier zitiert nach dem Gallimard-Taschenbuch, Paris 1947, S. 342), der angesichts der Sprachkrise fragt, warum unser Denken denn so viel mehr gelten solle als unsere Sprache. Von den drei Funktionen des Gedichts, dem *Sagen*, dem *Rufen*, dem *Benennen*, spricht Sartre übrigens – und sehr zu Unrecht – gerade diese letzte dem Lyriker ab.

Die Krise der Lyrik braucht nicht notwendigerweise eine Krise der Kommunikation zu sein. Daß wir uns einem Kommunikations-Engpaß nähern und die Kommunikation ebenso wie die Dichtung in akuter Gefahr ist, ist nichtsdestoweniger eine Tatsache, die sich an dem steigenden Barometer der Violenz und an den Klagen über die Verzerrung der Wirklichkeit, die wachsende Diskrepanz zwischen Berichten und Fakten, von Tag zu Tag nachprüfen läßt. Jede Gruppe reihum fühlt sich als Leidtragende und kann dafür Gründe aufweisen, die zur Aggression legitimieren, während das Gespräch immer unmöglicher wird.

Wo es aber nur noch um Steuerung von Gruppen geht, gleichgültig zu welchem Zweck, Manipulation oder Gegen-Manipulation, da scheidet die freie Sprache aus. Und mit ihr die Lyrik. Denn jedes Gedicht ist ein Aufruf gegen Verfügbarkeit, gegen Mitfunktionieren. Also gegen die Verwandlung des Menschen in den Apparat. Was dasselbe ist oder schlimmer als die Verwandlung in den Unmenschen. Dagegen rufen alle Gedichte in diesem Buch auf, man kann es öffnen, wo man will. Sie sind – zumindest die besten von ihnen sind es, wie jedes starke Gedicht – nicht nur der Aufruf, sondern auch die Sache selbst: Sie nachvollziehend, »ändert« der Lesende nicht die Umstände, aber sich: Er wird mehr »er selbst«, und damit der Freiheit fähig. Der Freiheit zu etwas wie Entscheidung, statt daß über ihn wie über ein Ding entschieden wird. Nur so ist Zukunft möglich.

Für die vergangenen 25 Jahre aber zeigen diese Gedichte – und das könnte nicht jedes Gedicht – die Kurve der politischen Hoffnungen und Enttäuschungen. Ob wir in einem Zirkel gegangen sind oder in einer Spirale, das entscheidet sich danach, ob und wie wir aus dem Engpaß, in den wir gerade einzumünden scheinen, wieder herausfinden.

Heidelberg, Juli 1970   Hilde Domin

Fortsetzung des Nachwortes:

Jedes Gedicht ist ein Aufruf gegen Verfügbarkeit, gegen Mitfunktionieren. Dagegen rufen Gedichte auf, jedes Gedicht in diesem Band, schrieb ich im Nachwort 1970, als dies Buch zuerst erschien: die ersten 25 Jahre politisch bewußter deutscher Nachkriegslyrik präsentierend. Das ist ein Satz, der gilt, der eher noch akuter geworden ist: jetzt wo der Band die ersten fünfzig Jahre bewußt Stellung nehmender deutscher Lyrik vorstellt, bis hin zur unmittelbaren Gegenwart. Damals war die DDR ausgeklammert, es waren nur die in der Bundesrepublik lebenden Poeten vorgestellt: das Buch wollte ja *die Kurve unserer politischen Hoffnungen und Enttäuschungen* spiegeln.

Diese Kurve verlief in der DDR ganz anders, naturgemäß, was sehr deutlich wird, wenn nach zwei Jahrzehnten plötzlich die DDR zu uns kommt.

Die ersten Gedichte, in denen das geschieht, sind nicht von ungefähr *Mauergedichte*: beginnend mit Michael Wüstefeld (einem Dichter, der bekannt zu werden verdient), in dessen Gedicht, *Falstaff/Oktober 1989*, die Mauer sozusagen optisch zu sehen ist: Das Gedicht zerfällt in zwei Hälften, eine dem Leben im Osten gewidmet, die zweite dem Leben in Westeuropa, dazwischen die Zweifel der Kippsituation. Nicht umsonst erschienen Wüstefelds Gedichte in der Anthologie *Grenzfallgedichte* (1991). Eben dort wurde auch das *Mauer-Gedicht* von Reiner Kunze (*Die Mauer/zum 3. Oktober 1990*) veröffentlicht.

Die deutsch/deutsche Frage wird in dieser fortgeführten Sammlung von allen Seiten von Dichtern diskutiert, von denen drinnen (*drüben*, wie wir früher sagten), von denen hüben, von den Herübergekommenen, den dort Gebliebenen und den Wiedervereinten.

Ob wir in einem Zirkel oder in einer Spirale gegangen sind und *ob wir wieder herausfinden,* diese Fragen, mit denen die Ausgabe von 1970 schließt, haben sich 1989/90 beantwortet und werden hier von allen Seiten diskutiert. Womit diese Sammlung – die seinerzeit den einen zu links und den andern nicht links genug war – noch an Vielfalt und Brisanz gewinnt.

Dieses zweite Vierteljahrhundert, in dem, naturgemäß, gerade auch die Stimmen der jungen und jüngsten Autoren zu Worte kommen, ist zum großen Teil von meinem Mitherausgeber, Clemens Greve, gestaltet worden, mit dem mich verwandte künstlerische Kriterien verbinden: Voraussetzung jeder derartigen Zusammenarbeit. Ohne ihn, der in wahrhaft kreativem Engagement aus jedem labor improbus – und eine Anthologie erfordert immer eine Unmenge labor improbus, d. h. Zeit und Mühe – einen labor probus gemacht hat, wäre die Idee, diesem Buch eine Fortsetzung bis heute zu geben, kaum realisiert worden. Ihm gilt nicht nur meine Dankbarkeit und die der Autoren, sondern er sollte auch einen hohen Anteil an der Freude und Dankbarkeit der Leser haben.

Heidelberg, April 1995   Hilde Domin

Bio-Bibliographien

Elisabeth Alexander
Geb. 1922 in Linz. Lebt seit 1946 in Heidelberg. Geburt dreier Kinder; sie übernahm nach der Scheidung deren alleinige Versorgung und Erziehung. Arbeitete als Kontokorrentbuchhalterin und Fernschreiberin. 1963 erste Gedichtveröffentlichung, seit 1970 freie Schriftstellerin.

Publikationen u. a.: Ich hänge mich ans schwarze Brett. Gedichte. 1981; Die törichte Jungfrau. Roman. 1988; Sie hätte ihre Kinder töten sollen. Roman. 1988; Im Korridor geht der Mond. Gedichte. 1989; Damengeschichten. Erzählungen. 1991; Herrengeschichten. Erzählungen. 1991; Bauchschuß. Roman. 1993; Die Dunkelheit ist da. – Ein Poem. 1993; Die Uhr läuft rückwärts wenn der Schnee fällt. – Ein lyrischer Jahreszyklus. 1994; Lisas Liebe. Erzählung. 1994.

Hans Arnfried Astel
Geb. 1933 in München als Sohn eines in die NS-Verbrechen heftig verstrickten Medizinprofessors, der sich 1945 erschoß. Die Kindheit verlebte Astel in Weimar. In Freiburg und Heidelberg studierte er Biologie und Literaturwissenschaft. Er lebte zehn Jahre (1955–1965) in Heidelberg. Gab dort ab 1959 die »Lyrischen Hefte« heraus. 1966 Verlagslektor in Köln. Seit 1967 lebte er als Leiter der Literaturabteilung des Saarländischen Rundfunks in Saarbrücken. Seit 1978 Lehrauftrag an der Universität Saarbrücken. Nach dem Freitod seines ältesten Sohnes Hans im Jahr 1985 nahm Astel dessen Vornamen an.

Publikationen u. a.: Lyrische Hefte. Zeitschrift für Gedichte. ab 1959; Notstand. 100 Gedichte. 1968; Kläranlage. 100 neue Epigramme. 1970; Zwischen den Stühlen sitzt der Liberale auf seinem Sessel. Epigramme und Arbeitsgerichtsurteile. 1974; Neues (und altes) vom Rechtsstaat & von mir. 1978; Die Faust meines Großvaters und andere Freiübungen. Epigramme und Polaroidfotos. 1979; Die Amsel fliegt auf. Der Zweig winkt ihr nach. Epigramme und Polaroidfotos. 1982; Ohne Gitarre. Epigramme. 1988; Wohin der Hase läuft. Mit einem Aufsatz von Hubert Fichte. 1992; Jambe(n) & Schmetterling(e) oder: Amor und Psyche. Neue Epigramme. 1993.

Ingeborg Bachmann
Geb. 1926 in Klagenfurt. Ab 1945 Studium der Philosophie, Germanistik und Psychologie in Innsbruck, Graz und Wien. 1950 Promotion mit einer Arbeit über die Rezeption der Philosophie Heideggers. 1952 erste Lesung auf einer Tagung der Gruppe 47. Von 1953–1957 als freie Schriftstellerin in Italien. 1957–1958 als Dramaturgin beim Bayerischen Fernsehen. 1959/60 erste Gastdozentin für Poetik an der Universität Frankfurt am Main. 1963–1965 in Berlin. Seit Ende 1965 in Rom. 1973 Reise nach Warschau, Auschwitz, Krakau und Breslau. 1973 an den Folgen eines Brandunfalles gestorben.

Publikationen u. a.: Die gestundete Zeit. Gedichte. 1953; Zikaden. Hörspiel. (Hörspielbuch VI. 1955); Anrufung des Großen Bären. Gedichte. 1956; Der gute Gott von Manhattan. Hörspiel. 1958; Der Prinz von Homburg. Opterntext. 1960 (nach H. V. Kleist); Das dreißigste Jahr. Erzählungen 1961; Gedichte. Erzählungen. Hörspiele. Essays. Auswahl.

1964; Ein Ort für Zufälle. Prosa 1965; Der junge Lord. Operntext. 1965 (nach W. Hauff); Malina. Roman. 1971; Simultan. Erzählungen. 1972; Die Hörspiele. 1976; Wir müssen wahre Sätze finden. Interviews. 1983; Gesammelte Werke: Erster Band: Gedichte – Hörspiele – Libretti – Übersetzungen; Zweiter Band: Erzählungen; Dritter Band: Todesarten: Malina und unvollendete Romane; Vierter Band: Essays – Reden – Vermischte Schriften – Anhang. Herausgegeben von Christine Koschel / Inge von Weidenbaum / Clemens Münster, 3. Aufl., 1993.

Wolfgang Bächler

Geb. 1925 in Augsburg. 1943 Abitur. Danach Arbeits- und Wehrdienst, 1944 in den französischen Alpen schwer verwundet, bis Kriegsende in Lazaretten. Danach bis 1948 Studium der Germanistik, Romanistik, Kunstgeschichte und Theaterwissenschaft. Jüngstes Gründungsmitglied der Gruppe 47. Lebte von 1956 bis 1966 in Frankreich, seit 1967 wieder in München. Arbeitete als Presse-, Verlags- und Funkmitarbeiter und als Übersetzer, dann freier Schriftsteller.

Publikationen u. a.: Der nächtliche Gast. Roman. 1950; Türen aus Rauch. Gedichte. 1963; Traumprotokolle. Ein Nachtbuch. 1972; Ausbrechen. Gedichte. 1976; Stadtbesetzung. Prosa. 1979; Gesammelte Gedichte in: Die Erde bebt noch / Frühe Lyrik 1942 bis 1957. 1981; Nachtleben. Gedichte. 1982; Ich ging deiner Lichtspur nach. Gedichte. 1988; Im Schlaf / Traumprosa. Prosa. 1988; Einer, der auszog, sich köpfen zu lassen. Roman. 1990.

Kurt Bartsch

Geb. 1937 in Berlin. Er besuchte die Oberschule bis 1954 (ohne Abschluß), war danach als Gelegenheitsarbeiter in verschiedenen Berufen tätig, u. a. als Beifahrer, Sargverkäufer, Büroangestellter, Leichenträger, Lagerarbeiter, Lektoratsassistent. 1964 / 1965 studierte er am Literaturinstitut in Leipzig, brach das Studium nach dem 11. Plenum des ZK der SED, das eine kulturpolitische Verhärtung brachte, ab. Im Juni 1979 wurde er mit weiteren Kollegen wegen einer Protestnote an Erich Honecker aus dem Schriftstellerverband der DDR ausgeschlossen. Im September 1980 verließ Bartsch die DDR mit einem Dauervisum, seither lebt er als Erzähler, Lyriker und Dramatiker in Westberlin.

Publikationen u. a.: Zugluft. 1968; Posiealbum 13. 1969; Die Lachmaschine. 1971; Kalte Küche. Parodien. 1974; Der Bauch und andere Songspiele. 1977; Kaderakte. Gedichte und Prosa, 1979; Wadzeck. 1980; Die Hölderlinie. Deutschdeutsche Parodien. 1983.

Walter Bauer

Geb. 1904 in Merseburg. 1929–39 Volksschullehrer in Halle und anderen mitteldeutschen Orten. Seit 1940 Kriegsteilnehmer. 1 Jahr in britischer Kriegsgefangenschaft, dann freier Schriftsteller in Stuttgart. 1952 Auswanderung nach Kanada. Arbeiter, Packer und Tellerwäscher in Toronto / Kanada, studierte dann Deutsch, Französisch und Italienisch und wurde ebenfalls in Toronto Professor für Germanistik. 1976 in Toronto / Kanada gestorben.

Publikationen u. a.: Kameraden, zu euch spreche ich. Gedichte. 1929; Stimme aus dem Leunawerk. Gedichte und Prosa. 1930; Ein Mann zog in die Stadt. Roman. 1931; Das Herz der Erde. Roman. 1933; Die größere Welt. Erzählungen. 1936; Der Lichtstrahl. Roman. 1937; Die Reise eines jeden Tages. Gedichte und Prosa. 1938; Die zweite Mutter. Erzählungen. 1942; Gast auf Erden. Gedichte. 1943; Das Lied der Freiheit. Erzählungen.

1948; Der Gesang vom Sturmvogel. Essay. 1949; Besser zu zweit als allein. Roman. 1950; Die Sonne von Arles. Biographie. 1951; Mein blaues Oktavheft. Gedichte. 1953; Die langen Reisen. Biographie. 1956; Folge dem Pfeil. Biographie. 1956; Nachtwachen des Tellerwäschers. Gedichte. 1957; Die Tränen eines Mannes. Erzählungen. 1958; Der weiße Indianer. Erzählung. 1960; Die Stimme. Erzählung. 1961; Klopfzeichen. Gedichte. 1962; Fremd in Toronto. Autobiographie. 1963; Fragment vom Hahnenschrei. Gedichte. 1966; Ein Jahr. Tagebuch. 1967; Die Kinder und die Armen. Biographie. 1969; Lebenslauf. Gedichte. 1975; Die Geburt des Poeten. Autobiographie. 1980. – Briefe aus Kanada 1962–1976. Hg. v. O. Röders 1984.

Jürgen Beckelmann

Geb. 1933 in Magdeburg. Studierte in Berlin Theatergeschichte, anschließend sechs Semester politische Wissenschaften. 1956–1959 Redakteur der »Deutschen Woche« in München. Danach freier Journalist und Schriftsteller. Seit 1964 wieder in Berlin.

Publikationen u. a.: Der Wanderwolf. Gedichte. 1959; Der goldene Sturm. Roman. 1960; Das gläserne Reh. Erzählungen. 1965; Lachender Abschied. Roman. 1970; Drohbrief eines Sanftmütigen. Gedichte. 1976; An solchen Tagen. Zwei Erzählungen. 1983; Der Wasserhahn oder die Wiederauferstehung des Schrotts. Prosaballade auf den Maler Kurt Mühlenhaupt und den verstorbenen Metallskulpteur Heinz Ottersen. 1989; Eine Quelle trocknen. Gedichte. 1995.

Hans Bender

Geb. 1919 in Mühlhausen/Kraichgau. Studium der Literaturwissenschaft, Publizistik, Kunstgeschichte in Erlangen und Heidelberg. Kriegsdienst und Gefangenschaft von 1940 bis 1949. Herausgeber und Redakteur von: Konturen, Akzente, Deutsche Zeitung und Wirtschaftszeitung, magnum. Seit 1959 wohnt er in Köln.

Publikationen u. a.: Eine Sache wie die Liebe. Roman. 1954; Wölfe und Tauben. Erzählungen. 1957; Wunschkost. Roman. 1959; Mit dem Postschiff. Erzählungen. 1962; Worte Bilder Menschen. Sammelband. 1962; Einer von ihnen. Aufzeichnungen. 1979; Der Hund von Torcello. Geschichten. 1984; Bruderherz. Erzählungen. 1987; Postkarten aus Rom. Autobiographische Texte. 1989; Hier bleiben wir. Gedichte. 1992; Die Orte, die Stunden. Aufzeichnungen. 1992; Aufstieg eines Assistenten. Erzählung. 1993.

Horst Bienek

Geb. 1930 in Gleiwitz/Oberschlesien. Nach dem Einmarsch der russischen Truppen wurde Bienek als Demontagearbeiter zwangsverpflichtet. Ein Jahr später Umsiedlung nach Köthen/Anhalt, in die damalige Ostzone. Nach dem Abitur arbeitete er bei der »Tagespost« in Potsdam als Redaktionsvolontär. 1951 wurde er in die Theaterklasse der »Meisterschüler« Bertolt Brechts am Berliner Ensemble aufgenommen. Am 8.11.1951 wurde er vom Staatssicherheitsdienst wegen politischer Delikte verhaftet und der Besatzungsmacht überstellt. Nach fünfmonatiger Untersuchungshaft am 12.4.1952 Verurteilung durch ein sowjetisches Militärtribunal zu 25 Jahren Zwangsarbeit in der Sowjetunion: er habe angeblich Spionage betrieben und den Sturz der DDR-Regierung bewirken wollen. Arbeitslager in Workuta. Im Oktober 1955 Entlassung durch Amnestie in die Bundesrepublik. Von 1957 bis 1961 Kulturredakteur beim Hessischen Rundfunk in Frankfurt am Main. 1961 Lektor und später Cheflektor beim Deutschen Taschenbuch Verlag (dtv) in München. 1990 in München gestorben.

Publikationen u. a.: Traumbuch eines Gefangenen. Gedichte und Prosa. 1957; Nachtstücke. Erzählungen. 1959; Sechs Gramm Caratillo. Hörspiel. 1961; Werkstattgespräche mit Schriftstellern. 1962; Borges, Bulatovič, Canetti, Dial. 1965; Was war was ist. Gedichte. 1966; Die Zelle. Roman. 1968; Vorgefundene Gedichte. Sammlung. 1969; Bakunin, eine Invention. Prosa. 1970; Solschenizyn und andere. Essay. 1972; Die Zeit danach. Gedichte. 1974; Die erste Polka. Roman. 1975; Gleiwitzer Kindheit. Gedichte. 1976; Septemberlicht. Roman. 1977; Zeit ohne Glocken. Roman. 1979; Der Freitag der kleinen Freuden. Erzählungen. 1981; Erde und Feuer. Roman. 1982; Beschreibung einer Provinz. Essays. 1983; Königswald. Erzählung. 1984; Der Blinde in der Bibliothek. Essays. 1986; Das allmähliche Ersticken von Schreien. Vortrag. 1987; Reise in die Kindheit. Wiedersehen mit Schlesien. 1988; Wer antwortet wem. Gedichte. 1991.

Wolf Biermann

Geb. 1936 in Hamburg. Stammt aus einer Familie von Altkommunisten. Nach dem Krieg Beitritt zu den »Jungen Pionieren«, der Jugendorganisation der KPD. 1953 Übersiedlung in die DDR; Studium der Politischen Ökonomie an der Humboldt-Universität; 1957–1959 Arbeit als Assistent am Berliner Ensemble. 1959–1963 Studium der Philosophie und Mathematik. 1960 begann er zu komponieren und zu schreiben. Erstes Auftrittsverbot bis Juni 1963; im gleichen Jahr, 1960, Ausschluß aus der SED; 1964 Konzertreise durch die Bundesrepublik und Auftritte in Wolfgang Neuss' »Asyl« in Westberlin. Nach dem 11. Plenum des ZK der SED 1965 trat das generelle Auftritts-, Veröffentlichungs- und Ausreiseverbot in Kraft. Im September 1976 erstmals nach 11 Jahren Auftritt vor einem DDR-Publikum in der evangelischen Kirchengemeinde in Prenzlau. Im November 1976 Konzertreise durch die BRD, nach der ihm die Rückreise in die DDR verwehrt wurde. Lebt seither in Hamburg.

Publikationen u. a.: Die Drahtharfe. Gedichte. 1965; Mit Marx- und Engelszungen. Gedichte. 1968; Der Dra-Dra. Lieder. 1970; Für meine Genossen. Gedichte. 1973; Deutschland. Ein Wintermärchen. Gedichte. 1973; Nachlaß I. Sammlung. 1977; Preußischer Ikarus. Gedichte und Prosa. 1978; Verdrehte Welt – das seh ich gerne. Gedichte und Prosa. 1982; Affenfels und Barrikade. Gedichte, Lieder, Balladen. 1986; Klartexte im Getümmel. 1989; Über das Geld und andere Herzensdinge. 1991; Alle Lieder. 1991; Der Sturz des Dädalus. 1992; Großer Gesang vom ausgerotteten jüdischen Volk. 1994.

Horst Bingel

Geb. 1933 in Korbach/Hessen. Kindheit in Gelsenkirchen-Buer, im Krieg evakuiert nach Langensalza/Thüringen. 1948 Übersiedlung nach Hessen. Er absolvierte eine Buchhändlerlehre und studierte anschließend von 1954–1956 Malerei und Bildhauerei in Hanau. Seit 1954 freier Schriftsteller. Lyriker, Erzähler, Herausgeber der »Streit-Zeit-Bücher« und »Streit-Zeit-Bilder« von 1968–1969 sowie von Lyrik- und Prosaanthologien. 1965 Gründer des Frankfurter Forums für Literatur und Organisator internationaler Autorentreffen. 1971–1978 im Vorstand des Hessischen Schriftstellerverbandes, 1974–1976 Bundesvorsitzender des VS, 1983–1985 Schriftsteller im Bücherturm in Offenbach.

Publikationen u. a.: Kleiner Napoleon. Gedichte. 1956; Auf der Ankerwinde zu Gast. Gedichte. 1960; Die Koffer des Felix Lumpach. Geschichten. 1962 (auch Verfilmung, Regie G. Winkler, 1966); Elefantisches. Geschichten. 1963; Wir suchen Hitler. Gedichte. 1965; Lied für Zement. Gedichte. 1975; Herr Sylvester wohnt unter dem Dach. Erzählung. 1982.

Elisabeth Borchers
Geb. 1926 in Homberg am Niederrhein. Aufgewachsen im Elsaß. Aufenthalte in Frankreich und den USA. Von 1960 bis 1971 Lektorin im Luchterhand Verlag, seit 1971 Lektorin des Suhrkamp Verlages und des Insel Verlages. Lebt in Frankfurt am Main.

Publikationen u. a.: Gedichte. 1961; Nacht aus Eis. Szenen und Spiele. 1965; Der Tisch an dem wir sitzen. Gedichte. 1967; Eine glückliche Familie und andere Prosa. 1970; Gedichte. 1976; Wer lebt. Gedichte. 1986; Von der Grammatik des heutigen Tages. Gedichte. 1992.

Nicolas Born
Geb. 1937 im deutsch-holländischen Grenzgebiet bei Emmerich. In Essen, wo er von 1950 bis 1965 lebte, Lehre und Arbeit als Chemigraph. 1957 mehrmonatige Balkanreise, 1958 Reisen nach Griechenland und in die Türkei. 1964/65 Teilnahme am Literarischen Colloquium in Berlin, Mitarbeit an dem von Walter Höllerer angeregten Gemeinschaftsroman »Das Gästehaus«. Im selben Zeitraum Besuch der Tagungen der Gruppe 47. Umsiedlung nach Berlin. 1969/70 Stipendiat des Writers Workshop der University of Iowa/USA. 1975 Gastdozent für Gegenwartsliteratur an der Universität Essen. Bis zu seinem Tod im Jahr 1979 lebte er in Berlin und Dannenberg/Niedersachsen.

Publikationen u. a.: Der zweite Tag. Roman. 1965; Marktlage. Gedichte. 1967; Wo mir der Kopf steht. Gedichte. 1970; Das Auge des Entdeckers. Gedichte. 1972; Oton und Iton. Utopisches Kinderbuch. 1974; Die erdabgewandte Seite der Geschichte. Roman. 1976; Gedichte 1967–1978. 1978; Die Fälschung. Roman. 1979; Die Welt der Maschine. Aufsätze und Reden. 1980; Nicolas Born. Hg. von Heidrun Löper. 1981; Täterskizzen. Erzählungen. Hg. von Ralf Junkereit. 1983.

Volker Braun
Geb. 1939 in Dresden. Nach dem Abitur bemühte er sich zunächst vergeblich um einen Studienplatz. 1957 Druckereiarbeiter in Dresden, 1958/59 Tiefbauarbeiter im Kombinat Schwarze Pumpe, 1959/60 Ausbildung als Maschinist für Tagebaugroßgeräte. Von 1960–1964 Studium der Philosophie in Leipzig. Nach dem Diplom Übersiedlung nach Berlin, dort lebt er seit 1965. 1965/66 Dramaturg beim Berliner Ensemble, seit 1972 Mitarbeiter des Deutschen Theaters Berlin. 1983 Mitglied der Akademie der Künste in Berlin.

Publikationen u. a.: Provokation für mich. Gedichte. 1965; Vorläufiges Gedicht. 1966; Kriegserklärung. Fotogramme. 1967; Wir und nicht sie. Gedichte. 1970; Das ungezwungene Leben Kasts. Drei Berichte. 1972; Gedichte. Auswahl und Nachwort von Christel und Walfried Hartinger. 1972; Hinze und Kunze. Schauspiel. 1973; Gegen die symmetrische Welt. Gedichte. 1974; Es genügt nicht die einfache Wahrheit. Notate. 1975; Die Kipper. Hinze und Kunze. Tinka. 1975; Unvollendete Gedichte. Erzählung. 1977; Der Stoff zum Leben. Gedichtzyklus. 1977; Guevara. Schauspiel. 1978; Training des aufrechten Gangs. Gedichte. 1979; Gedichte. 1979; Schmitten. Schauspiel. 1982; Berichte von

Hinze und Kunze. 1983; Stücke. 1983; Hinze-Kunze-Roman. 1985; Verheerende Folgen mangelnden Anscheins innerbetrieblicher Demokratie. 1988; Gesammelte Stücke. 2 Bände. 1988; Anatomie. 1989; Bodenloser Satz. 1990; Der Stoff zum Leben. Gedichte. 1990; Texte in zeitlicher Folge. 1990 ff., Böhmen am Meer. Ein Stück. 1992; Die Zickzackbrücke. Ein Abrißkalender. Gedichte, Erzählungen, Essays. 1992.

Bertolt Brecht

Geb. 1898 in Augsburg. Studium der Medizin in München. 1918 Sanitätssoldat. Danach Dramaturg in München und Berlin. Am 28. 2. 1933, einen Tag nach dem Reichstagsbrand, verläßt Brecht mit Frau und Sohn Berlin; über Prag, Wien, Zürich, Paris nach Dänemark. Von August 1933 bis März 1939 in Shovbostrand bei Svendborg; Arbeit an Gedichtsammlungen, Stücken und Prosawerken mit Margarete Steffin und Ruth Berlau; Diskussionen mit Korsch, Benjamin, Eisler. Reisen nach Paris (1935 zum Schriftstellerkongreß für die Verteidigung der Kultur), nach London, Moskau, New York. Mit Willi Bredel und Feuchtwanger Herausgeber der Zeitschrift »Das Wort« (Moskau). 1939 nach Lidingö bei Stockholm, im April 1940 nach Helsinki, im Sommer 1941 durch die UdSSR nach Los Angeles. In Santa Monica, wo Brecht in unmittelbarer Nähe Hollywoods bis 1947 lebt, Weiterarbeit vor allem an den »großen« Stücken; die erhoffte Filmarbeit realisiert sich nur in bescheidenem Maße; einige Theateraufführungen in den USA.

Am 30. 10. 1947 Verhör vor dem »Committee of Unamerican Activities«, tags darauf Flug nach Paris, einjähriger Aufenthalt in Zürich, Sondierungen in Österreich und Ostberlin; 1950 erhält er die österreichische Staatsbürgerschaft. Am 11. 1. 1949 Premiere von »Mutter Courage« im Deutschen Theater in Ostberlin, Übersiedlung dorthin, im Herbst Eröffnung des Berliner Ensembles. Intensive Theaterarbeit (seit 1954 im Theater am Schiffbauerdamm), Bearbeitungen; Inszenierungen und Gastspiele auch in München, Frankfurt, Paris, Wien, Mailand. Verschiedentlich Spannungen mit der Führung der SED bzw. Vertretern der Kultusbürokratie und des Theaterlebens. Im Jahr 1956 aufgrund einer Virusgrippe in der Berliner Charité-Klinik, am 10. August zum letzten Mal bei einer Probe des »Galilei« im Berliner Ensemble; nach einem Herzinfarkt, am 14. 8. 1956 in Berlin gestorben.

Publikationen u. a.: Werkausgabe. Frankfurt am Main: Suhrkamp Verlag 1960 ff.

Michael Buselmeier

Geb. 1938 in Berlin, aufgewachsen in Heidelberg, humanistisches Gymnasium, Ausbildung zum Schauspieler, Regieassistententätigkeit (u. a. bei Hansgünther Heyme), anschließend Studium der Germanistik und Kunstgeschichte in Heidelberg (M. A.); 1972–1976 Lehrtätigkeit an verschiedenen Hochschulen, Mitbegründer der alternativen Heidelberger Stadtzeitung »Communale«. Er lebt heute als freier Publizist und Schriftsteller in Heidelberg.

Publikationen u. a.: Das glückliche Bewußtsein. Anleitungen zur materialistischen Medienkritik. Hg. von M. Buselmeier. 1974; Nichts soll sich ändern. Gedichte. 1978; Die Rückkehr der Schwäne. Neue Gedichte. 1980; Der Untergang von Heidelberg. 1981; Radfahrt gegen Ende des Winters. Gedichte. 1982; Monologe über das Glück. Kleine

Prosa. 1984; Heidelberger Reportagen. Hg. von Michael Buselmeier. 1984; Auf, auf Lenau! Gedichte. 1986; Heidelberg-Lesebuch. Stadt-Bilder von 1800 bis heute. Hg. von M. Buselmeier. 1986; Schoppe! Ein Landroman. 1989; Spruchkammer. Erzählungen. 1994.

Matthias Buth
Geb. 1951 in Wuppertal-Elberfeld, lebt in Hoffnungsthal; Kulturreferent des Bundesministerium des Innern. Veröffentlichungen in Zeitungen, Zeitschriften, Anthologien und im Rundfunk.
Publikationen u. a.: u. a.: Kopfüber nach Deutz. Gedichte. 1989.

Paul Celan
Geb. 1920 in Czernowitz (Bukowina). 1947 Änderung des Familiennamens Antschel in Celan (Anagramm zu Ancel). Im Juni 1938 Abitur, danach Aufnahme eines Medizinstudiums in Tours, Frankreich. Rückkehr im Juli 1939 und Beginn eines Romanistikstudiums an der Universität Czernowitz. 1940 Einzug der Roten Armee in Czernowitz, 1941 Besetzung der Stadt durch deutsche und rumänische Truppen. Errichtung eines jüdischen Ghettos. 1942 Deportation der Eltern. Tod des Vaters im Herbst des Jahres, der Mutter (durch Genickschuß) bald danach. Zwangsarbeit im Straßenbau. Anfang 1944 Rückkehr aus dem Arbeitslager nach Czernowitz. Im Herbst Wiederaufnahme des Studiums. 1945 in Bukarest als Übersetzer und Verlagslektor. 1947 erste Veröffentlichung von Gedichten in der rumänischen Zeitschrift »Agora«. Seit Dezember in Wien. Im Juli 1948 nach Paris. Studium der Germanistik und Sprachwissenschaft, Licence á Lettres 1950. Heirat mit der Graphikerin Gisèle Lestrange 1952. Im Jahr 1955 Geburt des Sohnes Eric. Seit 1959 Lektor für deutsche Sprache und Literatur an der École Normale Supérieure (Rue d'Ulm). 1968 Mitherausgeber der Zeitschrift »L'Éphémère«. Reise nach Israel im Herbst 1969. Vermutlich am 20. April 1970 Freitod in der Seine.
Publikationen u. a.: Der Sand aus den Urnen. 1948; Mohn und Gedächtnis. 1952; Von Schwelle zu Schwelle. 1955; Sprachgitter. 1959; Die Niemandsrose. 1963; Atemwende. 1967; Fadensonnen. 1968; Lichtzwang. 1970; Schneepart. Gedichte. 1970; Gedichte. 1975; Gedichte 1938–1944. 1985; Gesammelte Werke. 1986.

Zehra Cirak
Geb. 1960 in Istanbul. 1963 Übersiedlung nach Deutschland. Lebt seit 1982 in Berlin. Erste Schreibversuche 1978.
Publikationen u.a.: Vogel auf dem Rücken eines Elefanten. Gedichte. 1991; Fremde Flügel auf eigener Schulter. 1994.

Edwin Wolfram Dahl
Geb. 1928 in Solingen, lebt seit 1980 in München. Handelsschule, u. a. akademische Lehrgänge in Philosophie. Versicherungsangestellter von 1953–1986.
Publikationen u. a.: Zwischen Eins und Zweitausend. Gedichte. 1970; Gesucht wird Amfortas. 1974; Außerhalb der Sprechzeit. 1978; Zum Atmen bleibt noch Zeit. 1984; Von Staunen einen Rest. 1989; An einem einzigen Tag. 1991; Frühe Bilder – Späte Spiegel. 1995.

Friedrich Christian Delius
Geb. 1943 in Rom, aufgewachsen in Wehrda, Hessen. Gymnasium in Bad Hersfeld, Steinatal, Korbach. 1963–1978 in Berlin, 1978–1980 in Nimwegen/Niederlande, 1980–1984 in Bielefeld, seither in Berlin. Das Studium der Germanistk schloß er 1970 mit der Promotion ab. 1970–1973 Lektor im Wagenbach-Verlag; von 1973 bis 1978 Lektor im Rotbuch-Verlag. Seitdem freier Schriftsteller.

Publikationen u. a.: Kerbholz. Gedichte. 1965; Wir Unternehmer. Eine Dokumentarpolemik. 1966; Wenn wir, bei Rot. Gedichte. 1969; Der Held und sein Wetter. Dissertation. 1971; Unsere Siemens-Welt. Festschrift. 1972; Ein Bankier auf der Flucht. Gedichte. 1975; Ein Held der inneren Sicherheit. Roman. 1981; Die unsichtbaren Blitze. Gedichte. 1981; Adenauerplatz. Roman. 1984; Einige Argumente zur Verteidigung der Gemüseesser. Denkschrift. 1985; Mogadischu Fensterplatz. Roman. 1987; Konservativ in 30 Tagen. Wörterbuch Frankfurter Allgemeinplätze. 1988; Japanische Rolltreppen. Gedichte. 1989; Die Birnen von Ribbeck. Erzählung. 1991; Himmelfahrt eines Staatsfeindes. Roman. 1992; Selbstporträt mit Luftbrücke. Ausgewählte Gedichte. 1993; Der Sonntag, an dem ich Weltmeister wurde. Erzählung. 1994.

Hilde Domin
Geb. 1912 in Köln. Abitur 1929. Studium: zunächst Jura, dann nationalökonomische Theorie, Soziologie und Philosophie (wichtigste Lehrer: Karl Jaspers, Karl Mannheim). 1932 Emigration nach Rom (mit Erwin Walter Palm, den sie 1936 heiratet); 1933 wurde Italien für beide zum ersten Exilland. 1935 schließt sie das Studium in Florenz mit einer Dissertation über »Pontanus als Vorläufer von Macchiavelli« ab. 1939 Flucht nach England, wo die Eltern lebten. Arbeit als Lehrerin in einem College. Von 1940 bis 1954 Exil in der Dominikanischen Republik, wo Palm eine Professur erhielt. Sie war als Mitarbeiterin ihres Mannes, als Übersetzerin (in und aus den Sprachen Italienisch, Spanisch, Englisch, Französisch) und als Architekturphotographin tätig. Ab 1948 Dozentin für Deutsch an der Universität Santo Domingo. In der Nachkriegszeit mehrere längere Aufenthalte in den USA. 1951 entstanden ihre ersten Gedichte. 1954 Rückkehr nach Deutschland. Längere Arbeitsaufenthalte in Spanien. Veröffentlichung von Gedichten in »Caracola«, einer Vicente Aleixandre nahestehenden Zeitschrift. 1957–1959 in Frankfurt/M.; von dort Aufnahme literarischer Kontakte und Veröffentlichung von Gedichten in Zeitschriften. 1959 erschien der erste Lyrikband: »Nur eine Rose als Stütze«. 1960 Berufung Palms an die Universität Heidelberg; die Stadt wurde zum festen Wohnsitz. Neben der literarischen Arbeit zahlreiche Lese- und Vortragsreisen, Interpretationsübungen in Schulen, Poetikvorlesungen an der Frankfurter Universität, Lesungen in Gefängnissen. Mitglied des PEN (seit 1964), der Deutschen Akedamie für Sprache und Dichtung (seit 1978); Ehrenmitglied der Heinrich-Heine-Gesellschaft; Honorary Fellow of the American Association of Teachers of German (1991); Ehrenprofessur des Landes Baden-Württemberg (1993).

Publikationen u.a.: Nur eine Rose als Stütze. Gedichte. 1959; Rückkehr der Schiffe. Gedichte. 1962; Hier. Gedichte. 1964; Das zweite Paradies. Roman in Segmenten. 1968; Wozu Lyrik heute. Theorie. 1968; Ich will dich. Gedichte. 1970. Erweiterte Neuausgabe (Fischer Taschenbuch) 1995; Von der Natur nicht vorgesehen. Autobiographisches.

1974; Aber die Hoffnung. Autobiographisches aus und über Deutschland. 1982; Gesammelte Gedichte. 1987; Das Gedicht als Augenblick von Freiheit. Frankfurter Poetik Vorlesungen. 1988; Gesammelte Autobiographische Schriften. Fast ein Lebenslauf. 1992; Gesammelte Essays. Heimat in der Sprache. 1992. Hrsg.: Spanien erzählt. 1963; Doppelinterpretationen. 1966; Nachkrieg und Unfrieden. Gedichte als Index 1945–1970. 1970; Nelly Sachs. Gedichte. 1977.

Andreas Donath

Geb. 1934 in Riga. Nach dem Krieg Besuch der École d'Humanité von Paul Geheeb in der Schweiz. Studium der Soziologie und Sinologie bei Adorno, Horkheimer und Hoffmann. Arbeitet als Rundfunkredakteur bei der Deutschen Welle in Köln.

Publikationen u. a.: Zwei Städte. Gedichte. 1953; China erzählt. Hg. von Andreas Donath. 1964; Chinesische Gedichte aus drei Jahrtausenden. Hg. von Andreas Donath. 1965.

Günter Eich

Geb. 1907 in Lebus an der Oder, Mecklenburg. Er wuchs in Finsterwalde, Berlin und Leipzig auf. Nach dem Abitur, 1928, Studium der Volkswirtschaft und Sinologie in Berlin und Paris. Von 1932 an arbeitete er als freier Schriftsteller. Im Krieg wurde er eingezogen, verbrachte danach ein Jahr in amerikanischer Kriegsgefangenschaft. Nach der Entlassung ließ er sich in Geisenhausen bei Landshut nieder. 1953 heiratete er die Schriftstellerin Ilse Aichinger. Sie haben zwei Kinder, Clemens und Mirjam. Zuletzt wohnte Eich in Groß-Gmain bei Salzburg, wo er 1972 gestorben ist.

Publikationen u. a.: Gedichte. 1930; Das festliche Jahr. Ein Lesebüchlein vom Königswinterhäuser Landboten. Hg. von Günter Eich und Martin Raschke. 1936; Katharina. Erzählung. 1936; Abgelegene Gehöfte. Gedichte. 1948; Untergrundbahn. Gedichte. 1949; Träume. Vier Spiele. 1953; Botschaften des Regens. Gedichte. 1955; Zinngeschrei. Ein Hörspiel. 1956; Die Brandung vor Setúbal. Ein Hörspiel. 1957; Allah hat hundert Namen. Hörspiel. 1958; Stimmen. Sieben Hörspiele. 1958; Die Mädchen aus Viterbo. Hörspiel. 1958; Ausgewählte Gedichte. 1960. Die Brandung von Satúbal. Das Jahr Lazertis. Zwei Hörspiele. 1963; Zu den Akten. Gedichte. 1964; Marionettenspiele: Unter Wasser, Böhmische Schneider. 1964; In anderen Sprachen. Vier Hörspiele. 1964; Festianus, Märtyrer. Hörspiel. 1966; Anlässe und Steingärten. Gedichte. 1966; Fünfzehn Hörspiele. 1966; Kulka, Hilpert, Elefanten. 1968; Maulwürfe. Prosa. 1968; Gedichte. Prosa. Hörspiele. Hg. von Rainer Brambach. 1969; Ein Tibeter in meinem Büro. 49 Maulwürfe. 1970; Gesammelte Maulwürfe. 1972; Ein Lesebuch. Ausgewählt von Günter Eich. 1972; Gedichte. Ausgewählt von Ilse Aichinger. 1973; Gesammelte Werke. Hg. in Verbindung mit Ilse Aichinger und unter Mitwirkung von Susanne Müller-Hanpft, Horst Ohde, Heinz W. Schafroth und Heinz Schwitzke. 1973; Tage mit Hähern. Ausgewählte Gedichte. 1975; Aus dem Chinesischen. Übersetzung von Günter Eich. 1976; Briefe an Rainer Brambach. 1977; Der 29. Februar. Ein Märchen. Mit Bildern von Edda Köchel. 1978.

Hans Magnus Enzensberger

Geb. 1929 in Kaufbeuren / Allgäu. Kindheit und Jugend in Nürnberg (1931–1942). 1942–1945 Besuch der Oberschule in Gunzenhausen und Oettingen; 1945 Volkssturm; erste literarische Versuche. Nach dem Abitur Studium der Literaturwissenschaft, Sprachen, Philosophie in Erlangen, Freiburg i. Br., Hamburg, Paris. 1955 Promotion in Erlangen zum Dr. phil. (»Über das dichterische Verfahren in Clemens Brentanos lyrischem Werk«). Mitglied der Gruppe 47. 1955–1957 Redakteur in der Redaktion »Radio-Essay« (verantwortlich Alfred Andersch) beim Süddeutschen Rundfunk; Gastdozent an der Hochschule für Gestaltung in Ulm. 1957 bis 1960 Auslandsaufenthalte in den USA, Mexiko, Norwegen, Italien. 1960/61 Verlagslektor im Suhrkamp-Verlag Frankfurt/M. 1963/64 Reisen in die UdSSR und in den Nahen Osten. 1964/65 Gastprofessur für Poetik an der Universität Frankfurt/M. Danach Übersiedlung nach Berlin. 1965 Gründung der Zeitschrift »Kursbuch« (bis 1975 Herausgeber, dann: Mitarbeiter). 1967/68 Gastprofessor an der Wesleyan University in Connecticut/USA; Niederlegen der Professur und Aufenthalt (bis 1969) in Kuba. 1974/75 längerer Aufenthalt in New York. 1980 Gründung der Zeitschrift »TransAtlantik«; Mitwirkung bis 1982. Seit 1985 Herausgeber der »Anderen Bibliothek« (bis 1989 verlegt bei Franz Greno, seit 1990 im Eichborn-Verlag); bisher über 100 Bände. 1994 wurde Enzensberger Mitglied der 1993 gegründeten Deutschen Nationalstiftung, die es sich zum Ziel setzt, die Einigung Europas weiter voranzubringen. Enzensberger lebt seit 1979 in München.

Publikationen u. a.: verteidigung der wölfe. Gedichte. 1957; Clemens Brentano: Gedichte, Erzählungen, Briefe. Hg. von Hans Magnus Enzensberger; Zupp. Eine Geschichte von Hans Magnus Enzensberger in der sehr viel vorkommt mit Bildern von Gisela Andersch auf denen sehr viel drauf ist, nämlich... 1959; Museum der modernen Poesie. Eingerichtet von Hans Magnus Enzensberger. 1960; landessprache. Gedichte. 1960; Brentanos Poetik. 1961; Allerleirauh. Viele schöne Kinderreime. 1961; David Rokeah: Poesie. Gedichte. Hebräisch und deutsch. Hg. von Hans Magnus Enzensberger. 1962; Gunnar Ekelöf: Poesie. Gedichte. Schwedisch und deutsch. Hg. von Hans Magnus Enzensberger. 1962; Giorgos Seferis: Poesie. Gedichte. Griechisch und deutsch. Hg. von Hans Magnus Enzensberger. 1962; Einzelheiten. Essays. 1962; Gedichte. Die Entstehung eines Gedichts. 1962; Vorzeichen. Fünf neue deutsche Autoren. Hg. von Hans Magnus Enzensberger; Andreas Gryphius: Gedichte. Auswahl: Hans Magnus Enzensberger. 1962; Fernando Pessoa: Poesie. Gedichte. Portugiesisch und deutsch. Hg. von Hans Magnus Enzensberger. 1962; Carlo Emilio Gadda: Die Erkenntnis des Schmerzes. Hg. von Hans Magnus Enzensberger. 1963; Oscar Vladislas de Lubicz Milosz: Poesie. Gedichte. Französisch und deutsch. Hg. von Hans Magnus Enzensberger. 1963; Nelly Sachs: Ausgewählte Gedichte. Hg. von Hans Magnus Enzensberger. 1963; blindenschrift. Gedichte. 1964; Politik und Verbrechen. Neun Beiträge. 1964; Carlos Drummond de Andrade: Poesie. Gedichte. Portugiesisch und deutsch. Hg. von Hans Magnus Enzensberger. 1965; Paavo Haarikko: Poesie. Gedichte. Finnisch und deutsch. Hg. von Hans Magnus Enzensberger. 1965; Frantisek Halas: Poesie. Gedichte. Tschechisch und deutsch. Hg. von Hans Magnus Enzensberger. 1965; Karl Vennberg: Posie. Gedichte. Schwedisch und deutsch. Hg. von Hans Magnus Enzensberger. 1965; Georg Büchner/Ludwig Weidig: Der Hessische Landbote. Texte, Briefe, Prozeßakten. Hg. und kommentiert von Hans Magnus Enzensberger. 1965; Kursbuch. Hg. von Hans Magnus Enzensberger. Bd. 1. 1965. Bd. 40. 1975; Deutschland, Deutschland unter anderm. Äußerungen zur Politik. 1967; Staatsgefährdende Umtriebe. Offener Brief an Bundesjustizminister Heinemann. 1968; Freisprüche. Revolutionäre vor Gericht. 1970; Das Verhör von Habana. 1970; Gedichte. 1955–1970. 1971; Der kurze Sommer der Anarchie. Buenaventura Durrutis Leben und Tod. Roman. 1972; Gespräche mit Marx und Engels. Mit einem Personen-, Elogen- und Injurienverzeichnis sowie mit einem Quellenverzeichnis. 1973; Gedichte. Auswahl: Bernd Jentzsch. 1974; Palaver. Politische Überlegungen. 1967–1973. 1974; Mausoleum. Siebenunddreißig Balladen aus der Geschichte des Fortschritts. 1975; Der Weg ins Freie. Fünf Lebensläufe. 1975; Der Untergang der Titanic. Eine Komödie. 1978; Beschreibung eines Dickichts. Gedichte. 1979; Die Furie des Verschwindens. Gedichte. 1980; Dreiunddreißig Gedichte. 1981; Im Gegenteil. Gedichte, Szenen, Essays. 1981; Politische Brosamen. Essays. 1982; Die Gedichte. 1983; Der Menschenfreund. Den Mauen Diderots. Komödie nach ›Est-il bon? Est-il méchant?‹. 1984; Die andere Bibliothek. Buchreihe. Hg. von Hans Magnus Enzensberger. 1985 ff.; Das Wasserzeichen der Poesie oder Die Kunst und das Vergnügen, Gedichte zu lesen. Unter dem Pseudonym Andreas Thalmayr. 1985; Auferstanden über alles. Fünf Untersuchungen. 1986; Gedichte 1950–1985: 1986; Ach Europa! Wahrnehmungen aus sieben Ländern. Mit einem Epilog aus dem Jahre 2006. 1987; Mittelmaß und Wahn. Gesammelte Zerstreuungen. 1988; Requiem für eine romantische Frau. Die Geschichte von Auguste Bussmann und Clemens Brentano. 1988; Eingriffe. Jahrbuch für gesellschaftliche Umtriebe. Von Hans Magnus Enzensberger u. a. Hg. und bearbeitet von Klaus Bittermann. 1988; Der Fliegende Robert. Gedichte, Szenen, Essays. 1989; Zukunftsmusik. Gedichte. 1991; Die große Wanderung. 1992; Aussichten auf den Bürgerkrieg. 1993; Diderots Schatten. Unterhaltungen. Szenen. Essays. 1994; Kiosk. Gedichte. 1995.

Erich Fried

Geb. 1921 in Wien. Lebte seit dem Herbst 1938 als Emigrant in London. Er war dort Arbeiter, Chemiker, Bibliothekar, Redakteur und seit 1952 Kommentator des deutschen Programms der BBC. Diese Tätigkeit gab er 1968 auf. Seine lyrischen Anfänge liegen in der Kindheit, in den letzten Kriegsjahren erschienen seine ersten Gedichtbände. Seit 1958 publizierte er zahlreiche Bände mit Gedichten, einen Roman, Prosabände, einen Operntext, Hörspiele, Übersetzungen u. a. von John M. Synge, Arnold Wesker, T. S. Eliot, Dylan Thomas und vor allem von Shakespeare. Sein politisches Engagement (u. a. gegen den Vietnam-Krieg, die Politik Israels gegenüber den Palästinensern, die Formen der Terrorismus-Bekämpfung in der Bundesrepublik) hat ihn in viele politische Kontroversen geführt und ihm heftige Anfeindungen eingetragen. Fried starb 1988 in Baden-Baden nach langem Krebsleiden.

Publikationen u. a.: Gesammelte Werke. Hg. von Klaus Wagenbach. Berlin: Klaus Wagenbach Verlag. 1993.

Walter Helmut Fritz

Geb. 1929 in Karlsruhe. Aufgewachsen im Nordschwarzwald (Waldprechtsweier) und in Rastatt. Studium der Literatur und Philosophie, Universität Heidelberg (1949–1954). Bis 1964 Lehrer am Karlsruher Gymnasium. Freier Schriftsteller und nebenher Universitätsdozent in Karlsruhe. Zwei Jahre Lektoratsarbeit im S. Fischer Verlag (1968–1970). 1983 Poetik-Dozentur der Universität Mainz.

Publikationen u. a.: Achtsam sein. Gedichte. 1956; Bild und Zeichen. Gedichte. 1958; Veränderte Jahre. Gedichte. 1963; Umwege. Erzählungen. 1964; Zwischenbemerkungen. Prosa. 1964; Abweichung. Roman. 1965; Die Zuverlässigkeit der Unruhe. Gedichte. 1966; Bemerkungen zu einer Gegend. Prosa. 1969; Die Verwechslung. Roman. 1970; Aus der Nähe. Gedichte. 1972; Die Beschaffenheit solcher Tage. Roman. 1972; Bevor uns Hören und Sehen vergeht. Roman. 1975; Schwierige Überfahrt. Gedichte. 1976; Sehnsucht. Gedichte. 1978; Gesammelte Gedichte. 1979; Wunschtraum Alptraum. Gedichte. 1981; Werkzeuge der Freiheit. Gedichte. 1983; Cornelias Traum und andere Aufzeichnungen. 1985; Immer einfacher, immer schwieriger. Gedichte. 1987; Zeit des Sehens. Prosa. 1989; Die Schlüssel sind vertauscht. Gedichte. 1992; Gesammelte Gedichte. 1979–1994. 1994.

Günter Bruno Fuchs

Geb. 1928 in Berlin. Uneheliches Kind eines Kellners und einer Stenotypistin. Lernt als evakuierter Schüler in der Slowakei von den Nationalsozialisten verfolgte Zigeuner kennen. Ab Oktober 1944 Luftwaffenhelfer, Arbeitsdienst; kurzer Fronteinsatz. Bis Dezember 1945 Kriegsgefangenschaft in Belgien. Kehrt nach Berlin zurück. Tagsüber Student an der Hochschule für bildende Kunst und Meisterschule für Grafik, abends Besuch der Ingenieurschule für Hochbau. 1948–50 Schulhelfer in Berlin/Ostsektor. Lebt zunächst vom Verkauf selbstgefertigter Kärtchen mit illustrierten Gedichten; Gelegenheitsarbeiten auf dem Bau. 1950–52 Wohnort Herne im Ruhrgebiet. Arbeit in der Zeche und im Zirkus. Freier Mitarbeiter der »Westdeutschen Allgemeinen Zeitung«. 1952–58 wohnhaft in Reutlingen, wo er als Zeichenlehrer, Straßenbauarbeiter und Mitarbeiter für Zeitungen und Rundfunk tätig ist. Gibt zusammen mit Martin Gregor-Dellin u. a. »Telegramme«, literarisch-grafische Flugschriften, und »Visum«, Zeitschrift für Lyrik, Prosa und Grafik, heraus. 1957/58 Freundschaft mit V. O. Stomps und Robert Wolfgang Schnell. 1958 Rückkehr nach Berlin. Gründet 1959 mit Schnell und Günter Anlauf die Hinterhof-Galerie »Zinke«. Versuche, mit Johannes Bobrowski, Manfred Bieler und Schnell den Friedrichshagener Dichterkreis neu zu gründen. 1963 Gründung der in Berlin-Kreuzberg beheimateten »Rixdorfer Drucke«. Bis zu seinem Tode in Berlin lebend. Grafisch und literarisch für Verlage und Funk tätig. 1972 Regisseur des Films »Denkmalforschung«. 1977 in Berlin gestorben.

Publikationen u. a.: Chap, der Enkel des Waldläufers. Erzählung für Kinder. 1952; Das Abenteuer der Taube. Erzählung für Kinder. 1953; Der verratene Messias. 1953; Der Morgen. Ein Zyklus. 1954; Die Jungen vom Teufelsmoor. 1956; Zigeunertrommel. Gedichte. 1956; Nach der Haussuchung. Gedichte. 1957; Polizeistunde. Erzählung. 1959; Fisimatenten. 1959; Brevier eines Degenschluckers. 1960; Trinkmeditation. Gedichte und Zeilen. 1962; Krümelnehmer oder 34 Kapitel aus dem Leben des Tierstimmen-Imitators Ewald K. Roman. 1963; Die Meisengeige. Zeitgenössische Nonsensverse. 1964; Pennergesang. Gedichte und Chansons. 1965; Herrn Eules Kreuzberger Kneipentraum. 1966; Blätter eines Hof-Poeten & andere Gedichte. 1967; Ein dicker Mann wandert. 1967; Zwischen Kopf und Kragen. 1967; Bericht eines Bremer Stadtmusikanten. Roman. 1968; Handbuch für Einwohner. Prosagedichte. 1970; Das Lesebuch des Günter Bruno Fuchs. 1970; Gedichte eines Hofpoeten. 1971; Der Bahnwärter Sandomir. Seine Abenteuer an der offenen oder geschlossenen Bahnschranke. 1971; Neue Fibelgeschichten. 1971; Aus dem Leben eines Taugenichts: Jahresroman. 1972; Reiseplan für Westberliner, anläßlich einer Reise nach Moskau und zurück. 1972; Wanderbühne – Geschichten und Bilder. 1976; Die Ankunft des Großen Unordentlichen in einer ordentlichen Zeit. 1978; Gesammelte Fibelgeschichten und letzte Gedichte. 1978; Werke. 3 Bde. Hg. von Wilfried Ihrig. 1990ff.

Günter Grass

Geb. 1927 in Danzig, wo seine Eltern im Vorort Langfuhr ein Lebensmittelgeschäft besaßen. Im Krieg Flakhelfer, dann Einberufung zum Arbeitsdienst, danach zum Kriegsdienst als Panzerschütze. 1945 Verwundung und amerikanische Kriegsgefangenschaft. 1946/47 Arbeit im Bergwerk, Steinmetzpraktikum. 1948–1952 Studium der Bildhauerei und Graphik in Düsseldorf. 1953–1956 Bildhauerstudium bei Karl Hartung in Berlin, daneben schriftstellerische Arbeit. Seit 1955 in der Gruppe 47. 1954 Heirat mit der Schweizer Ballettstudentin Anna Schwarz. 1956–1959 Aufenthalt in Paris, Aufgabe der bildhauerischen Arbeit. Wohnt seit 1960 in Berlin, daneben von 1972 bis 1987 in Wewelsfleth, Schleswig-Holstein, dann in Behlendorf bei Mölln, Schleswig-Holstein. Im Wahlkampf 1961 erstes persönliches Eintreten für Willy Brandt, in den Bundestagswahlkämpfen bis 1972 zahlreiche Wahlveranstaltungen für die SPD, später häufig Reden bei Landtagswahlkämpfen. 1978 Stiftung des »Alfred-Döblin-Preises«. Scheidung von Anna Grass, 1979 Heirat mit der Organistin Ute Grunert. Engagement in der Friedensbewegung. 1982 Eintritt in die SPD; Austritt 1992 aus Protest gegen ihre Asylpolitik. 1983–1986 Präsident der Berliner Akademie der Künste; Austritt 1989. August 1986 bis Januar 1987 Aufenthalt in Kalkutta.

Publikationen: Werkausgabe in 10 Bänden. Hg. von Volker Neuhaus. 1987. (Kritisch durchgesehen, kommentiert und mit Nachworten versehen; ausgestattet mit Karten von Danzig, Langfuhr und dem Freistaat (in Band 2), einer Tabelle zur Geschichte Danzigs (in Band 5) und einer Grass-Vita mit Selbstaussagen (in Band 10).

Durs Grünbein

In Dresden 1962 geboren. Studium der Theatergeschichte in Ostberlin, Abbruch 1987, seitdem freier Autor. Mitarbeit an verschiedenen Zeitschriften und Verlagsprojekten des Galrev Verlags; Kooperation mit Aktionskünstlern, Schauspielern und Malern; Aufsätze in Ausstellungskatalogen (u. a. für »Ilya Kabakov in Berlin«, 1990); Performances in Galerien. Seit 1989 Aufenthalte unter anderem in Amsterdam, Paris, London, Toronto, New York, Wien. Lebt seit 1986 in Berlin. Grünbein erhielt in diesem Jahr u. a. den Georg-Büchner-Preis.

Publikationen: Grauzone morgens. Gedichte. 1988; Schädelbasislektion. Gedichte. 1991; Folter und Fallen. Gedichte. 1994; Den Teuren Toten. 33 Epitaphe. 1994; Von der üblen Seite. Gedichte 1988–1991. 1994.

Ulla Hahn

Geb. 1946 in Brachthausen (Sauerland). Kindheit und Jugend in Monheim (Rheinland). Nach Mittlerer Reife und Bürolehre Abitur auf dem zweiten Bildungsweg. Studium der Literaturwissenschaft, Geschichte und Soziologie an den Universitäten Köln und Hamburg. Erste Veröffentlichungen einzelner Gedichte um 1970. Mitarbeit an der »Deutschen Volkszeitung« (Düsseldorf). Promotion zum Thema: »Operative Literatur in der BRD« (1978). Lehraufträge an den Universitäten Hamburg, Bremen und Oldenburg. 1979 Redakteurin in der Kulturabteilung bei Radio Bremen. 1981–1982 Aufenthalt in Rom. Lebt heute in Hamburg.

Publikationen: Literatur in der Aktion. Zur Entwicklung operativer Literaturformen in der Bundesrepublik. 1978; Stephan Hermlin. Aufsätze, Reportagen, Reden, Interviews. Hg. und Vorwort von Ulla Hahn. 1980; Herz über Kopf. Gedichte. 1981; Spielende. Gedichte. 1983; Gertrud Kolmar: Gedichte. Hg. und Nachwort von Ulla Hahn. 1984; Gertrud von le Fort: Die Tochter Farinatas. Hg. und Nachwort von Ulla Hahn. 1985; Freudenfeuer. Gedichte. 1985; Unerhörte Nähe. Mit einem Anhang für den, der fragt. 1988; Ein Mann im Haus. Roman. 1991; Klima für Engel. Gedichte. 1993; Liebesgedichte. 1993; Stechäpfel. Gedichte von Frauen aus drei Jahrtausenden. Anthologie. Hg. von Ulla Hahn. 1995.

Peter Handke

Geb. 1942 in Altenmark in der Gemeinde Griffen (Kärnten). Nach Absolvierung der Dorfschule in Griffen Besuch des Knabeninternats des katholisch-humanistischen Gymnasiums Tanzenberg. Lektüren u. a. Fallada, Hamsun, Dostojewski, Gorki, Thomas Wolfe, Faulkner; schrieb erste Texte für die Internatszeitschrift »Fackel«. 1959 Wechsel der Schule, die auf Heranziehung von Priesternachwuchs ausgerichtet war. 1961 Abitur in Klagenfurt. 1961 bis 1965 Jurastudium in Graz. Frühzeitig entschiedener Wille, als Schriftsteller zu leben. Während des Studiums Publikation von Texten in der Zeitschrift »manuskripte«. Kurz vor Abschluß des Studiums 1965 Annahme des Romanmanuskripts »Die Hornissen« durch den Suhrkamp Verlag, daraufhin Abbruch des Studiums. Wichtige Reisen führten ihn früh nach Jugoslawien, Rumänien und USA (bei seinem spektakulären Auftritt in Princeton 1966 warf er den Autoren der »Gruppe 47« ihre uninspirierte »Beschreibungsprosa« vor. Ehe mit der Schauspielerin Libgart Schwarz bis 1971; 1969 Geburt der Tochter Amina. Mehrfach wechselnde Wohnsitze: nach Graz Düsseldorf, dann Berlin, Paris, Köln, Frankfurt/M., Kronberg im Taunus, Paris; 1978/79 in den USA. Im Herbst 1979 Übersiedlung nach Salzburg. Ende der achtziger Jahre ausgedehnte Reisen und Wanderungen in Europa, Alaska und Japan. Seit 1991 Wohnsitz in Chaville bei Paris; dort Geburt einer zweiten Tochter. Als Regisseur präsentierte sich Handke 1992 beim Filmfestival in Venedig: Die Verfilmung seines Textes »Die Abwesenheit« mit Jeanne Moreau, Bruno Ganz und Alex Dessas in den Hauptrollen lief als deutscher Beitrag im Wettbewerb.

Publikationen u. a.: Die Hornissen. 1966; Der Hausierer. 1967; Begrüßung des Aufsichtsrates. 1967; Literatur ist romantisch. 1967; Kaspar. 1968; Prosa, Gedichte, Theaterstücke, Hörspiele, Aufsätze. 1969; Deutsche Gedichte. 1969; Die Innenwelt der Außenwelt der Innenwelt. 1969; Die Angst des Tormanns beim Elfmeter. 1970. Verfilmt 1972. Regie: Wim Wenders; Wind und Meer. Vier Hörspiele. 1970; Ritt über den Bodensee. 1970; Der kurze Brief zum langen Abschied. 1972; Ich bin ein Bewohner des Elfenbeinturms. 1972; Wunschloses Unglück. 1972; Die Unvernünftigen sterben aus. 1973; Als das Wünschen noch geholfen hat. 1974; Die Stunde der wahren Empfindungen. 1975; Prosa, Gedichte, Theaterstücke. 1975; Der Rand der Wörter. 1975; Die linkshändige Frau. 1976; Das Gewicht der Welt. 1977; Das Ende des Flanierens. Gedichte, Aufsätze, Reden, Rezensionen. 1977; Langsame Heimkehr. 1979; Die Lehre der Sainte-Victoire. 1980; Kindergeschichte. 1981; Über die Dörfer. 1981; Die Geschichte des Bleistifts. 1983; Der Chinese des Schmerzes. 1983; Gedicht an die Dauer. 1986; Die Wiederholung. 1986; Nachmittag eines Schriftstellers. 1987; Ein langes Gespräch. 1987; Gedichte. 1987; Die Abwesenheit. Ein Märchen. 1987; Aber ich lebe nur von den Zwischenräumen. Ein Gespräch mit Herbert Gamper. 1987; Das Spiel vom Fragen oder Die Reise zum sonoren Land. 1989; Versuch über die Müdigkeit. 1989; Versuch über die Jukebox. 1990; Noch einmal für Thukydides. 1990; Versuch über den geglückten Tag. 1991; Langsam im Schatten. 1992; Mein Jahr in der Niemandsbucht. 1994.

Hans-Jürgen Heise
Geb. 1930 in Bublitz, Pommern. Prägende Kindheitseindrücke durch die kleinstädtische und ländliche Welt des deutschen Ostens zu Beginn der dreißiger Jahre und durch den Tod der Mutter im April 1934. Heise kam 1938 nach Berlin. Bei Beginn des Bombenkrieges Evakuierung in den Geburtsort, 1945 Rückkehr nach Berlin. Lebensbedrohende Blutstürze. Erste Gedichte, die seit 1949 – teilweise unter Pseudonymen (Werner Birk, Hanns-Werner Krüger) – in Zeitungen, Zeitschriften und im Rundfunk erschienen. Literarische Aufsätze und Rezensionen, von Paul Wiegler ermuntert, in Berliner Blättern. 1949 Abbruch einer Ausbildung als Inspektorenanwärter bei der Post. Redaktionsvolontär der Ostberliner Kulturbund-Wochenzeitung »Sonntag«. 1950 Flucht nach Westberlin. Von 1958 bis 1993 Archivlektor am Institut für Weltwirtschaft in Kiel. 1960 Tod der ersten Frau. 1961 Eheschließung mit Annemarie Zornack, die seitdem literarische Weggefährtin ist, auch auf zahlreichen Reisen in die Mittelmeerländer, nach Afrika und Lateinamerika. 1988/89 Poetikdozent an der Johannes-Gutenberg-Universität Mainz.

Publikationen u.a.: Vorboten einer neuen Steppe. Gedichte. 1961; Poesie/Gedichte, italienisch–deutsch. 1967; Ein bewohnbares Haus. Gedichte. 1968; Uhrenvergleich. Gedichte. 1971; Drehtür. Parabeln. 1972; Underseas Possessions. Selected Poems. 1972; Besitzungen in Untersee. Gedichte. 1973; Das Profil unter der Maske. Essays. 1974; Vom Landurlaub zurück. Gedichte. 1975; Die zwei Flüsse von Granada. Reise-Essays. Mit Annemarie Zornack. 1976; Nachruf auf eine schöne Gegend. Gedichte und Kurzprosa. 1977; Ariels Einbürgerung im Land der Schwerkraft. Essays. 1978; Ausgewählte Gedichte 1950–1978. 1979; In schönster Tiefflugelaune. Gedichte. 1980; Meine kleine Freundin Schizophrenia. Prosagedichte. 1981; Ohne Fahrschein reist der Seewind. Gedichte. 1982; Der Phantasie Segel setzen. Gesammelte Gedichte. 1983; Vermessungsstäbe bilden den Gottesbegriff. Über Benn, Eich, Meister, Celan. Essays. 1985; Der Zug nach Gramenz. Gedichte. 1985; Einen Galgen für den Dichter. Stichworte zur Lyrik. Essays. 1986; Bilder und Klänge aus al-Andalus. Höhepunkte spanischer Literatur und Kunst. Essays. 1986; Die zweite Entdeckung Amerikas. Annäherungen an die Literatur des lateinamerikanischen Subkontinents. Essays. 1987; Der Macho und der Kampfhahn. Unterwegs in Spanien und Lateinamerika. Reise-Essays. Mit Annemarie Zornack. 1987; Einhandsegler des Traums. Gedichte, Prosagedichte, Selbstdarstellungen. 1989; Der Aufstand der Requisiten. Gedichte. 1992; Katzen fallen auf die Beine. Short Stories. 1993; Schreiben ist Reisen ohne Gepäck. Auskünfte über mich selbst. 1994; Die Wirklichkeit erfindet mich. Das lyrische Werk 1948–1993. 1994.

Helmut Heißenbüttel
Geb. 1921 in Rüstringen bei Wilhelmshaven, ist dort und in Papenburg aufgewachsen. Kriegsteilnahme und schwere Verwundung 1941. Studium der Architektur, Germanistik und Kunstgeschichte in Dresden, Leipzig und Hamburg. Zuerst Verlagslektor in Hamburg (1955–1957), danach freier Mitarbeiter und von 1959 bis 1981 Leiter der Redaktion »Radio-Essay« am Süddeutschen Rundfunk in Stuttgart. Lebt seit 1981 in Borsfleth.

Publikationen u.a.: Kombinationen. Gedichte 1951–1954. 1954; Topographien. Gedichte 1954/55. 1956; Ohne weiteres bekannt. Kurzportraits. 1958; Textbuch 1–4. 1960 ff; Textbuch 5. 3 × 13 mehr oder weniger Geschichten. 1965; Über Literatur. Aufsätze und Frankfurter Vorlesungen. 1966; Textbuch 6. Neue Abhandlungen über den menschlichen Verstand. Wolfgang Koeppen gewidmet. 1967; Briefwechsel über Literatur. Zusammen mit Heinrich Vormweg. 1969; Projekt Nr. 1. D'Alemberts Ende. 1970; Zur Tradition der Moderne. Aufsätze und Anmerkungen. 1972; Gelegenheitsgedichte und Klappentexte. 1973; Antianthologie. Gedichte in deutscher Sprache nach der Zahl ihrer Wörter geordnet von Franz Mon und Helmut Heißenbüttel. 1973; Das Durchhauen des Kohlhaupts. Dreizehn Lehrgedichte. Projekt Nr. 2. 1974; Eichendorffs Untergang und andere Märchen. Projekt 3/1. 1978; Wenn Adolf Hitler den Krieg nicht gewonnen hätte. Historische Novellen und wahre Begebenheiten. Projekt 3/2. 1979; Die goldene Kuppel des Cornes Arbogast oder Lichtenberg in Hamburg. 1979; Das Ende der Alternative. Einfache Geschichten. Projekt 3/3. 1980; Ödipuskomplex made in Germany. Gelegenheitsgedichte, Totentage, Landschaften 1965–1980. 1981; Von der Lehrarbeit des Poetischen oder Jeder kann Gedichte schreiben. 1982; Von fliegenden Fröschen, libidinösen Epen, vaterländischen Romanen, Sprechblasen und Ohrwürmern. 13 Essays. 1982; Textbuch 8. 1981–1985. 1985; Textbuch 9. 3 × 13 × 13 Sätze. 1981–1984. 1986; Textbuch 10. Von Liebeskunst. 1986; Textbuch 11 in gereinigter Sprache. 1987; Fünf Kommentare und sechs Gedichte. 1987.

Uwe Herms

Geb. 1937 in Salzwedel, Altmark. 1945 Umzug nach Hamburg, Abitur 1957. Ab 1959 Studium der Germanistik, Geschichte, Kunstgeschichte, Philosophie, Anglistik in Hamburg und Heidelberg. 1962/63 Aufenthalt in den USA, Assistant Instructor für Deutsch an der Northwestern University, Evanston/Ill. Dort Master of Arts, 1963. 1971/72 Research Fellow des Department of German Studies der University of Warwick, Warwickshire, England. 1972–1977 Fernsehredakteur beim NDR. 1977 Mitorganisator des »1. Bundesdeutschen Lyrikfestivals« in Hamburg. 1978 »Poet in Residence« an der University of Texas, Austin. 1979 »Honorary Fellow of the International Writing Program« an der University of Iowa. 1980 Gastdozent in Peking. Nach längerem krankheitsbedingtem Aufenthalt in Davos, Schweiz, lebt er heute abwechselnd in Hamburg und in Osterhever/Eiderstedt.

Publikationen u. a.: Zu Lande Zu Wasser. 1969; Familiengedichte. Mit Fotos von Elke Herms. 1977; Der Mann mit dem verhodeten Hirnlappen. Deutsch/Englisch. 1977; Brokdorfer Kriegsfibel. Gedichte. 1977; Das Haus in Eiderstedt. Erzählung. 1985.

Kay Hoff

Geb. 1924 in Neustadt/Holstein. Wehrdienst 1942 bis 1945, russische Kriegsgefangenschaft bei Kriegsende. Studium der Psychologie, Germanistik und Kunstwissenschaft 1945 bis 1949, Promotion zum Dr. phil. mit der Dissertation »Die Wandlung des dichterischen Selbstverständnisses in der ersten Hälfte des 18. Jahrhunderts, dargestellt an der Lyrik dieser Zeit«. Von 1950 bis 1952 Bibliothekar in Düsseldorf, von 1952 bis 1970 freier Journalist und Schriftsteller, 1970 bis 1973 Leiter des Deutschen Kulturzentrums und der Hirsch-Bibliothek in Tel Aviv, seit 1973 wieder freier Schriftsteller. Mehrere Lese- und Studienreisen durch europäische, amerikanische und asiatische Länder. Lebt – nach häufigem Wechsel des Wohnorts – jetzt in Lübeck.

Publikationen u. a.: In Babel zuhaus. Gedichte. 1958; Kein Gericht dieser Welt. Hörspiel 1961; Zeitzeichen. Gedichte. 1962; Alarm. Hörspiel. 1963; Ein Unfall. Hörspiel. 1964;

Die Chance. Hörspiel. 1964; Skeptische Psalmen. Gedichte. 1965; Im Durchschnitt. Hörspiel. 1966; Konzert an vier Telefonen. Hörspiel. 1966; Bödelstedt oder Würstchen bürgerlich. Roman. 1966; Ein ehrlicher Mensch. Roman. 1967; Eine Geschichte. Erzählung. 1968; Ein Schiff bauen. Hörspiel. 1969; Netzwerk. Gedichte. 1969; Drei. Roman. 1970; Zwischenzeilen. Gedichte. 1970; Wir reisen nach Jerusalem. Roman. 1976; Bestandsaufnahme. Gedichte. 1977; Hörte ich recht? 8 Hörspiele. 1980; Gegen den Stundenschlag. Gedichte. 1982; Janus. Roman. 1984; Zur Zeit. Gedichte. 1987; Zeit-Gewinn. Gesammelte Gedichte 1953–1989. 1989; Frühe Gedichte 1951 / 52. 1994.

Bernd Jentzsch
Geb. 1940 in Plauen / Vogtland. Abitur, 1958–1960 Soldat. 1960–1965 Studium der Germanistik und Kunstgeschichte in Leipzig und Jena, Abschluß als Diplomgermanist. 1962 Mitglied im Deutschen Schriftstellerverband. 1965 Umzug nach Berlin / DDR, bis 1974 Lektor im Verlag Neues Leben. 1967 Gründung der monatlich erscheinenden Lyrikreihe »Poesiealbum« (122 Hefte bis 1977). Am 21. 11. 1976 protestierte er von der Schweiz aus, wo er sich zu einem Studienaufenthalt befand, in einem Offenen Brief an den DDR-Staatsvorsitzenden Erich Honecker gegen den Ausschluß Reiner Kunzes aus dem Schriftstellerverband und gegen die Ausbürgerung Wolf Biermanns. Nachdem ihm von der Stasi ein Strafprozeß angedroht wurde, entschloß sich Jentzsch, nicht in die DDR zurückzukehren, und nahm seinen Wohnsitz in Küsnacht bei Zürich. Eintragung ins Fahndungsbuch der DDR, Ausschluß aus dem Schriftstellerverband, Verlust der Staatsbürgerschaft der DDR, Einreiseverbot (das nicht einmal bei der Beerdigung seiner Mutter ausgesetzt wurde). 1977–1984 Lektor im Walter-Verlag, Olten; Herausgeber der Reihen »der kleine walter« (Kinderbücher, 1980–1982) und »Walter Literarium« (Bibliothek der Vergessenen, 1980–1985). Zusammen mit Helmut Heißenbüttel Herausgeber der Zeitschrift »Hermannstraße 14« (1978–1981); mit Juergen Seuss edierte er die Bücherei »Der Rüsselspringer« (1983–1985). 1982 Gastprofessur am Oberlin College, Ohio (USA). 1986 Übersiedlung in die Bundesrepublik nach Iserlohn, im Jahr darauf nach Euskirchen. Freier Verlagsmitarbeiter; Herausgeber der Taschenbuchreihe »Rowohlt Jahrhundert« (1987–1989). 1988 Wissenschaftlicher Mitarbeiter der Konrad-Adenauer-Stiftung, Bereich Medien und Kultur. 1988 Eintritt in den VS. Nach der Wende stellvertretender Vorsitzender des Schriftstellerverbands der DDR (und damit kooptiertes Mitglied des VS-Bundesvorstands). 1991 Austritt aus dem VS. Im selben Jahr (gemeinsam mit Juergen Seuss) Gründung der Deutschen Gesellschaft für Buchkunst und Buchform. Im Januar 1992 Ernennung zum Gründungsdirektor des Deutschen Literaturinstituts Leipzig.

Publikationen: Alphabet des Morgens. Gedichte. 1961; Jungfer im Grünen. Erzählung. 1973; Der Muskel-Floh Ignaz vom Stroh. Kinderbuch. 1974; Ratsch und ade! Geschichten. 1975; In stärkerem Maße. Gedichte. Deutsch und schwedisch. 1977; Quartiermachen. Gedichte. 1978; Vorgestern hat unser Hahn gewalzert. Kinderbuch. 1978; Berliner Dichtergarten und andere Brutstätten der reinen Vernunft. Geschichten. 1979; Irrwisch. Ein Gedicht. 1980; Die Wirkung des Ebers auf die Sau. Kinderbuch. 1980; Die Kaninchen von Berlin oder Von den strengen Ordnungen. Erzählungen. 1983; Rudolf Leonhard. Gedichteträumer. Biographischer Essay. 1984; Von der visuellen Wohlhabenheit. Essay.

1991; Poesiealbum 276; Bernd Jentzsch. Gedichte. 1991; Die alte Lust, sich aufzubäumen. Lesebuch. 1992; Flöze. Schriften und Archive 1954–1992. 1993.

Martin Jürgens
Geb. 1944. Studium in Münster, München und Zürich (Philosophie und Germanistik). Promotion über das Spätwerk Robert Walsers. Literarische Arbeiten in den 60er und 70er Jahren. Danach vor allem Publikationen zur Kunst- und Literatursoziologie. Hochschullehrer in Münster.

Marie Luise Kaschnitz
Geb. 1901 in Karlsruhe (als Marie Luise von Holzing-Berstett). Kindheit und Jugend in Potsdam und Berlin, später in Bollschweil bei Freiburg/Br. Buchhändlerlehre in Weimar, Arbeit als Buchhändlerin in München und Rom. 1925 Ehe mit dem österreichischen Archäologen Guido Kaschnitz von Weinberg. Zusammen mit ihm lebte sie in Rom (1926–1932, 1953–1956), Königsberg (1932–1937), Marburg (1937–1941), vor allem in Frankfurt (1941–1953, 1956 bis zu ihrem Tod). Sie unternahm mit ihrem Mann ausgedehnte Studienreisen, vor allem im Mittelmeerraum. Nach seinem Tod lebte sie vor allem in Frankfurt und im Haus ihres Bruders in Bollschweil; dazwischen längere Aufenthalte in Rom, Lesereisen unter anderem in Südamerika und den USA. 1960 war sie Inhaberin des Lehrstuhls für Poetik an der Universität Frankfurt. Sie starb am 10. 10. 1974 während eines Besuches bei ihrer Tochter in Rom; begraben ist sie in Bollschweil.
Publikationen u. a.: Gesammelte Werke in sieben Bänden. Hg. von Christian Büttrich und Norbert Miller. 1981 ff.

Hans-Peter Keller
Geb. 1915 in Rosellerheide, Niederrhein. Studium der Philosophie in Löwen und Köln. Im Krieg an der Westfront und in Rußland. Nach 1945 Stationen Paris, Stromboli, Palermo. Lektor an verschiedenen Verlagen in der Schweiz. Von 1955–1980 Literaturlehrer an den Buchhandelsfachklassen Düsseldorf. Lebte dann als freier Schriftsteller in Kaarst bei Neuss. 1989 in Kaarst gestorben.
Publikationen u. a.: Die schmale Furt. Gedichte. 1938; Zelt am Strom. Gedichte. 1943; Der Schierlingsbecher. Gedichte. 1947; Die Opfergrube. Gedichte. 1953; Die wankende Stunde. Gedichte. 1958; Die nackten Fenster. Gedichte. 1960; Herbstauge. Gedichte. 1961; Auch Gold rostet. Gedichte. 1962; Grundwasser. Gedichte. 1965; Panoptikum aus dem Augenwinkel. 1967; Stichwörter. Flickwörter. Gedichte. 1969; Kauderwelsch. 1971; Extrakt um 18 Uhr. Gedichte und Prosa. 1975.

Sarah Kirsch
Geb. 1935 in Limburgerode (Südharz). Nach dem Abitur Arbeit in einer Zuckerfabrik, dann Studium der Biologie in Halle. 1963–1965 Studium am Institut für Literatur »Johannes R. Becher« in Leipzig. Danach freie Schriftstellerin, seit 1968 in Ost-Berlin, seit 1977 in West-Berlin, seit 1983 in Tielenhemme (Schleswig-Holstein).
Publikationen u. a.: Die betrunkene Sonne. – Der Stärkste. Zusammen mit Rainer

Kirsch. 1966; Gespräch mit dem Saurier. Gedichte. Zusammen mit Rainer Kirsch. 1965; Landaufenthalt. Gedichte. 1967; Gedichte. 1967; Hänsel und Gretel. Eine illustrierte Geschichte für kleine und große Leute nach der gleichnamigen Märchenoper von Adelheid Wette und Engelbert Humperdinck. 1972; Die Pantherfrau. 1973; Die ungeheuren bergehohen Wellen auf See. Erzählungen. 1973; Zaubersprüche. 1974; Es war dieser merkwürdige Sommer. Gedichte. 1974; Caroline im Wassertropfen. Zusammen mit Erdmut Oelschläger. 1975; Zwischen Herbst und Winter. Kinderbuch. Zusammen mit Ingrid Schuppau. 1975; Rückenwind. Gedichte. 1976; Musik auf dem Wasser. Gedichte. 1977; Wiepersdorf. 1977; Das Lied von der Heerfahrt Igors. 1977; Sommergedichte. Poetische Wandzeitung. 1978; Wintergedichte. Poetische Wandzeitung. 1978; Ein Sommerregen. 1978; Drachensteigen. Gedichte. 1979; Wind. Zusammen mit Kota Taniuchi. 1979; La Pagerie. 1980; Hans mein Igel. Nach den Kinder- und Hausmärchen der Gebrüder Grimm erzählt von Sarah Kirsch. 1980; Erdreich. Gedichte. 1982; Zwischen Herbst und Winter. 1983; Katzenleben. Gedichte. 1984; Landwege. Eine Auswahl 1980–1985. Mit einem Nachwort von Günter Kunert. 1985; Hundert Gedichte. 1985; conjurations. Deutsch-englische Ausgabe einer Gedichtauswahl. 1985; Annette von Droste-Hülshoff. Auswahl von Sarah Kirsch. 1986; Irrstern. Prosa. 1987; Allerlei-Rauh. Eine Chronik. 1988; Schneewärme. Gedichte. 1989; Die Flut. Auswahl von Gerhard Wolf. 1990; Spreu. Prosa. 1991; Erlkönigs Tochter. Gedichte. 1992; Eisland. Zwölf Gedichte. 1992; Katzenkopfpflaster. Gedichte. 1993; Wasserbilder. Ein gemischtes Bündel. 1993; Das simple Leben. 1994.

Wulf Kirsten

Geb. 1934 in Klipphausen, besuchte die Volksschule in Sachsdorf, dann die Oberschule in Meißen. Nach einer kaufmännischen Lehre war er Bauarbeiter, später Buchhalter und Sachbearbeiter in einer Konsumgenossenschaft. 1957 wurde Kirsten zur Arbeiter- und Bauernfakultät nach Leipzig delegiert und konnte dort von 1960–1964 ein Pädagogikstudium für Deutsch und Russisch alsolvieren. 1962 wurde er freier Mitarbeiter am Wörterbuch für sächsische Mundarten (Akademie der Wissenschaften Leipzig), war danach zeitweise Lehrer, Referent für Bauwesen in einer Konsumgenossenschaft und wurde 1965 Lektor im Aufbau-Verlag, in dessen Weimarer Dependance er seit November 1966 arbeitet. 1971 wurde Kirsten Mitglied des Schriftstellerverbandes der DDR. Verschiedene Reisen führten ihn nach Rumänien, in die Sowjetunion, in die Tschechoslowakei und nach Westeuropa. Seit 1990 ist Kirsten Sekretär der deutschen Schillerstiftung Weimar.

Publikationen u. a.: Poesiealbum 4. Wulf Kirsten. 1968; satzanfang. gedichte. 1970; Ziegelbrennersprache. Gedichte. 1974; der landgänger. Gedichte. 1976; der bleibaum. gedichte. 1977; Die Schlacht bei Kesselsdorf. Ein Bericht. 1984; die erde bei Meißen. gedichte. Auswahl und Nachwort von Eberhard Haufe. 1986; Veilchenzeit. Gedichte. 1989; Winterfreuden. Zwei Prosatexte. 1990; stimmenschotter. Gedichte 1987–1992. 1993.

Karl Krolow

Geb. 1915 in Hannover und dort aufgewachsen. 1935–1942 Studium (Germanistik, Romanistik, Kunstgeschichte, Philosophie) in Göttingen, Breslau und wieder Göttingen. Seit 1940 Veröffentlichung einzelner Gedichte in Zeitungen und Zeitschriften, seit 1942 freier Schriftsteller. Neben Lyrik, Übersetzungen und Prosa auch zahlreiche literaturkritische Veröffentlichungen in

Zeitungen, Zeitschriften und Rundfunk. 1951 Umzug von Göttingen nach Hannover. Seit 1956 wohnt Krolow in Darmstadt. Gastdozentur für Poetik in Frankfurt/M. (Wintersemester 1960/61) und in München (1964).

Publikationen u. a.: Hochgelobtes gutes Leben. Gedichte. 1943; Die Zeichen der Welt. Gedichte. 1952; Aspekte. Zeitgenössische deutsche Lyrik. Frankfurter Vorlesungen. 1961; Gesammelte Gedichte. 1964; Unter uns Lesern. Essay. 1968; Zeitvergehen. Gedichte. 1972; Der Einfachheit halber. Gedichte. 1977; Das andere Leben. Erzählung. 1979; Herbstsonett mit Hegel. Gedichte. 1981; Im Gehen. Prosa. 1981; Von Null bis unendlich. Gedichte. 1982; Gesammelte Gedichte 1–3. 1985; Als es soweit war. Gedichte. 1988; Auf Erden. Frühe Gedichte. 1989; Les Fenêtres. Die Fenster. Mit Texten von Rainer Maria Rilke. 1990; Meine Gedichte. Anthologie. 1990; Wenn die Schwermut Fortschritte macht. Ein Lesebuch: Gedichte, Prosa, Essays. Hg. von Kurt Drawert. 1990; Ich höre mich sagen. Gedichte. 1992; Etwas brennt. Gesammelte Prosa. 1994.

Dietrich Krusche

Geb. 1935 in Rippin/Westpreußen. Nach dem Studium der Germanistik und der klassischen Philologie (1973 Promotion über Kafka) war Krusche von 1961–1963 Lektor an der Universität Ceylon. 1966–1968 an der Universität Okayama/Japan. Seit seiner Habilitation lehrt er an der Universität München.

Publikationen u. a.: Der Fisch im Sand. Erzählungen. 1980; Japan. Konkrete Fremde. 1983; Klatschen mit einer Hand. Gedichte. 1990; Literatur und Fremde. Zur Hermeneutik kulturräumlicher Distanz. 1993; Reisen. Verabredung mit der Fremde. 1994; Stimmen im Rücken. Roman. 1994.

Günter Kunert

Geb. 1929 in Berlin. 1936 Volksschule; keine Weiterbildungsmöglichkeiten wegen seiner jüdischen Abstammung; 1943 Lehrling in einem Bekleidungsgeschäft; während des Krieges von den Nazi-Behörden für wehrunfähig erklärt; 1946 studiert er fünf Semester Graphik an der Hochschule für angewandte Kunst in Berlin-Weißensee. 1948 publiziert er erstmals Gedichte und Geschichten für die Zeitschrift »Ulenspiegel«; 1948/49 Eintritt in die SED; 1950 Entdeckung und Förderung durch Johannes E. Becher; 1951/52 Bekanntschaft mit B. Brecht; seit 1952 Mitarbeit an verschiedenen Zeitschriften; Beiträge für Film, Fernsehen und Rundfunk; seit 1965 verstärkte Kritik an Kunert innerhalb kulturpolitischer Debatten in der DDR; 1972/73 Visiting Associate Professor an der University of Texas in Austin/Texas; anschließend Reise durch die USA; 1975 Writer in Residence an der University of Warwick/Großbritannien; seit 1976 Mitglied der Akademie der Künste (Berlin-West); im gleichen Jahr protestiert er als Mitunterzeichner der Biermann-Petition gegen die Ausbürgerung des DDR-Liedermachers; 1977 Streichung der SED-Mitgliedschaft; seit Oktober 1979 mehrjähriges Visum für die Bundesrepublik Deutschland; lebt seitdem als freier Schriftsteller bei Itzehoe.

Publikationen u. a.: Wegschilder und Mauerinschriften. Gedichte. 1950; Tagwerke. Gedichte. 1960; Tagträume. Kleine Prosa. 1964; Im Namen der Hüte. Roman. 1967; Warnung vor Spiegeln. Gedichte. 1970; Ortsangaben. Prosa. 1971; Keine Affäre. Drei Geschichten. 1976; Unruhiger Schlaf. Gesammelte Gedichte. 1979; Abtötungsverfahren. Gedichte. 1980; Stilleben. Gedichte. 1983; Zurück ins Paradies. 1984; Vor der Sintflut –

Das Gedicht als Arche Noah (Frankfurter Vorlesungen). 1985; Berlin beizeiten. Gedichte. 1987; Fremd daheim. Gedichte. 1990; Günter Kunert – Zwischen den Meeren. 1991; Die letzten Indianer Europas. Essays und Vorträge. 1991; Der Sturz vom Sockel. Aufsätze. 1992; Im toten Winkel. Kleine Prosa. 1992; Baum. Stein. Beton. Reisen zwischen Ober- und Unterwelt. 1994.

Reiner Kunze

Geb. 1933 in Oelsnitz/Erzgebirge. 1951–1955 Studium der Philosophie und Journalistik in Leipzig, anschließend bis 1959 wissenschaftlicher Assistent mit Lehrauftrag an der Karl-Marx-Universität Leipzig (Fakultät für Journalistik), wo er sich vor allem Problemen der Reportage und des Zeitungsfeuilletons zuwandte. Nach schweren politischen Angriffen verließ er, kurz vor der geplanten Promotion, die Universität. Arbeit als Hilfsschlosser im Schwermaschinenbau. Mehrfach hielt er sich länger in der Tschechoslowakei auf, befaßte sich intensiv mit tschechischer Dichtung; er heiratete eine tschechische Zahnärztin und beschäftigte sich in der Folgezeit mit Nachdichtungen und Übersetzungen aus dem Tschechischen. Seit 1962 freiberuflicher Schriftsteller. Schwierigkeiten bei der Veröffentlichung seiner Arbeiten in der DDR bis hin zum Publikationsverbot. Bis zur Übersiedlung in die Bundesrepublik im April 1977 lebte er in Greiz (Thüringen). Der Ausreise war ein heftiger und schikanöser Nervenkrieg der Behörden gegen Kunze vorangegangen, zu dem auch der 1976 erfolgte Ausschluß aus dem Schriftstellerverband der DDR gehörte (der im Dezember 1989 wieder rückgängig gemacht wurde). Kunze wohnt jetzt in Obernzell-Erlau nahe Passau. Im August 1982 trat er aus dem Verband deutscher Schriftsteller (VS) aus, weil er mit der nach seiner Ansicht unerlaubt kommunistenfreundlichen Politik des damaligen Vorstands mit Bernt Engelmann als Vorsitzendem nicht einverstanden war. 1988/89 Gastdozenturen für Poetik der Gegenwartsliteratur an den Universitäten München und Würzburg.

Publikationen u. a.: Sensible Wege. Gedichte. 1969; Der Löwe Leopold. Fast Märchen, fast Geschichten. 1970; Zimmerlautstärke. Gedichte. 1972; Die wunderbaren Jahre. Prosa. 1976; Das Kätzchen. Verse für Kinder. Mit Illustrationen von Horst Sauerbruch. 1979; auf eigene Hoffnung. Gedichte. 1981; In Deutschland zuhaus. Funk- und Fernsehinterviews. 1977–1983. 1984; eines jeden einziges leben. Gedichte. 1986; Zurückgeworfen auf sich selbst. Interviews 1984–1988. 1989; Das weiße Gedicht. Essays. 1989; Deckname »Lyrik«. Dokumentation. 1990; Wohin der Schlaf sich schlafen legt. Gedichte für Kinder. Mit Illustrationen von Karl Franta. 1991; Mensch ohne Macht. Dankreden. 1991; Am Sonnenhang. Tagebuch eines Jahres. 1993; Begehrte, unbequeme Freiheit. Interviews 1989–1992. 1993; Wo Freiheit ist... Gespräche und Interviews 1977–1993. 1994.

Helmut Lamprecht

Geb. 1925 in Ivenrode bei Magdeburg. Von 1943 bis 1945 Soldat, legte 1946 das Abitur in Halle/Saale ab. Er studierte in Halle und Frankfurt am Main Germanistik, Philosophie, Geschichte und Soziologie (Promotion über Wilhelm Raabe). Entscheidend für Lamprechts intellektuelle Entwicklung war die Begegnung mit Adorno, mit dem er bis zu dessem Tod in freundschaftlichem Kontakt stand. 1977–1990 war Lamprecht Leiter des »Kulturellen Wortes« bei Radio Bremen; seitdem ist er freier Schriftsteller.

Publikationen u.a.: Gedichte. 1953; Teenager und Manager. 1960; Erfolg und Gesellschaft. 1964; Ungewisser Tatbestand – 16 Autoren variieren ein Thema. Hg. von Helmut Lamprecht. 1964; Deutschland Deutschland – Politische Gedichte vom Vormärz bis zur Gegenwart. Hg. von Helmut Lamprecht. 1969; Die Hörner beim Stier gepackt – Aphorismen, Epigramme, Gedichte. 1975; Früher hat Lächerlichkeit getötet – 155 Bedenksätze. 1979; Wenn das Eis geht – Ein Lesebuch zeitgenössischer Lyrik. Herausgegeben von Helmut Lamprecht. 1983; Achill und die Schildkröte – zur Kulturgeschichte der Geschwindigkeit. 1988; Vom Fliegen – Gedichte, Prosa, Bilder. 1990.

Kurt Leonhard

Geb. 1910 in Berlin. Studium der Kunstgeschichte. 1936 abgebrochen. Seit 1946 lebt er in Eßlingen am Neckar als Kunstkritiker, Lyriker, Essayist und Übersetzer. Er übersetzte u. a. Werke von Henri Michaux, Gaston Bachelard, Paul Valéry, Michel Leiris und E. M. Cioran.

Publikationen u.a.: Die heilige Fläche. 1947; Augenschein und Inbegriff. 1953; Der Gegenwärtige Dante. Sinn und Bild in der Göttlichen Komödie. 1956; Gegenwelt. Gedichte. 1956; Silbe, Bild und Wirklichkeit. Gedanken zu Gedichten. 1957; Moderne Lyrik. Monolog und Manifest. 1863; Ida Kerkovius. Leben und Werk. 1967; Dante Alighieri in Selbstzeugnissen. 1970; Wort wider Wort. Gedichte. 1974; Das zehnte Loch. 1983; Zirkelflüsse. Gedichte und Sprüche. 1988.

Oskar Loerke

Geb. 1884 in Jungen / Weichsel. 1903 Studium der Germanistik, Philosophie, Musik und Geschichte in Berlin. 1914 Reise nach Nordafrika und Italien. Ab 1917 bis zu seinem Tode im S. Fischer Verlag. Seit 1925 Nachfolger Moritz Heimanns. Ab 1926 Mitglied und Sekretär der Sektion für Dichtkunst der Preußischen Akademie. 1933 wurde ihm das Amt genommen. Gestorben 1941 in Berlin. Laut Hermann Kasack »dem ärztlichen Befund nach an einer Kreislaufstörung, in Wahrheit unmittelbar an der Hölle der Zeit gestorben«, zitiert nach *De Profundis*, München 1946. (*Letzter Spruch*, aus dem Nachlaß veröffentlicht in *De Profundis*, München 1946).

Publikationen u.a.: Vineta. Erzählung. 1907; Franz Pfinz. Erzählung. 1909; Der Turmbau. Roman. 1910; Wanderschaft. Gedichte. 1911; Gedichte. 1915; Gedichte. 1916; Chimärenreiter. Novellen. 1919; Das Goldbergwerk. Novelle. 1919; Der Prinz und der Tiger. Erzählung. 1920; Der Oger. Roman. 1921; Die heimliche Stadt. Gedichte. 1921; Zeitgenossen aus vielen Zeiten. Essays. 1925; Der längste Tag. Gedichte. 1926; Atem der Erde. Gedichte. 1930; Der Silberdistelwald. Gedichte. 1934; Das unsichtbare Reich. Essay. 1935; Der Wald der Welt. Gedichte. 1936; Anton Bruckner. Monographie. 1938; Der Steinpfad. Gedichte. 1938; Hausfreunde. Essays. 1939; Kärtner Sommer 1939. Gedichte. 1939; Die Abschiedshand. Gedichte. Hg. von H. Kasack. 1949; Das alte Wagnis des Gedichts. Essays. 1961; Essays über Lyrik. 1965; Literarische Aufsätze aus der ›Neuen Rundschau‹. 1967; Die Gedichte. 1984; Marbacher Kolloquium. 1989. Hg. von Reinhart Tgahrt. 1986.

Christoph Meckel

Geb. 1935 in Berlin. Vater Eberhard Meckel, Schriftsteller und Johann-Peter-Hebel-Forscher. In der Vaterstadt Freiburg i. Br. wuchs Meckel auf, erlebte 1944 die Zerstörung der Stadt. Gymnasium bis Ende Unterprima. Reisen durch Deutschland, Europa, Afrika und Amerika. 1954/55 Graphikstudium an der Kunstakademie Freiburg (Rudolf Dischinger), 1956 an der Kunstakademie München (Richard Seewald); Begegnung mit Wilhelm Unverhau, erste Gedichte veröffentlicht; 1959 erster Graphikband; 1960 bibliophile Ausgaben in der Eremitenpresse von V. O. Stomps, später auch in der Friedenauer Presse, Neue Rabenpresse, bei Siebrasse und im Anabis Verlag Berlin. Lebte lange Zeit teils im südbadischen Oetlingen im Markgräflerland, teils in Berlin; auch auf Korsika, in Südfrankreich (Suzette, Remuzat), wieder in Berlin und in der Toskana. Gastprofessuren in den USA. Zahlreiche Einzelausstellungen in der Bundesrepublik, Europa, Teheran, Afrika, USA.

Publikationen u. a.: Tarnkappe. Gedichte. 1956; Hotel für Schlafwandler. Gedichte. 1958; Nebelhörner. Gedichte. 1959; Manifest der Toten. Prosa. 1960; Im Land der Umbramanten. Prosa. 1961; Wildnisse. Gedichte. 1962; Dunkler Sommer und Musikantenknochen. Erzählung. 1964; Tullipan. Erzählung. 1965; Lyrik, Prosa, Graphik. 1966; Die Noticen des Feuerwerkers Christopher Magalan. Prosa. 1966; Bei Lebzeiten zu singen. Gedichte. 1967; Der Wind, der dich weckt, der Wind im Garten. 1967; Der glückliche Magier; Die Dummheit liefert uns ans Messer. Gedichte. 1967; In der Tinte. Gedichte. 1968; Eine Seite aus dem Paradiesbuch. Hörspiel. 1969; Die Balladen des Thomas Balkan. Balladen. 1969; Die Geschichte der Geschichte. Erzählung. 1971; Lieder aus dem Dreckloch. Gedichte. 1972; Bockshorn. Roman. 1973; Kranich. Erzählungen. 1973; Wen es angeht. Gedichte. 1975; Die Gestalt am Ende des Grundstücks. Prosa. 1975; Nachtessen. Gedichte. 1975; Licht. Erzählung. 1978; Erinnerungen an J. Bobrowski. 1978; Säure. Gedichte. 1979; Ausgewählte Gedichte. 1979; Suchbild. Erzählung. 1980; Nachricht für Baratynski. Erzählung. 1981; Werkauswahl. 1981; Der wahre Muftoni. Erzählung. 1982; Ein roter Faden. Gesammelte Erzählungen. 1983; Souterrain. Gedichte. 1984; Bericht zur Entstehung einer Weltkomödie. 1985; Plunder. Prosa. 1986; Das Buch Jubal. Gedichte-Zyklus. 1987; Anzahlung auf ein Glas Wasser. Gedichte. 1987; Die Messingstadt. 1991; Skalamuns Papiere. 1992; Manuskriptbilder 1962–1992. 1992.

Ilseluise Metz
Geb. 1924 in Pößneck / Thüringen. Jüdisch-christliche Familie. Studium der Medizin und Psychologie an den Universitäten Jena und Heidelberg. Zwangs-Exmatrikulation in Jena mit der Begründung: *ideologisch nicht tragbar*. Als politischer Flüchtling in die BRD. Fortsetzung des Studiums in Heidelberg. Tätigkeit im arbeitsmedizinischem Bereich und an der Universität Heidelberg und San Francisco / Ca. Schreiben wissenschaftlicher Arbeiten, Kurzgeschichten, insbesondere aber Lyrik.

Heiner Müller
Geb. 1929 in Eppendorf / Sachsen. 1933 Verhaftung des Vaters als SPD-Funktionär, Einlieferung in ein Konzentrationslager. Nach der Haftentlassung lebt die Familie bei den Großeltern. Arbeitslosigkeit des Vaters, Fabrikarbeit der Mutter. Ab 1935 Schulbesuch (Grundschule, Oberschule). 1945 Reichsarbeitsdienst und Kriegseinsatz im Volkssturm, kurze Gefangenschaft.
Nach 1945 vorübergehende Tätigkeit beim Landratsamt in Waren (Mecklenburg), Abitur, Arbeit in einer Bücherei, Übersiedlung nach Berlin (Ost). Ab 1950 journalistische Tätigkeit (bis 1956), zunächst Mitarbeit beim »Sonntag«, seit 1953 bei der »Neuen deutschen Literatur«; erste literarische Arbeiten

(Gedichte, Erzählungen, Glossen, dramatische Szenen); Mitarbeit an dem von Kuba geleiteten Autorenkreis (mit Franz Fühmann, Paul Wiens, Günther Deicke). 1954/55 wissenschaftliche Mitarbeit beim Schriftstellerverband der DDR. Seit 1955 Arbeit an den »Produktionsstücken« (bis 1964), aber auch schon Vorstufen zu »Germania Tod in Berlin« (1956) und »Philokter« (1958). 1956/58 Niederschrift (mit seiner Frau Inge Müller) von »Der Lohndrücker« und »Die Korrektur«; erste Aufführungen in Leipzig und am Maxim-Gorki-Theater in Berlin (dort feste Mitarbeit bis 1959). 1957/58 Redakteur der Zeitschrift »Junge Kunst«. Seit 1959 freier Schriftsteller. 1961 Absetzung der Komödie »Die Umsiedlerin oder Das Leben auf dem Lande« nach der Uraufführung; Ausschluß aus dem Schriftstellerverband. Seit 1964 Bearbeitungen antiker Stoffe und von Stücken Shakespeares sowie Übertragungen (»...in den frühen sechziger Jahren konnte man kein Stück über den Stalinismus schreiben. Man brauchte diese Art von Modell, wenn man die wirklichen Fragen stellen wollte.«); daneben ab 1971 Wiederaufnahme des Themas der ›deutschen Misere‹: »Germania Tod in Berlin« (1971), »Die Schlacht« (1974), »Leben Gundlings...« (1976). 1965 Kritik an dem 1963/64 entstandenen Stück »Der Bau« (u.a. auf dem 11. Plenum des ZK der SED; eine geplante Aufführung wird abgesetzt, Uraufführung erst 1980 (!) an der Volksbühne). 1966 Selbstmord von Inge Müller. 1970 Dramaturg am Berliner Ensemble (bis 1976). 1973 scharfe Polemik Wolfgang Harichs gegen die »Macbeth«-Bearbeitung (Vorwurf des »Geschichtspessimismus«). Ab 1974 Sammelausgabe der »Texte« im Rotbuch-Verlag (bisher 7 Bände). 1975: »Ich lese, was ich vor drei, fünf, zwanzig Jahren geschrieben habe, wie den Text eines toten Autors«. Seit 1976 künstlerischer Berater an der Berliner Volksbühne. November 1976 Mitunterzeichner der Biermann-Petition. 1977 entsteht »Die Hamletmaschine« (für die DDR-Kritik ein »Fehlschlag« und »perspektivloser Defaitismus«). 1977: »Ich werde nicht die Daumen drehen, bis eine (revolutionäre) Situation vorbeikommt. ...ich denke, daß wir uns vom LEHRSTÜCK bis zum nächsten Erdbeben verabschieden müssen... Was bleibt. Einsame Texte, die auf Geschichte warten« (Brief an Reiner Steinweg v. 4.1.1977). Eigene Inszenierungen Müllers: 1980: »Der Auftrag« (Volksbühne Berlin, Uraufführung); 1982: »Macbeth« (Volksbühne Berlin); »Der Auftrag« (Schauspielhaus Bochum); 1983: ›Heiner Müller-Projekt‹ des HOT-Theaters in Den Haag (10 Inszenierungen von Bühnen aus Belgien, Bulgarien, der Bundesrepublik, der DDR und Holland). 1984: Mitarbeit am deutschen Beitrag zu Robert Wilsons Großprojekt: »CIVIL warS« in Köln; Mitglied der Akademie der Künste der DDR. 1985: Abschluß der Bearbeitungen und Übersetzungen von Stücken Shakespeares (2 Bände).

Nach dem Zusammenbruch des SED-Staates 1989 hat sich M. in erster Linie als Regisseur betätigt – in Berlin brachte er am Deutschen Theater im Frühjahr 1990 Shakespeare/Müllers »Hamlet/Hamletmaschine« als achtstündiges Theatermarathon heraus und im Sept. 1991 »Mauser« sowie andere eigene Texte. Im März 1992 wurde M. als Co-Intendant in das fünfköpfige Leitungsteam des »Berliner Ensembles« berufen. Sein Debüt als Opernregis-

seur gab er 1993 in Bayreuth mit »Tristan und Isolde«. Kritisch nahm M. Stellung zum Verlauf des deutschen Einigungsprozesses, den er u. a. »eine Unterwerfung« nannte (vgl. SPIEGEL, 31 / 1990), und in der im Febr. 1992 beschlossenen Vereinigung der Berliner Akademien sah er »keine Liebesheirat, sondern eine Vernunftehe« (FAZ, 18.2.1992).
Die Schlagzeilen beherrschte M. zu Jahresanfang 1993, nachdem offiziell bestätigt war, daß die Stasi der DDR den Dramatiker unter dem Decknamen »Heiner« als »Inoffiziellen Mitarbeiter« (IM) geführt hatte. M. gab seine »regelmäßigen Kontakte« in einem TV-Interview mit dem Magazin »Spiegel-TV« zu und begründete sein Tun mit den Worten, er habe »versucht zu beraten und Einfluß zu nehmen«, da es ab einem bestimmten Zeitpunkt nicht mehr möglich gewesen sei, »mit Parteifunktionären vernünftig zu reden, gerade in den letzten Jahren« (FAZ, 12.1.1993). Weitergehende Verdächtigungen einer tatsächlichen konspirativen Zusammenarbeit M.s mit der Stasi zum Schaden Dritter bestätigten sich nicht.
Am Berliner Ensemble inszenierte M. 1993 seine Textcollage »Duell Traktor Fatzer«, die aus Brechts »Fatzer«-Fragment und eigenen Texten montiert war. Mit Marianne Hoppe in der Rolle der Marquise de Merteuil brachte er 1994 das eigene, 1982 in Bochum uraufgeführte Stück »Quartett« heraus, das auf den »Gefährlichen Liebschaften« des Choderlos de Laclos basiert.

Publikationen u. a.: Philoktet. Herakles 5. 1966; Sophokles, Ödipus Tyrann (nach Hölderlin). 1971; Geschichten aus der Produktion 1. Stücke, Prosa, Gedichte, Protokolle. 1974; Geschichten aus der Produktion 2. 1974; Die Umsiedlerin oder Das Leben auf dem Lande. 1975; Theater-Arbeit. 1975; Stücke. 1975; Germania Tod in Berlin. 1977; Mauser. 1978; Rotwelsch. 1982; Herzstück. 1983; Shakespeare-Factory 1. 1985; Interviews. 1986; Gesammelte Irrtümer. 1986; Der Auftrag. Quartett. 1988; Shakespeare-Factory 2. 1988; Kopien I. Theaterstücke. 1989; Kopien II. Theaterstücke. 1989; Ein Gespenst verläßt Europa. 1990; Jenseits der Nation. 1991; Quartett. Material. 1991; Erdkunde – Bingo Deutschland. 1992; Gedichte. 1992; Krieg ohne Schlacht. 1992; Mommsens Block. 1993; Ich bin ein Neger. Eine Diskussion 1994.

Dagmar Nick
Geb. 1926 in Breslau, lebte ab 1993 in Berlin, während des letzten Kriegsjahres in Mähren, nach 1945 in München, wo sie Graphologie und Psychologie studierte. Nach wechselnden Domizilen – zehn Jahre Köln, vier Jahre Israel – wohnt sie jetzt in München als freie Schriftstellerin.

Publikationen u. a.: Märtyrer. Gedichte. 1947; In den Ellipsen des Mondes. Gedichte. 1959; Einladung nach Israel. 1963; Rhodos. 1967; Israel gestern und heute. 1968; Zeugnis und Zeichen. Gedichte. 1969; Sizilien. 1976; Fluchtlinien. Gedichte. 1978; Götterinseln der Ägäis. 1981; Gezählte Tage. Gedichte. 1986; Medea. Ein Monolog. 1988; Im Stillstand der Stunden. Gedichte. 1991; Lilith, eine Metamorphose. 1992.

Helga M. Novak
Geb. 1935 in Berlin-Köpenick. Von 1954 bis 1957 studierte sie Journalistik und Philosophie an der Universität Leipzig. Sie arbeitete als Monteurin, Laborantin und Buchhändlerin. 1961 heiratete sie nach Island; bis 1965 Arbeiterin in isländischen Fabriken. Reisen nach Frankreich, Spanien und Amerika. Rückkehr nach Leipzig und Beginn des Studiums am Literaturinstitut

»Johannes R. Becher«. 1966 wurde ihr die DDR-Staatsangehörigkeit aberkannt. Sie kehrte nach Island zurück. Lebte zeitweise in Frankfurt/M. und in Jugoslawien, seit Ende der achtziger Jahre in Polen und Berlin.

Publikationen u. a.: Ballade von der reisenden Anna. Gedichte. 1965; Colloquium mit vier Häuten. Gedichte und Balladen. 1967; Geselliges Beisammensein. Prosa. 1968; Wohnhaft im Westend. 1970; Auf der Suche nach Berenike. 1971; Aufenthalt in einem irren Haus. 1971; Balladen vom kurzen Prozeß. Gedichte. 1975; Die Landnahme von Torre Bela. Prosa. 1976; Margarete mit dem Schrank. Gedichte. 1978; Die Eisheiligen. Roman. 1979; Palisaden. 1980; Vogel federlos. 1982; Grünheide Grünheide. Gedichte. 1983; Legende Transsib. Gedichte und Prosa. 1985; Märkische Feemorgana. 1989.

Heinz Piontek

Geb. 1925 in Kreuzburg/Oberschlesien; 1943 Verpflichtung zum Kriegsdienst. 1945 geriet er in Bayern für kurze Zeit in amerikanische Kriegsgefangenschaft; brachte sich mit Gelegenheitsarbeiten durch, daneben Abitur und Studium der Germanistik. Seit 1948 freier Schriftsteller. Lebte einige Jahre in Dillingen/Donau, seit 1961 in München.

Publikationen u. a.: Die Furt. Gedichte. 1952; Die Rauchfahne. Gedichte. 1953; Vor Augen. 1955; Wassermarken. Gedichte. 1957; Buchstab, Zauberstab. Essays. 1969; Weißer Panther. 1962; Mit einer Kranichfeder. Gedichte. 1962; Kastanien aus dem Feuer. 1963; Die Zwischenlandung. 1963; Klartext. Gedichte. 1966; Die mittleren Jahre. Roman. 1967; Außenaufnahmen. Erzählungen. 1968; Liebeserklärungen in Prosa. 1969; Männer, die Gedichte machen. Essays. 1970; Tot oder lebendig. Gedichte. 1971; Die Erzählungen. 1971; Helle Tage anderswo. Reisebericht. 1973; Gesammelte Gedichte. 1975; Leben mit Wörtern. Essays. 1975; Dichterleben. Roman. 1976; Wintertage. Sommernächte. Gesammelte Erzählungen. 1977; Das Schweigen überbrücken. 1977; Träumen, Wachen, Widerstehen. Aufzeichnungen. 1978; Dunkelkammerspiel. 1978; Gesammelte Erzählungen. 1978; Wie sich Musik durchschlug. Gedichte. 1978; Das Handwerk des Lebens. Essays. 1979; Juttas Neffe. Roman 1979; Vorkriegszeit. Gedichte. 1980; Was mich nicht losläßt. Gedichte. 1981; Werkausgabe. 1981 ff.; Zeit meines Lebens. Autobiographie. 1984; Helldunkel. Gedichte. 1987; Stunde der Überlebenden. 1989; Nach Markus. Erzählung. 1991; Goethe unterwegs in Schlesien. Fast ein Roman. 1993.

Hermann Peter Piwitt

Geb. 1935 in Volksdorf bei Hamburg. Aufgewachsen in Hamburg und Frankfurt/M. Studium der Soziologie und Literaturwissenschaft in Frankfurt/M. und Berlin. »Viel gelernt bei Adorno und Höllerer«. 1963/64 Literarisches Colloquium in Berlin. 1967 ein Jahr als Lektor im Rowohlt-Verlag. 1968 Rückkehr nach Berlin. Regelmäßige Mitarbeit bei »konkret«. Seit 1969 freiberuflicher Schriftsteller in Hamburg.

Publikationen u. a.: Herdenreiche Landschaften. Erzählungen. 1965; Rothschilds. Roman. 1972; Die Gärten im März. Roman. 1979; Deutschland-Versuch einer Heimkehr. 1981; Die Umsegelung vom Kap Hoorn durch das Vollschiff Susanne... Essay. 1985; Der Granatapfel. Roman. 1986; Die Passionsfrucht. Roman. 1993.

Martin Pohl

Geb. 1930 in Festenberg/Schlesien. 1951–1953 am Berliner Exemble. 1953–54 inhaftiert. Seit 1955 in Berlin-West. Schauspiel-Studium, seit 1960 Schauspieler.

Publikationen u. a.: Nah bei dir und mir. 21 Gedichte. 1981; Memorial. Fünf poetische Erinnerungsstücke... 1986; Ghaselen aus Twadogora. 1987.

Gudrun Reinboth

Geb. 1943 in Berlin. Arbeitet im Germanistischen Seminar der Universität Heidelberg. Lebt in Neckargmünd.

Publikationen u. a.: die ersten glücklichen Tage mit meinem Kind. Erzählung. 1970; Gnadengesuche. Gedichte. 1983; Der Weg nach Heidelberg. 1986; In meinem Baumhaus wohnen die Raben. 1989; Als unsre Liebe zornig wurde. Gedichte. 1991; vielleicht daß mein Lächeln etwas wendet. Gedichte. 1992.

Peter Rühmkorf

Geb. 1929 in Dortmund. Schon zu Schulzeiten Herausgabe der Zeitschrift »Die Pestbeule«. Frühjahr 1951 Aufnahme des Studiums der Pädagogik und Kunstgeschichte, später der Germanistik und Psychologie in Hamburg. Während des Studiums beteiligt an den Gründungen »Neue Studentenbühne«, »arbeitskreis progessive kunst« und am Kabarett »Die Pestbeule« (mit Klaus Rainer Röhl). Herausgabe und Selbstverlag der Monatsschrift »Zwischen den Kriegen« mit Werner Riegel, darin Veröffentlichungen unter verschiedenen Pseudonymen (Johannes Fontara, Leslie Meier, Leo Doletzki). Mitarbeit an der Zeitschrift »Studentenkurier« (ab 1958 »konkret«). Im Herbst 1955 sechswöchige Chinareise als Teilnehmer einer gesamtdeutschen Jugenddelegation, im Sommer 1956 als Delegierter auf dem IV. Internationalen Studentenkongreß in Prag. Aufgabe des Studiums im Wintersemester 1956/57. 1958–1964 Lektor im Rowohlt-Verlag, seither freier Schriftsteller in Hamburg. 1964/65 als Stipendiat in der Villa Massimo in Rom. Gastdozenturen: Austin, Texas, USA, 1969/1970; Fachhochschule Hamburg, Fachbereich Gestaltung, 1975; Universität Essen 1977; Universität Warwick, Großbritannien, 1978; Johann-Wolfgang-von-Goethe-Universität Frankfurt/M., 1980; Dartmouth College, Hanover, NH, USA, 1983; Gesamthochschule Paderborn, 1985. Lesungen und Vorträge an zahlreichen amerikanischen Universitäten.

Publikationen u. a.: Irdisches Vergnügen in g. Gedichte. 1959; Kunststücke. Gedichte 1961; Wolfgang Borchert. Monographie. 1961; Über das Volksvermögen – Exkurse in den literarischen Untergrund. 1967; Was heißt hier Vollsini? Drama. 1969; Lombard gibt den Letzten. Drama. 1971; Die Jahre die Ihr kennt. 1972; Die Handwerker kommen. Drama. 1974; Walther von der Vogelweide. Klopstock und ich. 1975; Gesammelte Gedichte. 1976; Haltbar bis Ende 1999. Gedichte. 1979; Auf Wiedersehen in Kenilworth. Märchen. 1980; agar agar – zaurzaurim. Frankfurter Vorlesungen. 1981; Kleine Flekkenkunde. 1982; Der Hüter des Misthaufens. 1983; Bleib erschütterbar und widersteh. Aufsätze – Reden – Selbstgespräche. 1984; Außer der Liebe nichts. Liebesgedichte. 1986; Dreizehn deutsche Dichter. 1989; Einmalig wie wir alle. 1989; Aus der Fassung. 1989; Komm raus! 1992; Laß leuchten. 1993; Deutschland, ein Lügenmärchen. 1993; Tabu I. Tagebücher 1989–1991. 1994.

Nelly Sachs

Geb. 1891 in Berlin, wuchs in großbürgerlichen Verhältnissen auf – ihr Vater war Fabrikant. Besuch der öffentlichen Dorotheen-Schule in Moabit (Berlin), ab 1900 aus gesundheitlichen Gründen Privatunterricht. Von 1903–1908 private Töchterschule Aubert. Nach der Lektüre von »Gösta Berling« beginnt Nelly Sachs 1907 eine Korrespondenz mit der schwedischen Schriftstellerin Selma Lagerlöf und wird zu ersten eigenen Schreibversuchen angeregt. 1939 gelingt es Nelly Sachs' Freundin Gudrun Harlan in Schweden, Prinz Eugen (den Bruder König Gustavs V.) und Selma Lagerlöf als Fürsprecher für die Ausreise der jüdischen Familie Sachs aus dem nationalsozialistischen Deutschland zu gewinnen. Am 16.5.1940 Emigration mit der Mutter nach Stockholm. 1941 Bezug einer Wohnung in einem Haus der Warburg-Stiftung der Jüdischen Gemeinde Stockholms, wo sie bis zu ihrem Tode bleibt. 7.2.1950 Tod der Mutter. 1960 Reise nach Zürich und Paris, dort Begegnung mit Paul Celan. Nach ihrer Rückkehr nach Stockholm psychischer Zusammenbruch, längere Klinikaufenthalte. 1970 stirbt sie in Stockholm. Beerdigung auf dem jüdischen Friedhof in Stockholm. 1971 wird in der Kungliga Biblioteket (Stockholm) ein Nelly-Sachs-Zimmer eingerichtet.

Publikationen u. a.: Legenden und Erzählungen. 1921; In den Wohnungen des Todes. 1947; Sternverdunkelung. Gedichte. 1949; Eli. Ein Mysterien-Spiel vom Leiden Israels. 1951; Und niemand weiß weiter. Gedichte. 1957; Flucht und Verwandlung. Gedichte. 1959; Der magische Tänzer. 1959; Fahrt ins Staublose. 1961; Zeichen im Sand. 1962; Glühende Rätsel. 1963 f.; Späte Gedichte. 1965; Die Suchende. 1966; Landschaft aus Schreien. 1966; Simson fällt durch Jahrtausende. 1967; Verzauberung. Späte szenische Dichtungen. 1970; Teile dich Nacht. Die letzten Gedichte. 1971; Suche nach Lebenden. 1971.

Wieland Schmied

Geb. 1929 in Frankfurt am Main, wuchs in Friedberg in Hessen und in Mödling bei Wien auf. Studierte in Wien zuerst Jura, dann Kunstgeschichte. 1954 Dr. jur. Kunstkritiker für österreichische Wochenschriften, dann an der »Frankfurter Allgemeinen Zeitung«. 1960–1962 Lektor beim Insel-Verlag in Frankfurt am Main. 1963 Direktor der Kestner-Gesellschaft in Hannover. Heute Professor für Kunstgeschichte an der Akademie der Bildenden Künste München.

Publikationen u. a.: Landkarte des Windes. Gedichte. 1957; Das Poetische in der Kunst. Essays. 1960; Link und rechts die Nacht. Prosa, Essays, Kritik. 1961; Der Wein von den Gräbern. Gedichte. 1961; Seefahrerwind. Gedichte. 1963; Worte für Worte. Gedichte. 1964; Schach mit Marcel Duchamp. Gedichte für Künstler. 1980; Andere Stimmen. 1984; Ezra Pound. Ein Leben zwischen Kunst und Politik. 1994.

Rolfrafael Schröer

Geb. 1928 in Dresden. Mit 16 Soldat, übte danach mehrere Berufe aus: Landarbeiter, Zuchthäusler, Graveurlehrling, Fördermann im Erzbergbau, Eintänzer, Arbeitsloser, Schmuckentwerfer in Leipzig. Lehrt heute als Schriftsteller in Düsseldorf.

Publikationen u. a.: Nebeneinander. Lyrik. 1961; Was Raum wächst stirbt Zeit. Gedichte. 1963; Mosaik für Leonce. Roman. 1965; Schaufelschnulzen. Gedichte. 1969; Aufzeichnungen eines Vaterschlächters. 1974; Die Furcht des Kopfes vor den Händen. Gedichte. 1975; Traurig lacht das Radio. Gedichte. 1982; Alma und Berta. 1982; Ich bin ein anderer. Roman. 1988; Der letzte Zirkus. Balladen. 1992.

Kurt Sigel
Geb. 1931 in Frankfurt am Main. Nach der Mittleren Reife verkürzte Schriftsetzerlehre. Ab 1968 selbständiger Grafiker und Retuscheur. Von 1971 bis 1981 Galerieleiter und Kustos in Frankfurt. Seitdem freier Poet und Schriftsteller. Ein schwerer Unfall, der sich auch auf seine Augen auswirkte, veranlaßte ihn, die Malerei aufzugeben.

Publikationen u. a.: Traum und Speise. Gedichte. 1958; Sperrzonen. Gedichte. 1960; Flammen und Gelächter. Gedichte. 1965; Kurswechsel. Erzählungen. 1968; Feuer, de Maa brennt. Mundart-Gedichte. 1968; Knigge verkehrt. 1970; Lieder und Anschläge. Gedichte. 1970; Kanibalisches. Schwarze Geschichten. 1972; Uff Deiwelkommraus. Mundart-Gedichte. 1975; Kotilow oder Salto Mortale nach innen. Roman. 1977; Gegenreden / Quergebabbel. Mundart-Gedichte. 1978; Verse gegen taube Ohren. Gedichte. 1983; Geifer – Gift un Suddelverse. 1989; Kotilows Verwundungen. Roman. 1989; Grosses Hessenlamento. Quertexte, Lieder, Nonsensverse. 1994.

Ernst Siegfried Steffen
Geb. 1936 in Heilbronn. Mit 12 Jahren wurde er im Heim untergebracht. Nach der Volksschule und einer abgebrochenen Lehre war er als Hilfsarbeiter tätig. Mit 16 kam er zum erstenmal in Haft. Insgesamt verbrachte Steffen 16 Jahre seines 34jährigen Lebens hinter Gittern. Im Zuchthaus Bruchsal begann er zu schreiben. Nach der Entlassung 1967 arbeitete er als Schriftsetzer, dann als Volontär bei Funk und Fernsehen und schließlich als freier Schriftsteller. Im Dezember 1970 starb Steffen an den Folgen eines Autounfalls.

Publikationen u. a.: Heilbronn tuschelt – das ist alles. 1968; Arbeit im Zuchthaus – aus einem Roman. 1969; Lebenslänglich auf Raten. Gedichte. 1969; Bewußtsein hinter Gittern und anderswo. Hg. von Ulrich Greiwe. 1970; Rattenjagd. Aufzeichnungen aus dem Zuchthaus. 1971.

Jürgen-Peter Stössel
Geb. 1939 in Stuttgart. Er besuchte das Gymnasium, studierte Veterinärmedizin und arbeitete nach dem Staatsexamen von 1965–66 als praktischer Tierarzt in Neuburg / Donau. Zwischen 1967 und 1969 übte er verschiedene Tätigkeiten in der pharmazeutischen Industrie aus. 1969 ging er als Redakteur zum Ärztemagazin »euromed«. Dort wurde er wegen der Publikation seines Buches »Psychopharmaka – die verordnete Anpassung«, das 1973 in der Serie Piper erschien, fristlos entlassen. Seitdem ist St. freiberuflicher Wissenschaftspublizist und Schriftsteller. Er lebt in München.

Publikationen u. a.: Todesursachen sind Wirkungen des Lebens. Kurzprosa. 1971; Tatworte. Gedichte. 1971; Ich gestehe, daß ich bestreite. 1971; Friedenserklärung. Gedichte. 1973; Der Grund zum Leben. 1977; Zwei sind nie allein. Gedichte. 1979.

Uwe Timm
Geb. 1940 in Hamburg als Sohn eines Kürschners. Besuch der Grundschule und Kürschnerlehre. 1963 Abitur am Braunschweig-Kolleg, einem Erwachsenen-Gymnasium; Studium der Philosophie und Germanistik in München und Paris; 1971 Promotion mit einer Arbeit über »Das Problem der Absurdität« bei Camus; danach Studium der Soziologie und Volkswirtschaft. Seit 1971 freier Schriftsteller. 1971/72 Mitbegründer der »Wortgruppe Mün-

chen«, Mitherausgeber der »Literarischen Hefte« und der »AutorenEdition«. Lebt in Herrsching bei München.

Publikationen: Widersprüche. Gedichte. 1971; Heißer Sommer. Roman. 1974; Morenga. Roman. 1978; Kerbels Flucht. Roman. 1980; Deutsche Kolonien. Fotoband. 1981; Die Zugmaus. Kinderbuch. 1981; Die Piratenamsel. 1983; Der Mann auf dem Hochrad. Roman. 1984; Der Schlangenbaum. Roman. 1986, Vogel friß die Feige nicht. Prosa und Essay. 1989; Rennschwein Rudi Rüssel. Kinderroman. 1989; Kopfjäger. Roman. 1993; Erzählen und kein Ende. Essay. 1993; Die Entdeckung der Currywurst. Novelle. 1993; Die Zugmaus. Erlebnisse einer reiselustigen Maus. 1994.

Volker von Törne

Geb. 1934 in Quedlinburg. Schule in Seesen und Gandersheim. 1954–1956 Studium der Pädagogik in Braunschweig, ab 1956 der Sozialwissenschaften in Wilhelmshaven, wo er Redakteur der 1958 verbotenen Studentenzeitschrift »zoon politikon« war. Drei Jahre Bauarbeiter, seit 1962 in Westberlin; Mitarbeiter (Pseudonym: Waldemar Graf Windei) und Redakteur der »alternative« sowie Werbeleiter der Aktion Sühnezeichen, deren Geschäftsstelle er seit 1963 leitete. Viele Reisen nach Israel, West- und Osteuropa, wo er sich für Zeichen der Sühnebereitschaft einsetzte und Vorarbeit für eine Verständigung mit den Völkern Osteuropas, besonders mit Polen, leistete. Törne betätigte sich auch als theologischer Schriftsteller, Liederdichter und Verfasser von Gebeten (u. a. für den Deutschen Evangelischen Kirchentag). 1980 starb Törne an den Folgen einer Gehirnblutung auf einer Vortragsreise anläßlich der Friedenswoche.

Publikationen u. a.: Gesammelte Gedichte. Nachwort von Christoph Meckel. 1981.

Vagelis Tsakiridis

Geb. 1936 in Athen. Studierte in Athen von 1954–1956 Jura und besuchte von 1956–1959 die Hochschule für Bildende Künste. Ab 1959 als Maler, Bildhauer und Schriftsteller in der BRD; zeitweilig Gastdozent an Hochschulen. Genießt seit 1968 Asylrecht, nachdem ihm die Einbürgerung verweigert wurde.

Publikationen u. a.: Gedichte für die Jungfrau am Brunnen. Gedichte. 1967; Hallelujah! Prosa. 1968; Super-Garde. Anthologie. 1969; Tsaks Zacke. Autobiographie. 1973.

Günther Weisenborn

Geb. 1902 in Velbert/Rheinland. Aufgewachsen in Wuppertal, Opladen und Köln. 1922 Beginn des Medizin-Studiums in Bonn, bald darauf Wechsel zur Germanistik. 1924 Hilfsdramaturg am Stadttheater Bonn. 1928 Uraufführung von »U-Boot S 4« an der Berliner Volksbühne, Begegnung mit Erwin Piscator und Bertolt Brecht. 1930 Zusammenarbeit mit Brecht, Hanns Eisler und Elisabeth Hauptmann an »Die Mutter« nach Gorki. 1932 Songtexte für Lotte Lenya, Trude Hesterberg, Valeska Gert und Käthe Kühl. 1933 Uraufführung von »Warum lacht Frau Balsam?« (zusammen mit Richard Huelsenbeck), das sofort verboten wird. 1936 Ausreise in die USA, Lokalreporter in New York. Rückkehr nach Berlin als literarischer Vertreter der Filmfirma Metro-Goldwyn-Mayer. Freundschaft mit dem Fliegerleutnant Harro Schulze-

Boysen, der eine illegale Widerstandsgruppe leitet. 1941 Chefdramaturg am Berliner Schiller-Theater, Leiter der Kulturredaktion im Rundfunk, Verfilmung des Romans »Das Mädchen von Fanö«. 1942 Verhaftung durch die Gestapo, die Anklage lautet auf Vorbereitung zum Hochverrat. Neun Monate Einzelhaft im Strafgefängnis Spandau, später in den Zuchthäusern Moabit und Luckau (Niederlausitz). 1945 Befreiung aus dem Zuchthaus durch die Rote Armee, die ihn als Bürgermeister von Luckau einsetzt. Danach Chefdramaturg am Berliner Hebbel-Theater, Herausgeber der Zeitschrift »Ulenspiegel« (bis 1947), Vorsitzender des Schutzverbandes deutscher Schriftsteller. 1947 Wiederbegegnung mit Brecht, Reise nach Moskau und Leningrad. Umzug nach Engelwies am Bodensee, 1951 nach Hamburg. Chefdramaturg an den Hamburger Kammerspielen, Gründung des »Dramaturgischen Kollegiums«, an dem Hans Henny Jahnn, Hans Erich Nossack und Erwin Piscator mitarbeiten. 1956 und 1961 Reisen nach China, Gespräche mit Mao Tse-tung und Tschou En-lai. 1964 Umzug nach West-Berlihn. Günter Weisenborn ist 1969 in Berlin gestorben.

Publikationen u. a.: Barbaren. Roman einer studentischen Tafelrunde. 1931; Das Mädchen von Fanö. Roman. 1935; Die einsame Herde. 1937; Die Furie. Roman. 1937; Traum und Tarantel. 1938; Die Silbermine von Santa Sabina. Roman. 1940; Historien der Zeit. 1947; Die Illegalen. Drama aus der deutschen Widerstandsbewegung. 1948; Memorial. 1948; Drei ehrenwerte Herrn. 1953; Der lautlose Aufstand. 1953; Auf Sand gebaut. 1956; Der dritte Blick. Roman. 1956; Das verlorene Gesicht. 1956; Göttinger Kantate. 1958; Fünfzehn Schnüre Geld. 1959; Am Yangtse steht ein Riese auf. Notizbuch aus China. 1961; Der Verfolger. 1961; Der gespaltene Horizont. 1964; Theater. Band 1–4. 1964–1967; Die Clowns von Avignon. 1982; Einmal laß mich traurig sein. Briefe, Lieder, Kassiber 1942–1943. Zusammen mit Joy Weisenborn. 1984; Die Reiherjäger. Hörspiele. Hg. von H. D. Tschörtner; Das Gesetz der Wildnis. Nachwort und Auswahl von H. D. Tschörtner. 1994.

Wolfgang Weyrauch
Geb. 1907 in Königsberg. Kindheit und Gymnasialzeit in Frankfurt/Main; Ausbildung zum Schauspieler; erste Engagements in Münster und Bochum; Studium der Germanistik, Romanistik und Geschichte in Frankfurt/Main und Berlin; Mitarbeiter der »Frankfurter Zeitung«, in Berlin. Redakteur am »Berliner Tageblatt« und im »Deutschen Verlag«; erste literarische Veröffentlichung 1929 die Erzählung »Die Ehe«, in dem von Hermann Kesten herausgegebenen Sammelband »24 neue deutsche Erzähler«; erste größere Prosaarbeit 1934 die Legende »Der Main«; von 1940 bis 1945 Soldat; russische Kriegsgefangenschaft; seit Ende des Jahres 1945 für zwei Jahre Redakteur der satirischen Zeitschrift »Ulenspiegel« in Berlin; Aufenthalt in Worpswede; frühes Mitglied der »Gruppe 47»; von 1952 bis 1958 Lektor im Ernst Rowohlt Verlag, Hamburg; seit 1959 freier Schriftsteller; zunächst in Gauting bei München ansässig. Von 1967 bis zu seinem Tod 1980 lebte Wolfgang Weyrauch in Darmstadt.

Publikationen u. a.: Atom und Aloe. Gesammelte Gedichte. Poetologische Texte. Hg. von Hans Bender. 1991.

Christa Wolf

Geb. 1929 in Landsberg / Warthe als Tochter des Kaufmanns Otto Ihlenfeld. Besuch der Grund- und Oberschule in Landsberg. 1945 Umsiedlung nach Mecklenburg. 1949 Abitur in Bad Frankenhausen (Kyffhäuser), Beitritt zur SED. 1949–53 Studium der Germanistik in Jena und Leipzig. Diplomarbeit bei Hans Mayer: »Probleme des Realismus im Werk Hans Falladas«. Von 1953–59 in Berlin wissenschaftliche Mitarbeiterin beim Deutschen Schriftstellerverband, Lektorin, Redakteurin der Zeitschrift »Neue Deutsche Literatur«, Cheflektorin des Verlags Neues Leben. 1959–62 Lektorin des Mitteldeutschen Verlags in Halle. Seitdem freie Schriftstellerin. Verheiratet – seit 1951 – mit Gerhard Wolf, zwei Töchter. Wohnt in Berlin und Woserin / Güstrow. 1955–77 Mitglied des Vorstands des Schriftstellerverbandes der DDR; 1963–67 Kandidatin des ZK der SED; Gastdozenturen in Frankfurt / M. (1982) und Zürich (1987). Als die DDR im Herbst 1989 unterging, glaubte Christa Wolf mit den Bürgerbewegungen »aus dem eigenen Land heraus Veränderungen bewirken zu können«, begründete so ihre Forderung nach Einsetzung von Untersuchungsausschüssen, in denen sie dann mitgearbeitet hat, und wandte sich in einem dramatischen Appell an die Ausreisewilligen mit der Bitte zu bleiben, um »eine wahrhaft demokratische Gesellschaft zu gestalten« (Nov. 89). Im Nov. 1989 gab sie auch bekannt, im Sommer 1989 aus der SED ausgetreten zu sein. Nach fast einem halben Jahr aktueller Stellungnahmen, Reden, offener Briefe, Lesungen und zahlreicher Interviews zog sich Christa Wolf, die als »Verfechterin des Sozialismus« und »domestizierte Opponentin« des SED-Staates angegriffen worden war, 1990 von der Öffentlichkeit zurück, um wieder das Schreiben zu versuchen. Seit Sept. 1992 lebt und arbeitet sie als Stipendiatin des Getty Centers in Santa Monica, Kalifornien.

Im Jan. 1993 bekannte sich Christa Wolf in der *Berliner Zeitung* zu ihrer Stasi-Vergangenheit: Unter dem selbstgewählten Decknamen »Margarete« war sie 1959–62 »Informelle Mitarbeiterin« (IM) der DDR-Staatssicherheit. Im Mai 1992 hatte sie Akteneinsicht bei der Gauck-Behörde genommen und war mit ihrer Selbstenthüllung schließlich der Veröffentlichung ihrer IM-Akte zuvorgekommen. Die CSU erhob daraufhin in München die Forderung, der Autorin den »Geschwister-Scholl-Preis« wieder abzuerkennen (im Febr. 93 abgelehnt).

Publikationen u. a.: Der geteilte Himmel. Erzählung. 1963; Nachdenken über Christa T. 1968; Lesen und Schreiben. 1971; Till Eulenspiegel. Zusammen mit Gerhard Wolf. 1972; Unter den Linden. 1974; Kindheitsmuster. 1976; Kein Ort. Nirgends. 1979; Fortgesetzter Versuch. 1979; Gesammelte Erzählungen. 1980; Geschlechteraustausch. Zusammen mit Sarah Kirsch und Irmtraud Morgner. 1980; Komm! ins Offene, Freund! 1982; Kassandra. Erzählung. 1983; Voraussetzungen einer Erzählung: Kassandra. Frankfurter Poetik – Vorlesungen. 1983; Ins Ungebundene gehet eine Sehnsucht. 1985; Die Dimension des Autors. Essays und Aufsätze, Reden und Gespräche. 1959–1985. 2 Bände. 1986; Störfall. 1987; Ansprachen. 1988; Sommerstück. 1989; Was bleibt, 1990; Im Dialog. Aktuelle Texte. 1990; Ein Arbeitsbuch. Hg. von Angela Drescher. 1990; Reden im Herbst. 1990; Auf dem Weg nach Tabou. Texte 1990–1994. 1994; Das erzählerische Werk. 6 Bände. 1994.

Karl Alfred Wolken
Geb. 1929 in Wangerooge. Ab 1943 Internat. Nach Kriegsgefangenschaft 1945–1949 Schule und Abschluß in Stuttgart, danach Lehre und Arbeit als Bau-Geräte- und Möbeltischler bis 1959. Seit 1960 Schriftsteller. Lebt heute in Rom.

Publikationen u. a.: Halblaute Einfahrt. Gedichte. 1959; Die Schnapsinsel. Roman. 1961; Zahltag. Roman. 1964; Wortwechsel. Gedichte. 1964; Erzählungen. 1967; Klare Verhältnisse. Gedichte. 1968; Außer Landes. Gedichte. 1979; Die richtige Zeit zum Gehen. Gedichte. 1982; Eigenleben. Gedichte. 1987.

Michael Wüstefeld
1951 in Dresden geboren. Abitur mit Facharbeiter (Maschinenbauer). Studium der Landtechnik an der TV Dresden. Diplomingenieur. 1974–1991 Mitarbeiter in einem Dresdner Ingenieurbüro, 1992 arbeitslos, danach Büroassistent. Seit Mai 1993 freiberufliche Tätigkeit.

Publikationen u. a.: Nacht hinter der Schutzmaske. Erinnerungen. 1990; Stadtplan. Gedichte. 1990; Grenzstreifen. 1993.

Eva Zeller
Geb. 1923 in Eberswalde bei Berlin, studierte Germanistik und Kunstgeschichte an den Universitäten Greifswald, Berlin und Marburg. Von 1946 bis 1956 als Lehrerin in der DDR, danach in Südwestafrika, wo sie von 1956 bis 1962 als Frau eines Pfarrers in einer deutschen Gemeinde lebte. 1962 kehrte sie nach Düsseldorf zurück, wohnte später eine Zeitlang in Villingen (Schwarzwald) und lebt gegenwärtig in Heidelberg.

Publikationen u. a.: Die magische Rechnung. Erzählungen. 1965; Der Sprung über den Schatten. 1967; Monsieur Birnbaum. 1968; Ein Morgen Ende Mai. 1969; Sage und Schreibe. Gedichte. 1971; Der Turmbau. Erzählungen. 1973; Lampenfieber. 1974; Fliehkraft. Gedichte. 1975; Die Hauptfrau. Roman. 1977; Auf dem Wasser gehn. Gedichte. 1979; Solange ich denken kann. Roman. 1981; Tod der Singschwäne. Erzählungen. 1983; Nein und Amen. Autobiographischer Roman. 1986; Heidelberger Novelle. 1988; Stellprobe. Gedichte. 1989; Das Wort und die Wörter. 1990; Das Sprungtuch. Erzählungen. 1991; Ich möchte noch einmal sprechen lernen. 1992.

Annemarie Zornack
Geb. 1932 in Aschersleben am Harz. Erlernte den Beruf der Krankenschwester, lebt seit 1961 zusammen mit Hans-Jürgen Heise in Kiel. Seit 1963 publizierte sie in Zeitschriften, Zeitungen, Sendern und Anthologien.

Publikationen u. a.: mobile. Gedichte. 1968; zwei sommer. Gedichte. 1968; der steinschläfer. Gedichte. 1972; tagesanfänge. Gedichte. 1972; Die zwei Flüsse von Granada. (mit Hans-Jürgen Heise). 1976; Reise-Essays. 1976; nichts weiter. Gedichte. 1976; als das fernsehprogramm noch vorm küchenfenster lief. Gedichte. 1979; treibanker werfen. Gedichte. 1982; die langbeinige zikade. Gedichte. 1985; Der Macho und der Kampfhahn. Reise-Essays. 1987; kußhand. Gedichte. 1987; Stolperherz. Ausgewählte Gedichte. 1963–1988. 1988; eingeholte jahreszeit. Gesammelte Gedichte & Prosa. 1991.

Inhalt

Alexander, Elisabeth	Deutschland *208*
Astel, Arnfried	Notstand *80*
	Natürlich *107*
Bächler, Wolfgang	Die Erde bebt noch *20*
	Nächte des Jahres 1951 *29*
	Nachtleben *138*
Bachmann, Ingeborg	Alle Tage *24*
	Psalm *31*
Bartsch, Kurt	Adolf Hitler ganz allein *154*
Bauer, Walter	Sie haben vergessen, eine andere Hymne zu wählen *67*
Beckelmann, Jürgen	An einen in einem künftigen Kriege Gefallenen *45*
Bender, Hans	Heimkehr *23*
	Der Schulkamerad *206*
Bienek, Horst	Gedicht von Zeit und Erinnerung III *69*
Biermann, Wolf	Melancholie *164*
	Nur wer sich ändert, bleibt sich treu *172*
Bingel, Horst	Fragegedicht *63*
	Wiedersehen *181*
Borchers, Elisabeth	Der Soldat *86*
	Leipzig 1976 *135*
Born, Nicolas	Berliner Para-Phrasen *99*
	Da hat er gelernt was Krieg ist sagt er *114*
Braun, Volker	Das Eigentum *180*
Brecht, Bertolt	Rückkehr *9*
Buselmeier, Michael	Dem Volke dienen *134*
Buth, Matthias	Unter Soldaten *159*
Celan, Paul	Todesfuge *17*
Cirak, Zehra	Notwehr *174*
Dahl, Edwin Wolfram	Morde politisch *108*
	Friedensgespräche über Vietnam *125*
	Hyperion heute *133*
	Reichskristallnacht nach fünfzig Jahren *136*
	Bürger im Krieg *215*
Delius, Friedrich Christian	Selbstschutz I *81*
Domin, Hilde	Graue Zeiten *90*
	Der übernächste Krieg *163*

Donath, Andreas	Wachturm an der Zonengrenze 60
Eich, Günter	Inventur 15
	Betrachtet die Fingerspitzen 22
	Wacht auf, denn eure Träume sind schlecht 25
Enzensberger, Hans Magnus	bildzeitung 38
	an alle fernsprechteilnehmer 54
	Lied von denen auf die alles zutrifft und die alles schon wissen 103
	Die Furie 142
	Pragmatismus 177
Fried, Erich	Spruch 19
	Das Land 83
	Gründe 88
	Die einfache Regel 145
	Die Kinderbombe 153
Fritz, Walter Helmut	Bald ohne Namen 33
	Nach diesen Massakern 194
Fuchs, Günter Bruno	Polizisten-Steckbriefe 71
Grass, Günter	Kinderlied 59
	In Ohnmacht gefallen 96
	Neue Mystik 101
	Späte Sonnenblumen 192
Grünbein, Durs	Ja, damals 203
	Entfernte Inschrift 205
Hahn, Ulla	Nach Jahr und Tag 148
	Nur 150
Handke, Peter	Die drei Lesungen des Gesetzes 118
Heise, Hans-Jürgen	Dich 56
	Null Uhr Weltzeit 210
Heißenbüttel, Helmut	Spielregeln auf höchster Ebene 76
Herms, Uwe	Deutscher Zeuge 116
Hoff, Kay	Heinrich Immel zum Gedächtnis 122
Jentzsch, Bernd	Selbstporträt im Wasser 199
Jürgens, Martin	weitere Schlagzeilen kauend 78
Kaschnitz, Marie-Luise	Hiroshima 42
	Ich lebte 57
	Zoon politikon v 66
	Jeder 131
Keller, Hans Peter	Kurzgeschichte aus der Geschichte 79
Kirsch, Sarah	Aus dem Haiku-Gebiet 183
Kirsten, Wulf	September am Ettersberg 184
Krolow, Karl	Die Gewalt 43

Krolow, Karl (Forts.)	Die Macht 97
	Herbstsonett mit Hegel 144
	Freiheit 176
Krusche, Dietrich	Hiroshima 111
Kunert, Günter	Berlin beizeiten 160
	Des toten Dichters gedenkend 212
Kunze, Reiner	Beim auspacken der mitgebrachten bücher 146
	Tagesordnungspunkt: Der Frieden 152
	die mauer 175
Lamprecht, Helmut	Vorletzter Beistand 98
Leonhard, Kurt	Was wirst du tun 27
Loerke, Oskar	Jedwedes blutgefügte Reich 7
Meckel, Christoph	Hymne 49
	Freundschaften Ost-West 109
	Rede vom Gedicht 127
Metz, Ilseluise	Kastor und Pollux 213
Müller, Heiner	Selbstkritik 171
Nick, Dagmar	Belsen 1954 34
	Fromme Wünsche 191
	Idylle 193
Novak, Helga M.	Postwurfsendung 87
Piontek, Heinz	Schlittenromanze 37
	Die auf der Hut sind 47
	Nicht mehr gewillt 128
	Walthers Valet 141
Piwitt, Hermann	Nachlese 105
Pohl, Martin	Wiederbegegnung 182
	Das Warum – Darum – Chanson 189
Reinboth, Gudrun	tod des astyanax 155
	freiheit die ich meine 157
Rühmkorf, Peter	Hymne 51
Sachs, Nelly	Chor der Geretteten 10
Schmied, Wieland	Auf meinen Schultern 32
Schröer, Rolfrafael	Davon 112
Sigel, Kurt	Flucht 61
Steffen, Ernst S.	Das Vorleben 74
Stössel, Jürgen-Peter	Heute 121
Timm, Uwe	Griechische Aspekte 124
Törne, Volker von	Frage 62
	Amtliche Mitteilung 62
Tsakiridis, Vagelis	Der Gast 94
Weisenborn, Günther	Ahnung 8

Weyrauch, Wolfgang	Wartend *40*
Wolf, Christa	Prinzip Hoffnung *188*
Wolken, Karl Alfred	Der helle Fleck an der Wand *162*
Wüstefeld, Michael	Im Falstaff Oktober '89 *167*
	(Gegenwärtige Vergangenheit) *178*
	(Wie ich aus Amsterdam nach Dresden zurückgeholt wurde) *196*
	Bundesstraße 7 / Fernverkehrsstraße 7 *200*
Zeller, Eva	Scham *147*
	Nachruf *186*
Zornack, Annemarie	ich niemand *151*

Nachwort: Das politische Gedicht und die Öffentlichkeit *219*

I *Die inhärenten Widersprüche dieses Versuchs* *219*
Die Paradoxie des Auswahlprinzips; Ent-geschichtlichung und
Entliterarisierung durch Aktualisierung; der Modellcharakter
des Gedichts *220*
Demonstration zu einem Gedicht von Günter Eich
aus dem Jahr 1950 *222*
Politische Bandbreite und »blind spots« *225*
Das anti-poetische Prinzip der Entstehungsinformation
durch den Autor *227*
Das Gedicht als Gebrauchsgegenstand und seine Benutzung
– ist das Gedicht »demokratisch«? *230*
Die Beschränkung auf den Wirklichkeitssektor
als Untersuchungsgegenstand *234*
Die Schwierigkeiten der Titelfindung als Index unserer Lage 1970 *235*

II *Die Re-Ideolisierung, seit 1965 – Die Abkehr von der Literatur zur Politik –
Thematische Programmierung als Existenzgefährdung der Lyrik* *237*
Die kurze Erholung der deutschen Lyrik 1955–1965;
Deutsche Nachkriegslyrik zwischen Hitler und Marcuse *238*
Grundsätzliches zum politischen Gedicht *243*
Zur Entwicklung der politischen Lyrik in der Bundesrepublik
seit den 50er Jahren *246*

III *Die Frage des »Alibis« und der »Veränderung« der Wirklichkeit – Das
Paradox der »Befreiung« – Innensteuerung als Widerstand gegen
Verapparatung* *253*
Das Benennen der Wirklichkeit – Kommunikation und
Kommunikationskrise *257*

Fortsetzung des Nachwortes *259*

Quellennachweis

Elisabeth Alexander
Deutschland, S. 208 f.
aus: Manuskript, © Elisabeth Alexander.

Arnfried Astel
Notstand, S. 80
Natürlich, S. 107
aus: Notstand. Gedichte und Epigramme. Wuppertal: Peter Hammer Verlag 1968, © Arnfried Astel.

Ingeborg Bachmann
Alle Tage, S. 24
Psalm, S. 31
aus: Werke I.
München: R. Piper & Co. Verlag 1978.

Wolfgang Bächler
Die Erde bebt noch, S. 20 f.
Nächte des Jahres 1951, S. 29 f.
aus: Die Erde bebt noch. Frühe Lyrik. Frankfurt am Main:
Fischer Taschenbuch Verlag 1982, © Wolfgang Bächler.
Nachtleben, S. 138 ff.
aus: Nachtleben. Frankfurt am Main: S. Fischer Verlag 1982.

Kurt Bartsch
Adolf Hitler ganz allein, S. 154
aus: Weihnacht ist und Wotan reitet. Berlin: Rotbuch Verlag 1985, © Kurt Bartsch.

Walter Bauer
Sie haben vergessen, eine andere Hymne zu wählen, S. 67 f.
aus: Der Weg zählt, nicht die Herberge. Hamburg: Ernst Tessloff Verlag 1964.

Jürgen Beckelmann
An einen in einem künftigen Krieg Gefallenen, S. 45 f.
aus: Thema Frieden. Wuppertal: Peter Hammer Verlag 1967, © Jürgen Beckelmann.

Hans Bender
Heimkehr, S. 23
aus: Lyrische Biographien. Wuppertal: Peter Hammer Verlag 1957, © Hans Bender
Der Schulkamerad, S. 206 f.
Manuskript, © Hans Bender.

Horst Bienek
Gedicht von Zeit und Erinnerung III, S. 69 f.
aus: was war was ist. Gedichte. München: Hanser Verlag 1966.

Wolf Biermann
Melancholie, S. 164 ff.
Nur wer sich ändert, bleibt sich treu, S. 172 f.
aus: Alle Lieder. Köln: Verlag Kiepenheuer & Witsch 1991.

Horst Bingel
Fragegedicht, S. 63 ff.
aus: Wir suchen Hitler. Gedichte. München: Scherz Verlag 1965, © Horst Bingel
Wiedersehen, S. 181
aus: Mein Thüringen. Impressionen und Erinnerungen, hrsg. v. Klaus Steinhaußen. Rudolstadt: Greifenverlag 1992, © Horst Bingel.

Elisabeth Borchers
Der Soldat, S. 86
aus: Der Tisch, an dem wir sitzen. Frankfurt am Main: Insel Verlag 1967

Leipzig 1976, S. 135
aus: Gedichte. Frankfurt am Main:
Suhrkamp Verlag 1976.

Nicolas Born
Berliner Para-Phrasen, S. 99f.
Da hat er gelernt was Krieg ist sagt er,
S. 114f.
aus: Gedichte 1967–1978.
Reinbek: Rowohlt Verlag GmbH
1978.

Volker Braun
Das Eigentum, S. 180
aus: Die Zickzackbrücke. Halle: Mitteldeutscher Verlag 1992.

Bertolt Brecht
Rückkehr, S. 9
aus: Gesammelte Gedichte. Frankfurt am Main: Suhrkamp Verlag
1976.

Michael Buselmeier
Dem Volke dienen, S. 134
aus: Radfahrt gegen Ende des Winters. Frankfurt am Main: Suhrkamp
Verlag 1982, Neufassung 1994, © Michael Buselmeier.

Matthias Buth
Unter Soldaten, S. 159
aus: Kopfüber nach Deutz. Gedichte.
Krefeld: Acken Verlag 1989, © Matthias Buth.

Paul Celan
Todesfuge, S. 17f.
aus: Gedichte. Eine Auswahl, Auswahl und Anmerkungen von Klaus
Wagenbach, unter Mitarbeit des Autors. Frankfurt am Main: S. Fischer
Verlag 1962.

Zehra Cirak
Notwehr, S. 174
aus: Vogel auf dem Rücken eines Elefanten. Köln: Kiepenheuer & Witsch
1991.

Edwin Wolfram Dahl
Morde: politisch, S. 108
aus: Zwischen Eins und Zweitausend. München / Eßlingen: Bechtle
Verlag 1970, © Edwin Wolfram Dahl.
Friedensgespräche über Vietnam,
S. 125f.
aus: ›Frankfurter Hefte‹ 1969, Neufassung 1970, © Edwin Wolfram
Dahl.
Hyperion heute, S. 133
Reichskristallnacht nach fünfzig Jahren, S. 136f.
aus: An einem einzigen Tag. Salzburg: Otto Müller Verlag 1991, © Edwin Wolfram Dahl.
Bürger im Krieg, S. 215ff.
Manuskript, © Edwin Wolfram
Dahl.

F. C. Delius
Selbstschutz I, S. 81f.
aus: Wenn wir, bei Rot. 38 Gedichte.
Berlin: Verlag Klaus Wagenbach
1969 © F. C. Delius.

Hilde Domin
Graue Zeiten, S. 90ff.
aus: Ich will dich. Frankfurt am
Main: S. Fischer Verlag 1992.
Der übernächste Krieg, S. 163
Manuskript, © Hilde Domin.

Andreas Donath
Wachturm an der Zonengrenze, S. 60
Manuskript, © Andreas Donath.

Günter Eich
Inventur, S. 15f.
Betrachtet die Fingerspitzen, S. 22
Wacht auf, denn eure Träume sind
schlecht, S. 25f.

aus: Gesammelte Werke, Band I: Die Gedichte. Frankfurt am Main: Suhrkamp Verlag 1973.

Hans Magnus Enzensberger
bildzeitung, S. 38f.
an alle fernsprechteilnehmer, S. 54f.
aus: Gedichte 1955–1970. Frankfurt am Main: Suhrkamp Verlag 1971.
Lied von denen auf die alles zutrifft und die alles schon wissen, S. 103f.
Die Furie, S. 142f.
aus: Gedichte 1950–1985. Frankfurt am Main: Suhrkamp Verlag 1986.
Pragmatismus, S. 177
aus: Zukunftsmusik. Gedichte. Frankfurt am Main: Suhrkamp Verlag 1991.

Erich Fried
Spruch, S. 19
aus: Ein Soldat und ein Mädchen. Roman. Hamburg (jetzt Hildesheim): Claassen Verlag 1960.
Das Land, S. 83ff.
Gründe, S. 88f.
aus: und Vietnam und. Einundvierzig Gedichte. Berlin: Verlag Klaus Wagenbach 1960.
Die einfache Regel, S. 145
aus: Das Nahe suchen. Berlin: Verlag Klaus Wagenbach 1982.
Die Kinderbombe, S. 153
aus: Einbruch der Wirklichkeit. Berlin: Verlag Klaus Wagenbach 1991.

Walter Helmut Fritz
Bald ohne Namen, S. 33
aus: Die Zuverlässigkeit der Unruhe. Hamburg: Hoffmann und Campe 1966.
Nach diesen Massakern, S. 194f.
aus: Gesammelte Gedichte 1979–1994. Hamburg: Hoffmann und Campe 1994.

Günter Bruno Fuchs
Polizisten-Steckbriefe, S. 71ff.
aus: Blätter eines Hof-Poeten & andere Gedichte. München: Hanser Verlag 1967.

Günter Grass
Kinderlied, S. 59
Zorn Ärger Wut, S. 96
aus: Gedichte und Kurzprosa (Studienausgabe Band 11). © Copyright Steidl Verlag, Göttingen 1994.
Neue Mystik, S. 101f.
Späte Sonnenblumen, S. 192
aus: Novemberland. 13 Sonette. © Copyright Steidl Verlag, Göttingen 1993.

Durs Grünbein
Ja, damals…, S. 203f.
Entfernte Inschrift, S. 205
aus: Falten und Fallen. Frankfurt am Main: Suhrkamp Verlag 1994.

Ulla Hahn
Nach Jahr und Tag, S. 148f.
Nur, S. 150
aus: Spielende. Stuttgart: Deutsche Verlags-Anstalt 1983.

Peter Handke
Die drei Lesungen des Gesetzes, S. 118ff.
aus: Die Innenwelt der Außenwelt der Innenwelt. Frankfurt am Main: Suhrkamp Verlag 1969.

Hans-Jürgen Heise
Dich, S. 56
aus: Ein bewohnbares Haus. Gedichte. Frankfurt am Main: S. Fischer Verlag 1968, © Hans-Jürgen Heise.
Vgl. zu »Dich« auch: Hans-Jürgen Heise: Schreiben ist Reisen ohne Gepäck. Auskünfte über mich selbst. (1994), S. 102–103, und: Giuseppe

de Siati / Thies Ziemke (Hg.): Innehalten ohne zu verweilen. Hans-Jürgen Heises Werk im Spiegel der Kritik (1995), S. 33–37, S. 69 ff., beide Bücher und im Neuen Malik Verlag Kiel erschienen.
Null Uhr Weltzeit, S. 210 f.
aus: Die Wirklichkeit erfindet mich – Das Lyrische Werk 1948–1993, Kiel: Neuer Malik Verlag 1994, © Hans-Jürgen Heise.

Helmut Heißenbüttel
Spielregeln auf höchster Ebene, S. 76 f.
aus: ›Kursbuch‹ 5, herausgegeben von Hans Magnus Enzensberger, München: Hanser Verlag 1966, © Helmut Haißenbüttel.

Uwe Herms
Deutscher Zeuge, S. 116 f.
aus: Deutschland Deutschland, Politische Gedichte vom Vormärz bis zur Gegenwart. Hrsg. von Helmut Lamprecht, Bremen 1969, © Uwe Herms.

Kay Hoff
Heinrich Immel zum Gedächtnis, S. 122 f.
aus: Zeit-Gewinn. Düsseldorf: Verlag Eremiten-Presse 1989.

Bernd Jentzsch
Selbstporträt im Wasser, S. 199
aus: Die alte Lust, sich aufzubäumen. Leipzig: Reclam-Verlag 1992, © Bernd Jentzsch.

Martin Jürgens
weitere schlagzeilen kauend, S. 78
aus: ›Luchterhands Loseblatt Lyrik‹ 2. Neuwied / Berlin: Hermann Luchterhand Verlag 1966, © Martin Jürgens.

Marie Luise Kaschnitz
Hiroshima, S. 42
aus: Neue Gedichte. Hamburg (jetzt Hildesheim): Claassen Verlag 1957.
Ich lebte, S. 57 f.
aus: Dein Schweigen – meine Stimme. Gedichte 1958–1961. Hamburg (jetzt Hildesheim): Claassen Verlag 1962.
Zoon politikon v, S. 66
aus: Ein Wort weiter. Gedichte. Hamburg (jetzt Hildesheim): Claassen Verlag 1965.
Jeder, S. 131 f.
aus: Gesammelte Werke, Band 5. Frankfurt am Main: Insel Verlag 1985.

Hans Peter Keller
Kurzgeschichte aus der Geschichte, S. 79
aus: Stichwörter Flickwörter. Wiesbaden: Limes Verlag 1969. – Neufassung 1970, © Hans Peter Keller.

Sarah Kirsch
Aus dem Haiku-Gebiet, S. 183
aus: Erlkönigs Tochter. Stuttgart: Deutsche Verlags-Anstalt 1992.

Wulf Kirsten
September am Ettersberg, S. 184 f.
aus: Stimmenschotter. Gedichte 1987–1992. Zürich: Ammann Verlag 1993.

Karl Krolow
Die Gewalt, S. 43 f.
aus: Fremde Körper. Frankfurt am Main: Suhrkamp Verlag 1958.
Die Macht, S. 97
aus: Alltägliche Gedichte. Frankfurt am Main: Suhrkamp Verlag 1968.
Herbstsonett mit Hegel, S. 144
aus: Herbstsonett mit Hegel. Ge-

dichte, Lieder etc. Frankfurt am Main: Suhrkamp Verlag 1981.
Freiheit, S. 176
Manuskript, © Karl Krolow.

Dietrich Krusche
Hiroshima, S. 111
aus: Abschied von Japan, in: ›Lyrische Hefte‹ 35 / 36, Heft 3 / 4, 1968, © Dietrich Krusche.

Günter Kunert
Berlin beizeiten, S. 160 f.
aus: Berlin beizeiten. Gedichte. München: Hanser Verlag 1987.
Des Toten Dichters Gedenkend, S. 212
Manuskript, © Günter Kunert.

Reiner Kunze
Beim auspacken der mitgebrachten bücher, S. 146
aus: auf eigene Hoffnung. Frankfurt am Main: S. Fischer Verlag 1981.
Die mauer, S. 175
aus: Grenzfallgedichte, hg. v. Anna Chiarloni u. Helga Paukoke. Berlin und Weimar: Aufbau-Verlag 1991, © Reiner Kunze.
Tagesordnungspunkt: der frieden, S. 152
aus: eines jeden einziges Leben. Frankfurt am Main: S. Fischer Verlag 1986.

Helmut Lamprecht
Vorletzter Beistand, S. 98
Manuskript, © Helmut Lamprecht.

Kurt Leonhard
Was wirst du tun, S. 27 f.
aus: Gegenwelt. München / Esslingen: Bechtle Verlag 1955, © Kurt Leonhard.

Oskar Loerke
Jedwedes blutgefügte Reich, S. 7
aus: Die Gedichte. Frankfurt am Main: Suhrkamp Verlag 1984.

Christoph Meckel
Hymne, S. 49 f.
aus: Nebelhörner. Gedichte. Stuttgart: Deutsche Verlags-Anstalt 1959, © Christoph Meckel
Freundschaften Ost – West, S. 109 f.
Manuskript, © Christoph Meckel.
Rede vom Gedicht, S. 127
aus: Rede vom Gedicht. Stierstadt im Taunus: Eremiten Presse, Broschur 53, 1974, © Christoph Meckel.

Ilseluise Metz
Kastor und Pollux, S. 213 f.
Manuskript, © Ilseluise Metz.

Heiner Müller
Selbstkritik, S. 171
aus: ›Neue Rundschau‹ 2. Frankfurt am Main: S. Fischer Verlag 1990, © Heiner Müller.

Dagmar Nick
Belsen 1954, S. 34 ff.
aus: In den Ellipsen des Mondes. Hamburg 1959, © Dagmar Nick.
Fromme Wünsche, S. 191
Manuskript, © Dagmar Nick.
Idylle, S. 193
Manuskript, © Dagmar Nick.

Helga M. Novak
Postwurfsendung, S. 87
aus: Colloquium mit vier Häuten. Neuwied: Hermann Luchterhand Verlag 1967, © Schöffling & Co., Frankfurt am Main.

Heinz Piontek
Schlittenromanze, S. 37
aus: Neue deutsche Erzählgedichte.
Anthologie. Stuttgart: Deutsche Verlags-Anstalt 1964, © Heinz Piontek.
Die auf der Hut sind, S. 47f.
aus: Mit einer Kranichfeder. Gedichte. Stuttgart: Deutsche Verlags-Anstalt 1962, © Heinz Piontek.
Nicht mehr gewillt, S. 128
aus: Tot oder lebendig. Hamburg: Hoffmann und Campe Verlag 1971, 2. Aufl. 1973, © Heinz Piontek.
Walthers Valet, S. 141
aus: Was mich nicht losläßt. München: Schneekluth Verlag 1981, © Heinz Piontek.

Hermann Piwitt
Nachlese, S. 105f.
aus: ›Luchterhands Loseblatt Lyrik‹ 14. Neuwied/Berlin: Hermann Luchterhand Verlag 1968, © Hermann Piwitt.

Martin Pohl
Wiederbegegnung, S. 182
Das Warum-Darum-Chanson, S. 187f.
Manuskript, © Martin Pohl.

Gudrun Reinboth
tod des astyanax, S. 155f.
freiheit die ich meine, S. 157f.
Manuskript, © Gudrun Reinboth.

Peter Rühmkorf
Hymne, S. 51ff.
aus: Gesammelte Werke. Reinbek: Rowohlt Verlag GmbH 1976.

Nelly Sachs
Chor der Geretteten, S. 10f.
aus: Ausgewählte Gedichte. Frankfurt: Suhrkamp Verlag 1963.

Wieland Schmied
Auf meinen Schultern, S. 32
aus: Gedichte gegen den Krieg. Salzburg: Otto Müller Verlag 1961, © Wieland Schmied.

Rolfrafael Schröer
Davon, S. 112f.
aus: Schaufelschnulzen für Reibeisenstimme. Andernach: Atelier Verlag 1969.

Kurt Sigel
Flucht, S. 61
aus: Sperrzonen. Hamburg: Wegner Verlag 1960, © Kurt Sigel.

Ernst S. Steffen
Das Vorleben, S. 74f.
aus: Lebenslänglich auf Raten. Neuwied: Hermann Luchterhand Verlag 1969, © Ernst S. Steffen.

Jürgen-Peter Stössel
Heute, S. 121
Manuskript, © Jürgen-Peter Stössel.

Uwe Timm
Griechische Aspekte, S. 124
aus: ›Kürbiskern‹ 3. München 1969, © Uwe Timm.

Volker von Törne
Frage, S. 62
Amtliche Mitteilung, S. 62
aus: Fersengeld. Fünfundzwanzig Gedichte. Berlin: Verlag Ansgar Skriver 1962, © Volker von Törne.

Vagelis Tsakiridis
Der Gast, S. 94f.
aus: Gedichte für die Jungfrau am Brunnen. Neuwied: Hermann Luchterhand Verlag 1967, © Vagelis Tsakiridis.

Günther Weisenborn
Ahnung, S. 8
Manuskript, © Joy M. Weisenborn.

Wolfgang Weyrauch
Wartend, S. 40 f.
aus: Gesang um nicht zu sterben.
Hamburg: Rowohlt Verlag 1956.

Christa Wolf
Prinzip Hoffnung, S. 188
aus: ›neue deutsche Literatur‹ 40
(Heft 5) 1992, © Christa Wolf.

Karl Alfred Wolken
Der helle Fleck an der Wand, S. 162
Manuskript, © Karl Alfred Wolken

Michael Wüstefeld
Im Falstaff Oktober '89, S. 167 ff.
aus: Grenzfallgedichte, hg. v. Anna
Chiarloni u. Helga Pankoke. Berlin
und Weimar: Aufbau-Verlag 1991.
(Wie ich aus Amsterdam nach
Dresden zurückgeholt wurde),
S. 196 f.
aus: Amsterdamer Gedichte. Dresden: Hellerau Verlag 1994.
(Gegenwärtige Vergangenheit),
S. 178
Bundesstraße 7 / Fernverkehrsstraße 7, S. 200 ff.
Manuskript, © Michael Wüstefeld.

Eva Zeller
Scham, S. 147
entnommen aus dem Gedichtzyklus:
Ich möchte noch einmal Sprechen
lernen, aus: Ein Stein aus Davids Hirtentasche. Freiburg: Herder Verlag
1992.
Nachruf auf einen Gefallenen,
S. 186 f.
aus: Ein Stein aus Davids Hirtentasche. Freiburg: Herder Verlag 1992.

Annemarie Zornack
ich niemand, S. 151
aus: Annemarie Zornack: Eingeholte
Jahreszeit – Gesammelte Gedichte &
Prosa. Kiel: Neuer Malik Verlag 1991,
© Annemarie Zornack.

Danksagung

Die Herausgeber und der Fischer Taschenbuch Verlag danken allen Verlagen und Rechteinhabern für die Abdruckgenehmigung. Da in einigen Fällen die Inhaber der Rechte nicht festzustellen oder erreichbar waren, verpflichtet sich der Verlag, rechtmäßige Ansprüche nach den üblichen Honorarsätzen zu vergüten.